Andreas Friedrich

Maximiliansweg

Bayerische Alpen – vom Bodensee zum Königssee

In 21 Etappen von Lindau nach Berchtesgaden

ROTHER
BERGVERLAG

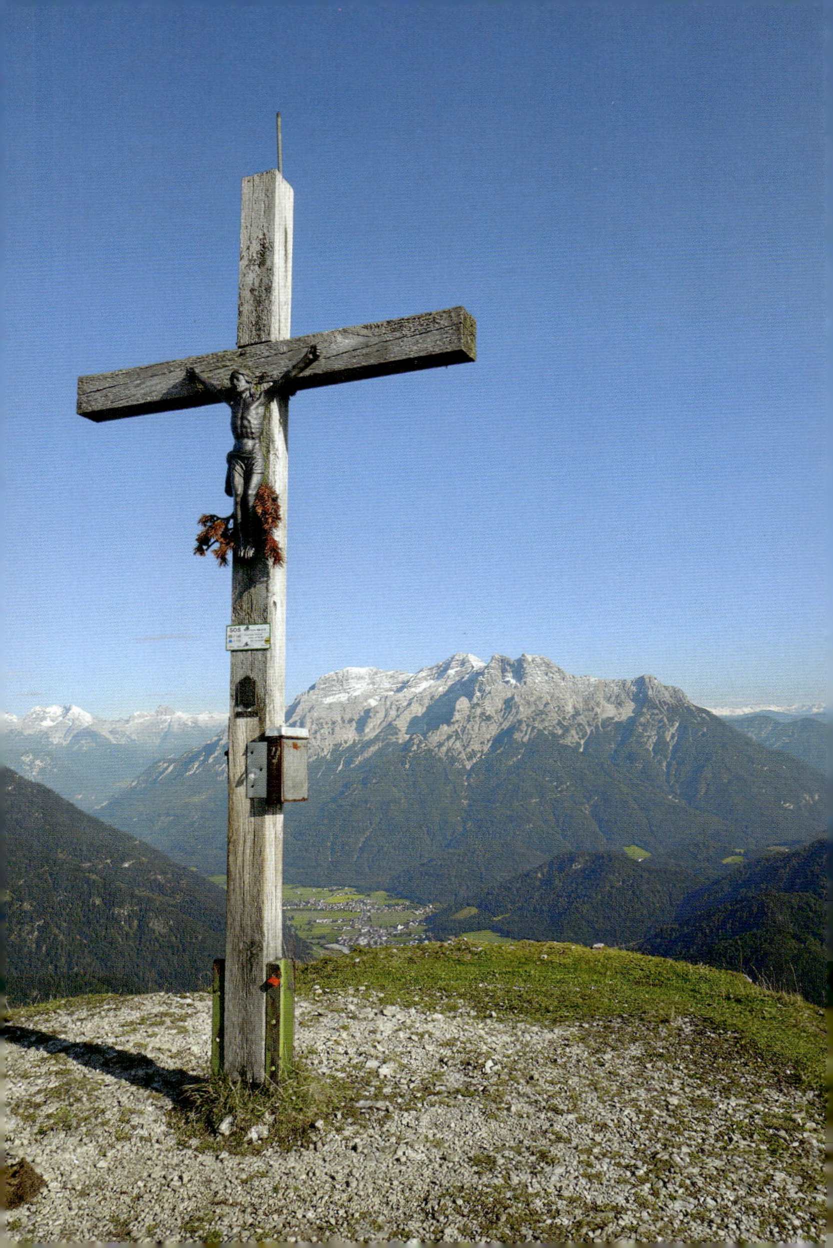

Vorwort

Der Maximiliansweg ist nach kurzem Auftakt in Österreich »der« große bayerische alpine Fernwanderweg. Inspiriert von der historischen Reiseroute König Maximilians II. aus dem Jahr 1858 folgen die Wanderer dem Weg vom Bodensee nach Berchtesgaden durch die Bayerischen Alpen. Aussichtsreiche Höhenzüge wechseln ab mit traditionellen Talorten, kulturelle Eindrücke folgen auf Naturerlebnisse.

Über die »erste Reihe« der Alpenkette geht es zunächst durch den hügeligen Bregenzerwald, dann durch die Allgäuer Alpen mit dem »Bergschmankerl« Nagelfluhkette. Auf die Ammergauer Berge mit ihrer wilden Schroffheit folgen die Bayerischen Voralpen mit vielen Ausflugsgipfeln wie der Benediktenwand. Im Chiemgau genießen wir wie von Balkonen aus die Blicke von Hochries, Kampenwand und Hochgern auf den Chiemsee. Zum Abschluss gelangen wir nach Berchtesgaden, wo sich als krönendes Finale noch ein Abstecher zum Königssee anbietet.

Der Maximiliansweg ist nicht nur aufgrund der Hütteninfrastruktur, der recht guten Beschilderung und der Erreichbarkeit für alpine Einsteiger bestens geeignet. Die Höhenmeter sind für halbwegs trainierte Bergfreunde gut zu bewältigen, die Wege kaum einmal ausgesetzt und meist bereits ab Ende Mai begehbar. Sogar im Herbst ist auf dem Maximiliansweg noch vieles möglich, da die Hütten länger geöffnet sind als in höheren Alpenregionen. Zum »Reinschmecken« bietet dieser Wanderführer auch Anregungen für Wochenendtouren auf dem Maximiliansweg in attraktiven Teilstücken.

Dieser Rother Wanderführer folgt dem Wegverlauf des Alpenvereins. Tal- und Bergübernachtungen halten sich die Waage, können aber bei verschiedenen Etappen variiert werden. Zusätzlich nennt die Beschreibung Alternativen mit reizvollen Abstechern – sehen Sie daher die Etappenaufteilung des Buchs lediglich als Hilfsmittel oder als »Baukasten« für Ihre individuelle Planung.

Bitte berücksichtigen Sie, dass gerade die Bergübernachtungen entlang der Strecke abhängig sind von verschiedenen Faktoren: Hohes Aufkommen von Wanderern an langen Wochenenden, Hüttenrenovierungen und Weiteres mehr erfordern eine umsichtige Planung. Beachten Sie daher die Websites der Hütten und die aktuellen Umstände.

Als Autor wünsche ich Ihnen schöne und interessante Wandertage auf dem Maximiliansweg, dem »Königsweg« vom Bodensee nach Berchtesgaden und vor allem Zeit zum Durchschnaufen!

Rosenheim, im Sommer 2022 Andreas Friedrich

Der Fellhorn-Gipfel ist ein reizvoller Abstecher vom »offiziellen« Maximiliansweg und auf einem »Premium-Wanderweg« erreichbar (Etappe 19).

Inhaltsverzeichnis

Chiemgauer Alpen

Berchtesgadener Alpen

Der Maximiliansweg – »Eines Königs Reise«

Bereits um das Jahr 570 hatte der Bischof Venantius Fortunatus auf einer Wallfahrt von Ravenna nach Tours auch das heutige Südbayern durchwandert. Er beschrieb in seinem Bericht die Bajuwaren als »wegelagernde Grobiane am Wegesrand«. Ein Jahrtausend später, im Jahr 1534, beschrieb der Schwabe Sebastian Franck die Bayern als »ein wenig grob leut« und »nit seer ein höflich volck sunder (=ohne) sitten und sprach«. Auch heute noch sind die Klischees vom Volk der Bayern nicht nur gut erhalten, sie feiern geradezu eine fröhliche Renaissance. Bayerische Filmemacher wie Markus W. Rosenmüller, bayerische Musikgruppen in Volksmusik und Pop und bayerische Kabarettisten wie Christian Springer, Monika Gruber und Co. sind hochbeliebt. Freilich sorgt dieses »Urige« und »Regionale« auch mit für die Beliebtheit als Reiseregion: »Der Zoo im Süden mit diesem haferlbeschuhten, goaßlschnalzenden, immer brünftig-griabigen, jodelnden, wild umeinander bieselnden Naturvolk ist halt auch gar zu schön«, kommentierte der Kabarettist Bruno Jonas den »Bayern-Trend«, der sich derzeit in ständig wachsender Zahl von Dirndl- und Trachtenträgern auf dem Münchner Oktoberfest, der Rosenheimer Wiesn und anderen Anlässen widerspiegelt. Das Trachtenwesen übrigens wurde von keinem Geringeren als König Maximilian II. gefördert.
Im Sommer 1858 unternahm der bayerische König Maximilian II. eine große Reise durch das Land seiner Untertanen, um die Regionen und ihre Bewohner besser kennenzulernen. Mit dabei war unter anderem der Anglistik-Pro-

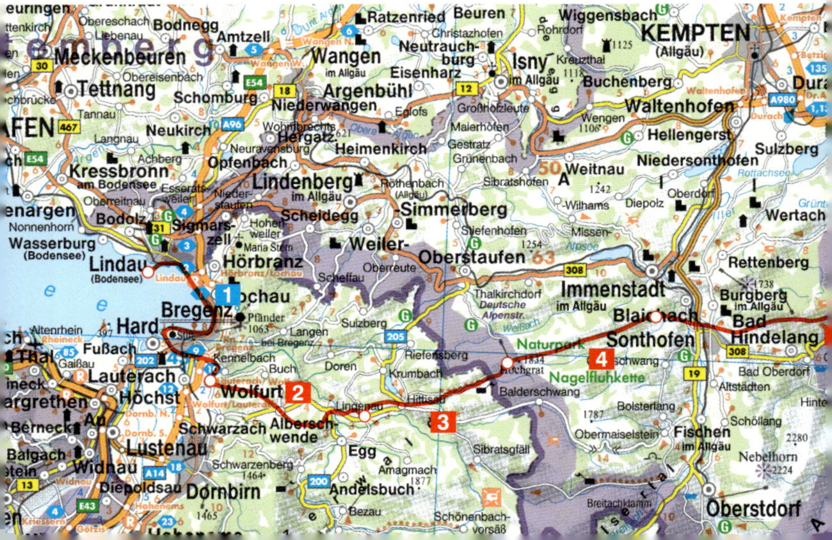

GPS-Tracks und Koordinaten der Ausgangspunkte

Zu diesem Wanderführer stehen auf www.rother.de GPS-Tracks und Koordinaten der Ausgangspunkte zum kostenlosen Download bereit.
3. Auflage, Passwort: **444103uma**
Sämtliche GPS-Daten wurden mit einer digitalen Karte erfasst. Verlag und Autor haben die Tracks und Wegpunkte nach bestem Wissen und Gewissen überprüft. Dennoch können wir Fehler oder Abweichungen nicht ausschließen, außerdem können sich die Gegebenheiten vor Ort zwischenzeitlich verändert haben. GPS-Daten sind zwar eine hervorragende Planungs- und Navigationshilfe, erfordern aber nach wie vor sorgfältige Vorbereitung, eigene Orientierungsfähigkeit sowie Sachverstand in der Beurteilung der jeweiligen (Gelände-)Situation. Man sollte sich für die Orientierung auch niemals ausschließlich auf GPS-Gerät und -Daten verlassen.

fessor Friedrich von Bodenstedt, der Begegnungen und Landschaften sowie einige Kuriositäten schriftlich festhielt, in dem Buch »Eines Königs Reise«: »Ich war zu der Zeit, als die Einladung an mich erging, Se. Majestät auf einer Fußwanderung durch das baierische Alpenland zu begleiten, gerade in altenglische Studien vertieft (...)« Die fünfwöchige Reise zu Pferd (42 Pferde umfasste der Tross), Kutschen und zu Fuß begann in Lindau. Man überquerte den Bodensee auf dem Wasser und weiter ging es ins Gebirge. Durch den Bregenzerwald in die Allgäuer Berge, dann nach Oberstdorf und ins Tannheimer Tal, in die Ammergauer, dann ins Wettersteingebirge. Über Garmisch

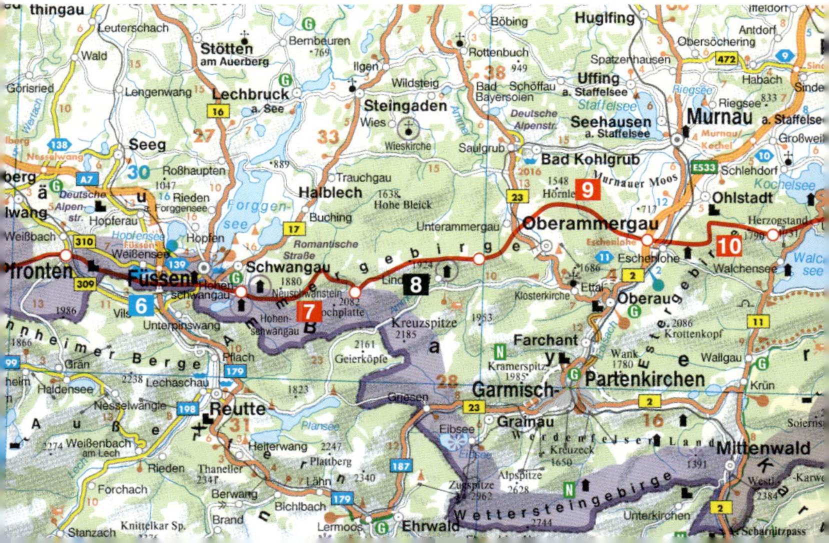

und Partenkirchen reiste die Gesellschaft weiter ins Karwendel und zum Achensee, dann zum königlichen Heilbad Wildbad Kreuth. Man bestieg den Wendelstein, reiste nach Rosenheim und unternahm eine Bootspartie auf dem Chiemsee. Über Reit im Winkl und Lofer ging es nach Reichenhall und von dort durch die Ramsau nach Berchtesgaden. Die Reise litt stark unter Dauerregen, doch König Maximilian hielt tapfer durch. Lediglich am Schluss plagten ihn noch starke Zahnschmerzen, sodass das Finale beim Zahnarzt stattfand.

König Maximilian II.

»Wäre ich nicht in einer königlichen Wiege geboren, so wäre ich am liebsten Professor geworden«, lautet ein Ausspruch König Maximilians II. Er wollte Bayern zu einem Zentrum von Wissenschaft und Kunst machen und gilt daher als »aufgeklärter« Monarch. Die Gründung des Bayerischen Nationalmuseums und des Maximilianeums gingen auf ihn zurück. Max II. holte bedeutende Wissenschaftler auch aus Norddeutschland nach München, die sogenannten »Nordlichter«. Die Gründung der Historischen Kommission an der Universität München ist eine weitere seiner Leistungen. Er berief den Chemiker Justus von Liebig an die naturwissenschaftliche Fakultät und förderte die industrielle Entwicklung von Bayern. Viele historische Bauten in München entstanden in der Zeit Maximilians, so die Schrannenhalle, die Großhesseloher Brücke und der Palmengarten der Residenz, das Stadtbild wurde moderner. Unter Pettenkofer entstand das erste Institut für Hygiene. Auch das Schulwesen und die Lehrerbildung kamen voran. Als Sozialpolitiker förderte er die Arbeiterschaft:

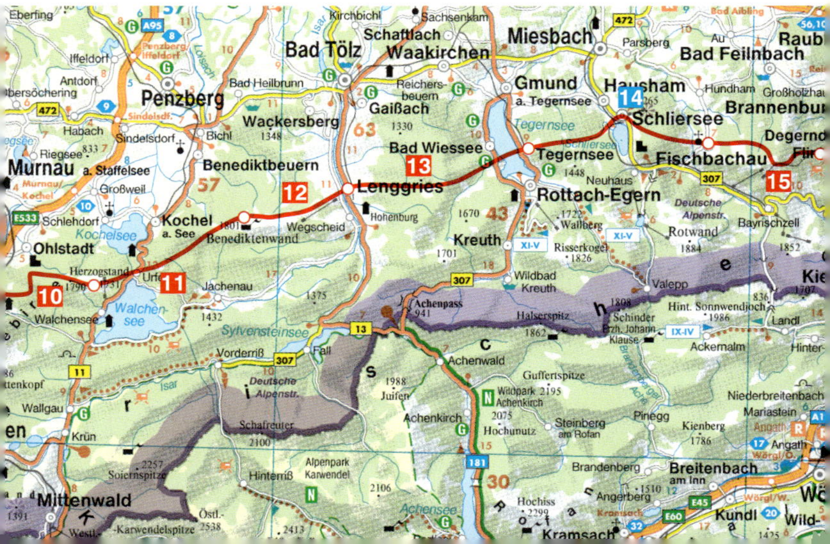

Arbeiterunterstützungskassen wurden gegründet, Arbeiterwohnungen errichtet und ein Gesetz zur Einschränkung von Kinderarbeit erlassen. Jedoch behinderte die liberale Großbürgerschaft im Landtag oft die Reformversuche Maximilians. Weiter trat Max II. dafür ein, dass Bayern die Führung der Mittel- und Kleinstaaten übernehmen sollte, als Gegengewicht zu den Großmächten Preußen und Österreich. Zwar wirkt Max II. weniger schillernd als sein Vater, der wegen der Affäre mit Lola Montez abdanken musste. Doch andererseits setzte er auch wesentlich mehr politische Impulse als sein Vorgänger und auch als sein Nachfolger Ludwig II., der das Regieren seinen Ministern überließ. Die Förderung des Heimatgefühls lag Max II. ebenfalls am Herz: Per Verordnung rief er zum Tragen traditioneller Trachtenkleidung auf.

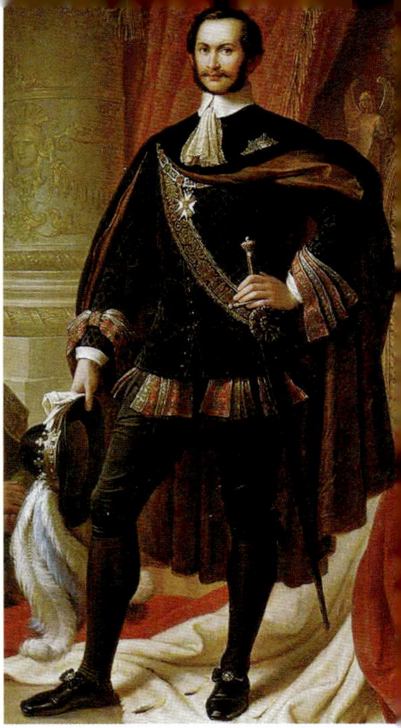

König Maximilian II. von Bayern auf einem Gemälde von Julius Zimmermann.

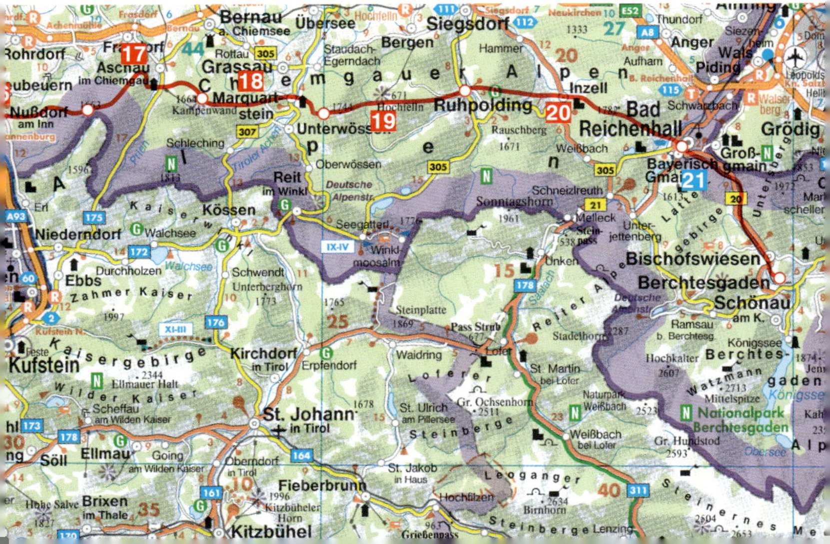

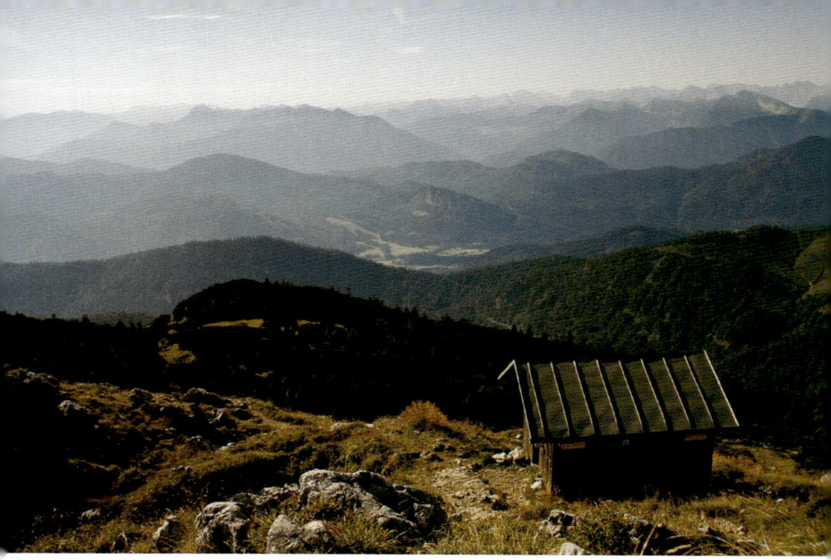

Gipfel wie die Benediktenwand ermöglichen weite Ausblicke in die Zentralalpen (Etappe 12).

Das Fernwandern – eine Outdoor-Trendsportart

Nicht erst seit Hape Kerkeling und seinen launig erzählten Abenteuern und Begegnungen auf dem Jakobsweg liegt das Fernwandern im Trend. Dieser wird auch durch einen regelrechten »Boom« der Outdoor-Branche belegt. Doch die aktuelle Entwicklung hat schon eine längere Geschichte hinter sich. Bereits die Pilgerreisen im Mittelalter und die Reisen fahrender Händler könnte man als Vorläufer nennen. Reisen zwecks der Bildung kam verstärkt zu Beginn des 19. Jahrhunderts auf. Aus dem Jahr 1801 ist uns Gottfried Johann Seumes »Spaziergang nach Syrakus« überliefert, ein nach wie vor interessanter Reisebericht, ebenso wie Goethes »Italienische Reise« oder die »Harzreise« von Heinrich Heine. Die vorwiegend englischen Romantiker in der Mitte des 19. Jahrhunderts setzten weitere Maßstäbe. Nicht nur Südeuropa und exotische Plätze wie die Alhambra waren das Ziel – man hatte auch klare romantische Vorstellungen von der alpinen Bergwelt. Eine Almwiese mit einem Bach und einem Gehöft, und im Hintergrund ein schneebedeckter Gipfel – ein Bild, das ein Idyll in Ölgemälden und digitalen Fotos damals wie heute abbildet. Ein noch zaghafter Alpentourismus setzte ein, der allerdings durch die Industrialisierung und den damit verbundenen Eisenbahnbau einen kräftigen Schub erfuhr. Ortschaften wie Brannenburg oder Ruhpolding entwickelten sich zur Sommerfrische wohlhabender Städter, und oft machten Künstler mit den Anfang. Das Bergsteigen wurde nach und nach

in Vereinen wie dem Deutschen Alpenverein organisiert. Und aus den Vereinen heraus entwickelte sich ab den 1920er-Jahren die Idee eines Wege-Verbundsystems zwischen den vielen neu erbauten Alpenvereinshütten.
1969 entstand auf europäischer Ebene die Idee für ein Netz Europäischer Fernwanderwege. Dieses Netz existiert im Grunde noch, doch werden nur bestimmte Abschnitte je nach Engagement einzelner Länder und Regionen aktiv gepflegt und markiert. Auf dem Maximiliansweg bewegen wir uns in einem kurzen Teilstück auf dem E5 (Konstanz–Verona). Inzwischen durchziehen immer neue von den Touristikern oder regionalen und überregionalen Verbänden ausgewiesene Fernwanderwege Europa und insbesondere

Etappenübersicht

Bregenzerwald		Schwierigkeit (Variante)	Auf-/Abstieg	Gehzeit
1	Lindau – Wolfurt	L	70/30 Hm	4.30 Std.
2	Wolfurt – Lingenau	M	1035/790 Hm	7.00 Std.
3	Lingenau – Staufner Haus	M (S, M)	1185/255 Hm	6.00 Std.
Allgäuer Alpen				
4	Staufner Haus – Gunzesried	M (S)	560/1290 Hm	6.30 Std.
5	Sonthofen – Pfronten	M	1170/1060 Hm	7.45 Std.
6	Pfronten – Schwangau	L	570/630 Hm	5.30 Std.
Ammergauer Alpen				
7	Schwangau – Kenzenhütte	M (S)	1320/825 Hm	6.30 Std.
8	Kenzenhütte – Pürschlinghaus	S (L)	885/605 Hm	6.00 Std.
9	Pürschlinghaus – Eschenlohe	M (L)	845/1770 Hm	7.45 Std.
Bayerische Voralpen				
10	Eschenlohe – Herzogstandhaus	M (L)	1320/385 Hm	4.30 Std.
11	Herzogstandhaus – Tutzinger Hütte	M	1030/1280 Hm	7.30 Std.
12	Tutzinger Hütte – Lenggries	M (M)	460/1105 Hm	5.15 Std.
13	Lenggries – Tegernsee	M	900/850 Hm	6.00 Std.
14	Tegernsee – Fischbachau	L	900/860 Hm	6.00 Std.
15	Fischbachau – Mitteralm	M	1205/780 Hm	5.30 Std.
Chiemgauer Alpen				
16	Mitteralm – Hochrieshaus	M (M)	1115/745 Hm	6.45 Std.
17	Hochrieshaus – Sonnenalm	M	890/990 Hm	6.10 Std.
18	Sonnenalm – Hochgernhaus	M (M)	1220/1225 Hm	7.40 Std.
19	Hochgernhaus – Ruhpolding	M	885/1690 Hm	7.10 Std.
20	Ruhpolding – Bad Reichenhall	M (S)	955/1135 Hm	8.30 Std.
Berchtesgadener Alpen				
21	Bad Reichenhall – Berchtesgaden	L (S)	235/140 Hm	4.30 Std.

Erläuterungen zu den Schwierigkeitsangaben siehe Seite 14.

die Alpen, was sich nicht zuletzt in der Fülle der Wanderführerliteratur und der Zeitschriftenartikel widerspiegelt. Inwieweit hierdurch die Berge und die Natur in ein Marktdenken integriert werden, bleibt dahingestellt. Priorität sollte der verantwortungsvolle Umgang des Einzelnen mit der Natur genießen. Daher macht es auch aus Umweltgründen keinen Sinn, für eine kurze Bergtour von weither anzureisen. In diesem Fall gibt es sicher ein reizvolles Mittelgebirge in der Nähe. Wer aber den organisatorischen Aufwand mit der Zeit in den Bergen ausbalancieren kann, wird auf dem Maximiliansweg eine wunderschöne Wanderzeit verbringen. Von dem Autor Reinhold Beer stammt hierzu ein schönes Wortspiel: »W-Anderzeit«, in Anspielung auf eine andere Zeitrechnung, in die man durch das Wandern versetzt wird.

Der Maximiliansweg des Alpenvereins

Im Jahr 1984 gründeten Österreichischer, Südtiroler und Deutscher Alpenverein bei einem Treffen den Bereich »Alpines Weitwandern«, um sich dieser mit dieser wachsenden Alternative zum klassischen Bergsteigen zu befassen. Als der Nymphenburger Verlag 1985 das Buch »Eines Königs Reise« herausgab, kam es zum »Startschuss« für den Maximiliansweg, und Max II. galt als »königlicher Weitwanderer«. Der Südbayerische Sektionentag beschloss daraufhin, einen »König-Max-Weg« locker auszuschildern. Zwecks grober Orientierung sollten die Wanderer an markanten Punkten immer wieder auf das Thema »Maximiliansweg« hingewiesen werden. Von daher handelt es sich beim Charakter des heutigen Fernwanderwegs nicht um einen komplett von Anfang bis Ende konsequent durchbeschilderten Weg. Die Route hangelt sich vielmehr etappenweise auf Basis bestehender Fernwanderwege wie dem E4 voran. Hierdurch ist es auch zu erklären, dass es zu Abweichungen des Wegverlaufs in der Literatur, auf Landkarten verschiedener Erscheinungsjahre und Verlage so-

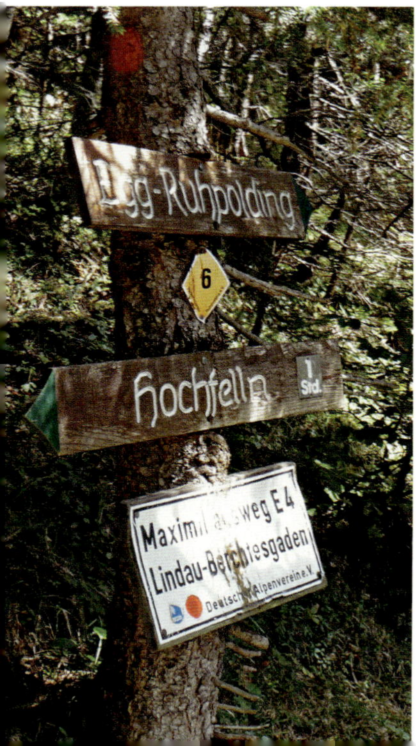

Wegweiser am Maximiliansweg.

Die Highlights entlang des Maximilianswegs

»Klassischer« Auftakt in Lindau

In den Gassen der Altstadt und an der Seepromenade mit Blicken auf den Bodensee schnuppern wir historisches Flair (Etappe 1).

Überschreitung der Nagelfluhkette

Die Höhenwanderung vom Staufner Haus über den Hochgrat ist eine der Top-Tageswanderungen in Deutschland. Mit etwas Glück begegnet man Gämsen (Etappe 4).

Königsschlösser

Auf dem Weg von Füssen in die Ammergauer Alpen gelangen wir an den Schlössern Hohenschwangau und Neuschwanstein vorbei, eine Variante streift Schloss Linderhof (Etappen 6–8).

Ammergauer Alpen

Die Panoramawanderung über die Klammspitze und die Brunnenkopfhäuser führt durch das größte bayerische Naturschutzgebiet mit reichhaltiger Flora und Fauna (Etappe 8).

Auf zum Herzogstand

Die ehemaligen Jagdhäuser mit dem Aussichtspavillon in der Nähe sind zu Recht ein beliebtes Ziel für Wanderer. Vom Heimgarten aus laufen wir auf den Walchensee zu, inmitten des »Blauen Lands« (Etappe 10).

»So schmecken die Berge«

Auf einigen Alpenvereinshütten stärken wir uns mit regionalen Spezialitäten. Das schmeckt nicht nur, sondern leistet auch einen Beitrag zur örtlichen, nachhaltigen Lebensmittelerzeugung und Küchentradition.

Überschreitung der Benediktenwand

Die »alpinere« Wegvariante mit dem Gipfel der Benediktenwand ist ein tolles Bergerlebnis – am Weg sieht man meist Steinböcke (Etappe 12).

»Balkon-Brotzeiten«

Auf den Chiemgauer Gipfeln wie Kampenwand, Hochgern und Hochfelln mit ihrer Balkonlage über dem Chiemsee rastet es sich bei bester Aussicht besonders gut (Etappen 17–19).

Premiumwandern in Reit im Winkl

Auf einem Abstecher in Richtung des historischen Reiseverlaufs genießen wir Blicke auf das Kaisergebirge auf einer zu Recht als »Premiumwanderweg« zertifizierten Wanderroute (Etappe 19).

Edler Ausklang am Königssee

Das Echoblasen und die Watzmann-Ostwand sind die Ingredienzen eines stilvollen Finales der Fernwanderung, die wir mit einer Einkehr in St. Bartholomä enden lassen (Etappe 21).

wie »in echt« durch die individuellen Ausschilderungen der Sektionen kommt. Immer mehr typische Alpenüberquerungen in Nord-Süd-Richtung und in verschiedenen Schwierigkeitsgraden buhlen um Wanderpublikum, zu den »Klassikern« E5 mit dem Mittelstück Oberstdorf–Meran, der »Grassler-Route« von München nach Venedig oder dem Alpe-Adria-Trail gesellen sich viele weitere Fernwege. Hierzu bietet das »royale Pilgern« auf dem Maximiliansweg eine attraktive West-Ost-Alternative. Der vorliegende Wanderführer will sowohl für die komplette Route als auch für Teiletappen und reizvolle Abstecher ein kleiner, hilfreicher Begleiter sein und sinnvolle Alternativen zur jeweils »naheliegenden« Wanderroute geben.

Allgemeine Hinweise

Vom Bodensee nach Berchtesgaden in drei Abschnitten

Die 360 Wanderkilometer vom Bodensee nach Berchtesgaden werden die wenigsten Wanderer an einem Stück gehen, wobei gerade dies seinen besonderen Reiz hat. Dem heutigen Urlaubsverhalten und auch den mitteleuropäischen Wettersituationen entsprechend lassen sich die 21 Wandertage recht gut in drei einzelne Wanderwochen aufteilen. Die Ausgangspunkte sind jeweils gut zu erreichen und auch der jeweilige Endpunkt hat gute Anbindung an öffentliche Verkehrsmittel. Aufgrund meiner eigenen Erfahrungen auf dem Maximiliansweg, auf dem ich viele Wegstücke mehrfach gegangen bin, kommt es zu dieser Einteilung. Diese ist natürlich individuell veränderbar, je nach Lust und Laune, persönlicher Zeit- und Krafteinteilung und natürlich auch nach der Wetterlage. Vielleicht ergeben sich ja unterwegs ausführlichere Ortsbesichtigungen oder man interessiert sich für spezielle kulturelle Veranstaltungen in den Talorten mit ihrem reichhaltigen Angebot. Gerade auch die »Abstecher« stellen besondere Höhepunkte dar, die sich bei entsprechender Planung zu verwirklichen lohnt.
Für den schnellen Überblick dient die Tabelle mit der Etappenübersicht. Diese stellt die gängigste Route vor. Die Varianten befinden sich bei den jeweiligen Detailbeschreibungen. Es sind so viele, dass man den Maximiliansweg fast komplett ein zweites Mal auf einer anderen Route gehen könnte – für »Wiederholungstäter«. Die technischen Anforderungen sind in die drei Kategorien »leicht« – »mittel« – »schwer« eingeteilt, nach individuellem Empfinden und Faktoren wie Schwierigkeit der Wegführung (steil, geröllig etc.) und Gehzeit. Dabei kommen auf der Normalroute des Maximilianswegs praktisch keine schweren, ausgesetzten Passagen vor. Allenfalls bei der einen oder anderen (Gipfel-)Variante handelt es sich in kurzen Abschnitten um Teilstücke, die besondere Konzentration und Sicherheit verlangen.

Leicht Leichte Etappen (L) führen oft auf Forstwegen oder kleinen Teerstraßenabschnitten mit mäßiger oder mittlerer Steigung entlang.

Mittel Mittlere Etappen (M) verlangen eine gewisse Konzentration und stellenweise Trittsicherheit. Auch eigentlich »leichte« Etappen bekommen durch die längere Gehzeit einen »mittelschweren« Charakter.

Schwierig Schwere Abschnitte (S) können durchaus alpinen Charakter aufweisen. Kurze Stücke erfordern Trittsicherheit und Schwindelfreiheit. Oft sind diese Wegstücke aber auch mit Drahtseilsicherungen ausgestattet.

Blick auf den Alatsee, ein landschaftliches Kleinod (Etappe 6).

Die Darstellung der Tagesetappen

Schon der Etappenkopf informiert über Höhenmeter und reine Gehzeit. Zudem beinhaltet der Informationsblock die Übernachtungsmöglichkeiten und Alternativen sowie öffentliche Verkehrsmittel. Diese Details ändern sich jedoch auch, insbesondere die Öffnungszeiten der Hütten können variieren. Die Höhenprofile zur jeweiligen Tagesetappe zeigen auf einen Blick die Gehzeiten, zu überwindende Höhenmeter, wichtige Wegpunkte sowie Einkehr- und Übernachtungsmöglichkeiten und erleichtern somit die Tageseinteilung. Zur besseren Verknüpfung sind alle im Höhenprofil aufgeführten Wegpunkte in der Etappenbeschreibung fett gedruckt. Jede Wanderetappe ist zudem mit einer Wanderkarte im Maßstab 1:75.000 ausgestattet, der Routenverlauf erscheint in rot. Alternativwege sind rot gestrichelt.

Um gestiegenen Ansprüchen gerecht zu werden, steht der gesamte Weg als GPS-Track (Wegverlauf) samt GPS-Wegpunkten zum Download zur Verfügung. In der Etappenbeschreibung ist der Wegverlauf möglichst genau geschildert. Höhenangaben auf Schildern, im Text und auf Karten können dabei variieren.

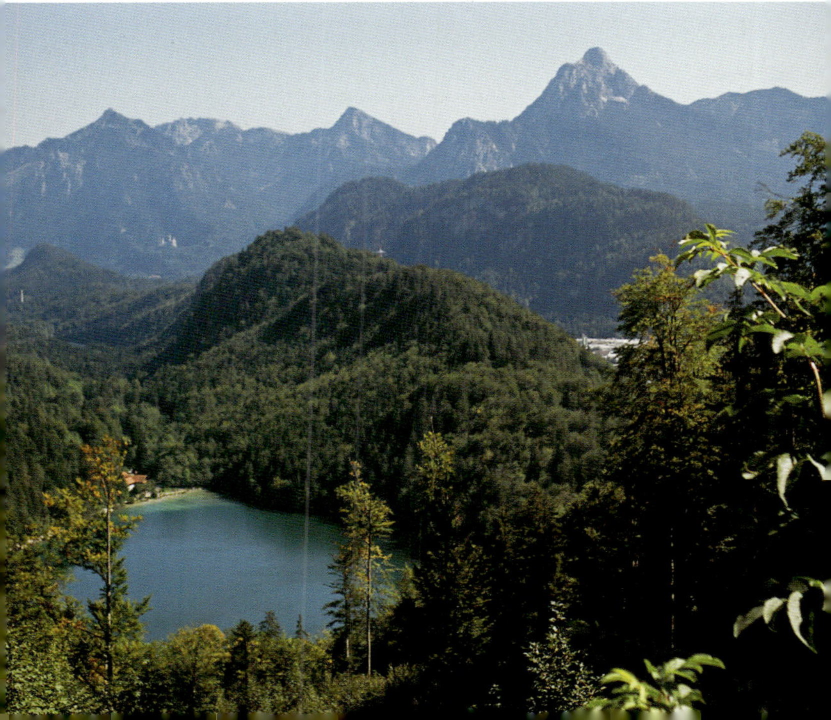

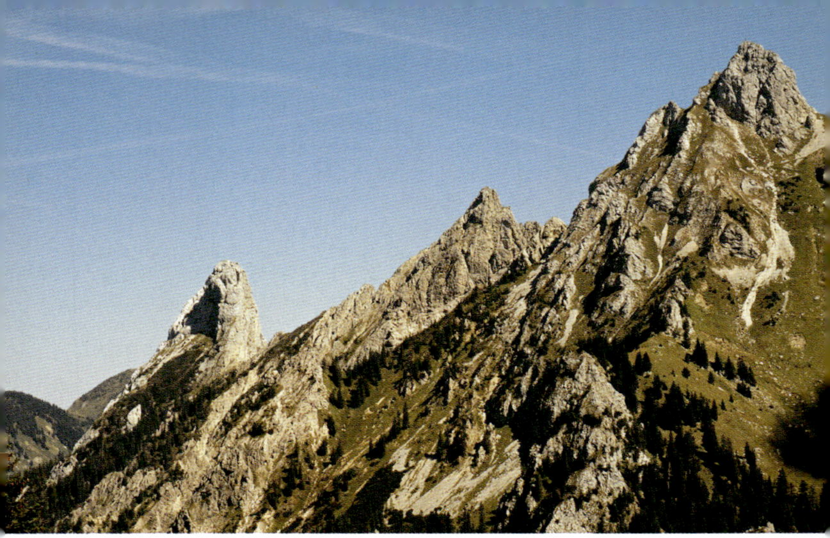

Durch die Ammergauer Alpen zur Kenzenhütte (Variante Etappe 7).

Gehzeiten

Die angegebenen Zeitangaben richten sich an Durchschnittswanderer mit gewisser Grundkondition und sind ohne Pausen gerechnet. Seilbahn- und Busfahrzeiten sind nicht berücksichtigt, daher »Abkürzer« bitte selbst kalkulieren. Die eigenen Gehzeiten sind abgeglichen mit Angaben in der einschlägigen Literatur. Gehzeiten auf Hinweisschildern schwanken stark je nach Region und Gemeinde beziehungsweise Alpenvereinssektion und sonstiger Organisationen. Während man in einigen Gebieten die »offiziell« angegebene Gehzeit mühelos unterschreitet, hat man eventuell in der nächsten oder übernächsten Bergregion Mühe, die angegebene Zeit einzuhalten. Im Allgemeinen rechnet man per Faustregel mit rund 400 Höhenmetern in der Stunde und 4–5 Streckenkilometern. Mit großem Gepäck wird man zu Beginn sicher mehr Gehzeit veranschlagen müssen, was auch für schlechte Wetterverhältnisse zutrifft. Doch nach und nach stellt sich für alpine Einsteiger mit dem »Fernwandererlebnis« auch eine bessere Kondition ein.

Anforderungen

Sie machen Wanderurlaub und wollen sich erholen. Bitte verstehen Sie daher die Etappeneinteilung dieses Buchs nicht als eine Art Pflichtaufgabe, sondern betrachten Sie sie als Empfehlung oder Grundgerüst und variieren Sie selbst nach Lust, Laune und verfügbarer Zeit. Niemand zwingt Sie zu den teils länger konzipierten Tagesetappen. Gerade auf dieser Route durch

das touristisch geprägte Voralpenland ist eine individuelle, gemütlichere Etappenplanung mit zusätzlichen Übernachtungsstationen zu verwirklichen. Übernachten Sie beispielsweise in Marquartstein, machen Sie einen Abstecher zum Chiemsee und gehen Sie den Hochgern erst am Nachmittag an. Oder überbrücken Sie mal ein Stück mit dem Bus, vor allem, wenn es sich um Teerpassagen handelt.
Jeder halbwegs trainierte Wanderer kann auf dem Maximiliansweg unterwegs sein. Eine gewisse Grundkondition ist hierfür allerdings unerlässlich, zumal man ja mit ein paar Kilogramm Gepäck unterwegs sein wird. Wer also monatelang lediglich Schreibtischtäter war, sollte ein paar Wochen vor Beginn einer längeren Bergwanderung zumindest Tagestouren unternehmen oder seine Joggingstrecke in kürzeren Abständen aufsuchen.
Auch mit größeren Kindern macht der Maximiliansweg Spaß, vor allem wenn es auf kleine Gipfel geht oder gekraxelt werden kann. Allerdings gibt es einige Wegstücke durch Forst, die Erwachsene als meditativ wohltuend erleben, die Kinder aber langweilig empfinden werden. Die sportliche Bandbreite in der älteren Generation ist enorm: Hier tummeln sich ebenso Einsteiger wie ausdauernde Bergfexe. Vielen gemeinsam sind zunehmende Kniebeschwerden – an einigen Passagen helfen Seilbahnen beim Ab- oder Aufstieg.

Gefahren

Rasche Wetterumschwünge gehören in den Bergen mit dazu, sind jedoch auch gefährlich. Hüttenwirte wissen meist gut Bescheid, zudem hilft die Wettervorhersage des Alpenvereins (www.alpenverein.de). Die Gefahr eines Absturzes ist relativ gering, denn kurze heikle Stellen sind gut mit Seilsicherungen ausgestattet. Größer ist die Gefahr des Umknickens auf Geröll oder das Abrutschen auf feuchten, abgerundeten Wurzeln nach Regenfällen. Hier heißt es, konzentriert zu gehen – eine gute Voraussetzung hierfür sind geeignete Wanderschuhe. Je nach Wegabschnitt ist bei Schlechtwetter eine tragfähige Entscheidung zu treffen: Es macht nicht nur keinen Sinn, bei Regen und schlechter Sicht Gipfelüberquerungen zu unternehmen, sondern es ist auch gefährlich. Dann ist es sinnvoller, den Berg auf Forst- oder Wirtschaftswegen zu umwandern.
Wenn etwas passiert: Die allgemeine **Notrufnummer 112** wählen. Auch auf der nächsten Hütte kann man den Hüttenwirt informieren.
Alpines Notsignal: 6-mal pro Minute optisches oder akustisches Signal (Rufen, Pfeifen, Winken), eine Minute Pause, dann wiederholen. Die Antwort auf ein solches Signal wird mit drei Zeichen pro Minute gegeben und ebenfalls nach einer Minute wiederholt.

Ausrüstung

Der Autor empfiehlt einen Tourenrucksack mit Volumen um die 40 Liter. Insgesamt sollte man nicht mehr als 10 Kilo Gepäck mitnehmen. Bergschuhe

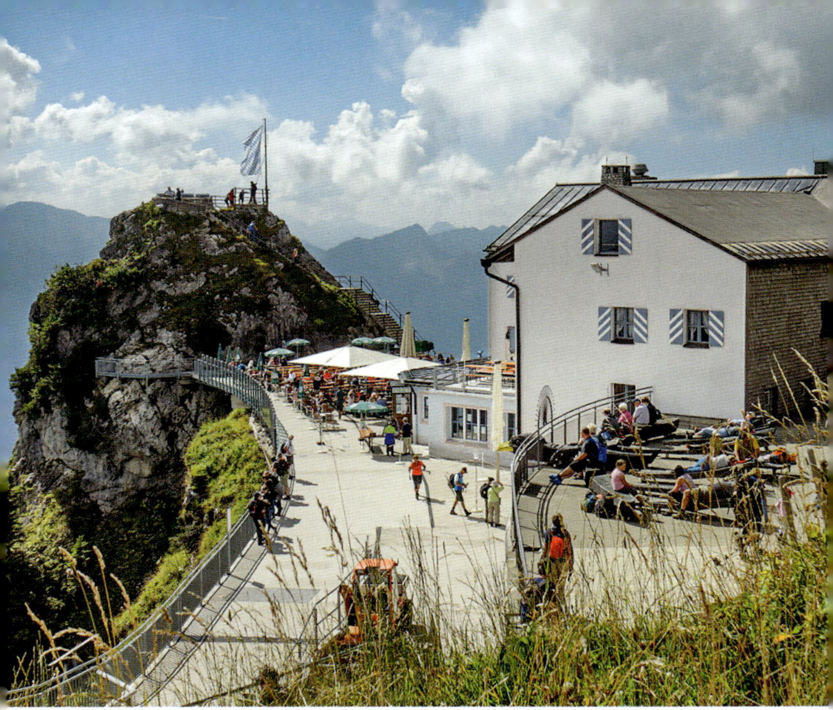

Auf dem Wendelstein treffen sich Wanderer und Bahnfahrer (Etappe 15).

sind ebenfalls unerlässlich. Dabei weder unter- noch übertreiben: Leichte, knöchelumfassende »Hiking«-Schuhe sind für die meisten Abschnitte gut geeignet, haben ihre Schwächen aber durch die dünnere Sohle im Geröll. Richtige Bergstiefel sind natürlich supersolide, aber auch schwer und überdimensioniert. Eine gute Wahl sind Trekkingstiefel der mittleren Kategorie. Vorsicht bei länger nicht getragenen Schuhen: Die Sohlen sind dann spröde und können sich ablösen oder förmlich wegbröseln! Die Kleidung ist im Idealfall schnelltrocknend. Moderne Trekkinghosen sind so dünn, dass auch eine zweite im Rucksack Platz hat. Funktionsunterwäsche, ein Microfaserhandtuch und eine Kopfbedeckung sollten mit dabei sein. Auf Alpenvereinshütten braucht man einen dünnen Hüttenschlafsack. Ein Regenschutz sollte selbstverständlich sein. Die Jacke möglichst »3-lagig« wählen, denn der Schulterbereich wird durch den Rucksack stark beansprucht. Trekkingstöcke verhelfen zu stabilerem Gehen auf gerölligen oder feuchten Wegen. Eine Rucksackapotheke mit Erste-Hilfe-Set und Blasenpflastern ist Stan-

Symbole

	Ort mit Einkehrmöglichkeit		Gipfel
	Einkehrmöglichkeit		Pass, Sattel
	Übernachtungsmöglichkeit		Abzweigung
	Zahnradbahn		Kirche, Kapelle
P	eingerichteter Parkplatz		Burg, Schloss, Ruine

dard, ebenso wie eine Taschen- bzw. Stirnlampe. Zu empfehlen ist auch eine Trinkflasche, denn auf einigen Etappen gibt es auf längeren Wegstücken keine Quelle, zudem sollte man nicht aus Bächen unterhalb von Kuhweiden trinken. Genügend Bargeld mitnehmen – leicht kommen bei einer Hüttenübernachtung 30–50 Euro pro Person zusammen für Übernachtung, Abendessen und Frühstück; Kreditkarten gehen hier (zum Glück) noch nicht. Der DAV-Ausweis spart Geld bei einer Übernachtung in einer Alpenvereinshütte, mehrere Hütten auf dem Maximiliansweg sind jedoch in privater Hand.

Übernachtung und Hüttenleben

Der Wanderführer listet möglichst alle »Bergübernachtungen« entlang des Wegs und der Varianten auf. Für die Talübernachtungen ist die jeweilige Nummer der Touristeninformation angegeben. Natürlich muss man die Bürozeiten berücksichtigen. In manchen Fremdenverkehrsorten helfen elektronische Informationsstationen nach Feierabend weiter.
Generell kann es bei der derzeitigen Entwicklung und dem »Boom« des Fernwanderns an sonnigen Sommerwochenenden zu Engpässen kommen. Hier hilft einfach eine rechtzeitige und umsichtige Planung und Vorreservierung, insbesondere bei privaten Hütten. Umgekehrt sollte man auch den reservierten Platz telefonisch absagen, falls die Übernachtung nicht eingehalten werden kann. Sehr zu empfehlen ist die Alpenvereins-Mitgliedschaft, am besten in der Sektion des eigenen Wohnorts. Zur Not tritt man auf der Hütte bei, erhält dann aber zu sich nach Hause auch die Mitgliederzeitschrift und -informationen der Sektion, zu der die Hütte gehört. Auf der Berghütte gibt es festgelegte Abendessens- und Frühstückszeiten. Meist gibt es nach 20 Uhr nur noch eine Brotzeit. Manche Hütten bieten lediglich eine rustikale Standardkost. Glücklicherweise geht der Trend aber zu mehr Vielfalt und Anspruch und mehrere Alpenvereinshütten entlang der Route nehmen an dem Projekt »So schmecken die Berge« teil, mit regionalen Zutaten und leckeren Speisen. Aktuelle Informationen bieten die Websites der Hütten. Der Übernachtungskomfort nimmt ebenfalls tendenziell zu auf den Hütten, einige bieten inzwischen auch Zwei-Bett-Zimmer an. Heiße Duschen gibt es ebenfalls in mehreren Häusern, in der Regel mit kostenpflichtiger Duschmarke. Die Nachtruhe in den Hütten ist unterschiedlich geregelt.

Verpflegung

Je nach Etappe und Einkehrmöglichkeiten unterwegs sollte man sich bereits im Talort mit Verpflegung eindecken. Müsliriegel sind eine gute Überbrückungshilfe, wenn eine Brotzeit-Alm wider Erwarten geschlossen sein sollte. Die meisten Strecken weisen in »strategisch günstigen Abständen« Einkehrstationen auf und machen den Maximiliansweg zur Genusswanderroute.

Kartenmaterial und Orientierung

Karten im Maßstab 1:50.000 vom Bayerischen Landesamt für Digitalisierung, Breitband und Vermessung (Blätter 45, 47, 48, 50, 52, 53, 54 und 55), Kompass (Blätter 2, 3, 4, 7, 8, 10 und 14) oder Freytag & Berndt sind in Kombination mit diesem Wanderführer ausreichend. Sehr empfehlenswert und detailreich ist die Serie des Alpenvereins in 1:25.000, freilich benötigt man durch den großen Maßstab auch mehr Blätter. Eine wetterfeste Alternative ist die Serie von Kümmerly und Frey im Maßstab 1:35.000. Sehr komfortabel sind auch die Karten der TK-Serie in 1:25.000 des Bayerischen Landesamts. Zudem gibt es eine Fülle digitaler Angebote auf dem Markt, wie die Karten von OpenStreetMap, die App von »Komoot« oder die DAV-Karten in digitaler Version. Ein Smartphone mit leistungsstarkem Akku und GPS-Funktion kann gute Dienste leisten, auch bei der Suche nach Busverbindungen – viele Fahrpläne sind in die App der Bahn »DB Navigator« integriert. GPS zieht viel Akkustrom, weshalb eine Powerbank hilfreich ist.

Was die Orientierung betrifft, so gibt es noch ein gewisses West-Ost-Gefälle bezüglich der Beschilderung. Im Bregenzerwald scheint man den Wandertourismus durch viele Schilderbäume und Themenwanderwege zu fördern (zudem durch häufige, sogar sonntägliche Busverbindungen). In den oberbayerischen Regionen sind die gelben Wegweiser mit Schwierigkeitsgrad und Gehzeit weit verbreitet. Generell folgt man meist regionalen Orts- und Gipfelbezeichnungen, das Stichwort »Maximiliansweg« kommt nicht durchgehend vor.

Lesestoff für den Rucksack: Regionalkrimis von West nach Ost

Für leichte Unterhaltung unterwegs sorgen folgende Krimis, aus denen die Leser auch die eine oder andere regionale Besonderheit erfahren können: Jakob Maria Soedher baut die Bregenzer Festspiele in seinen Roman »Seebühne« (Edition Hochfeld) ein, während Kommissar Kluftinger in »Seegrund« von Volker Klüpfel und Michael Kobr (Piper Verlag) am Alatsee ermittelt. Oliver Pötzsch wählt als Schauplatz für »Die Ludwig-Verschwörung« (Ullstein) Neuschwanstein. Weiter östlich, in Karwendel und Wetterstein, spielt »Stumme Rache« von Stefan König (Rother Bergverlag). Andreas Föhr lässt im Bayerischen Oberland nach dem »Prinzessinnenmörder« (Knaur Verlag) suchen. Auf der Fraueninsel im Chiemsee ist »Rosen für eine Leiche« von Hannsdieter Loy (Emons Verlag) angesiedelt. Das Krimi-Finale bestreitet der Ermittler Holzhammer in »Gut getroffen« von Fredrika Gers (Rowohlt).

Der Umwelt zuliebe ...

Auch beim Wandern hinterlassen wir einen ökologischen Fußabdruck, aber im Einklang mit der Natur unterwegs zu sein, ist gar nicht so schwer!

VORBEREITUNG UND ANFAHRT

- Sich vorab informieren, worauf in Bezug auf Natur und Umwelt in der jeweiligen Wanderregion besonders zu achten ist.
- Soweit möglich mit Bahn und Bus anreisen, Wander- und Rufbusse nutzen.
- Ist eine Anfahrt mit dem Auto nötig, Fahrgemeinschaften bilden.
- Bei weiten Anfahrten Mehrtagestouren planen oder von einem Quartier vor Ort aus mehrere Touren absolvieren.
- Flugreisen möglichst reduzieren und durch Beiträge zu Klimaschutzprojekten kompensieren.

KLEIDUNG UND AUSRÜSTUNG

- Beim Kauf von Outdoor-Kleidung auf umweltfreundliche und faire Herstellung achten und Kleidungsstücke möglichst viele Jahre nutzen.
- Ausrüstung kann man eventuell auch gebraucht kaufen oder ausleihen.
- Reparieren statt neu kaufen.

VERPFLEGUNG

- Beim Einkauf Bio-Ware, regionale und saisonale Erzeugnisse bevorzugen.
- Hütten und Gasthäuser auswählen, die regionale Produkte verwenden.
- Auf Einwegflaschen und Plastikverpackungen verzichten, stattdessen wiederverwendbare Trinkflaschen und Brotzeitboxen benutzen.

ÜBERNACHTUNG

- Bei lokalen Anbietern buchen, damit Menschen vor Ort profitieren.
- Auf Hütten und in anderen Unterkünften Strom und Wasser sparen.

UNTERWEGS

- Wege benutzen und Abkürzer vermeiden.
- Sperrungen von Wegen und Schutzgebieten respektieren.
- Keine Blumen pflücken und keine Pflanzen entnehmen.
- Waldbrandgefahr beachten.
- Müll wieder mit nach Hause nehmen und dort entsorgen.
- Toilettengänge in freier Natur möglichst vermeiden.
- Lärm vermeiden.
- Hunde an die Leine nehmen.

ROTHER
BERGVERLAG

Mehrtagestouren mit »Maxi«-malgenuss

Dreimal eine Woche auf dem Maximiliansweg

Woche 1: Von Lindau nach Füssen/Schwangau (Etappen 1–6). Mit der Nagelfluhkette und dem Hochgrat hat man nach moderatem Beginn am Bodensee eine der Top-Tageswanderungen Deutschlands mit dabei. Die Tour kann man mit Besichtigungen der Königsschlösser und einem Bad im Forggensee ausklingen lassen. Eine Option ist der Start von Oberstaufen aus mit direktem Gipfelsturm auf den Hochgrat.

Woche 2: Von Füssen/Schwangau zum Schliersee (Etappen 7–14). Mit den Ammergauer Alpen, dem Herzogstand und der Benediktenwand ist diese Wochentour schon richtig berglerisch. Zum Abschluss gönnt man sich noch die Genusstour vom Tegernsee zum Schliersee, genießt die Sonne beim Rudern oder schwitzt in der Sauna an der Strandmeile des Schliersees mit Blick auf Berge und See.

Woche 3: Von Fischbachau nach Berchtesgaden (Etappen 15–21). Auf der Route liegen einige beliebte Ausflugsberge der »ersten Reihe« wie der Wendelstein und der Hochgern. Die Chiemgauer Almen locken mit regionalen Produkten, und immer wieder genießen wir tolle Chiemseepanoramen.

Umweltfreundlich wandern mit der Bahn

Als Streckentour ist der Maximiliansweg prädestiniert für eine entspannte An- und Abreise mit der Bahn. Dabei ist dies nicht nur umweltfreundlich, sondern auch organisatorisch einfacher, denn eine umständliche Rückreise mit Um-

Der Alatsee – eine Oase der Entspannung (Etappe 6).

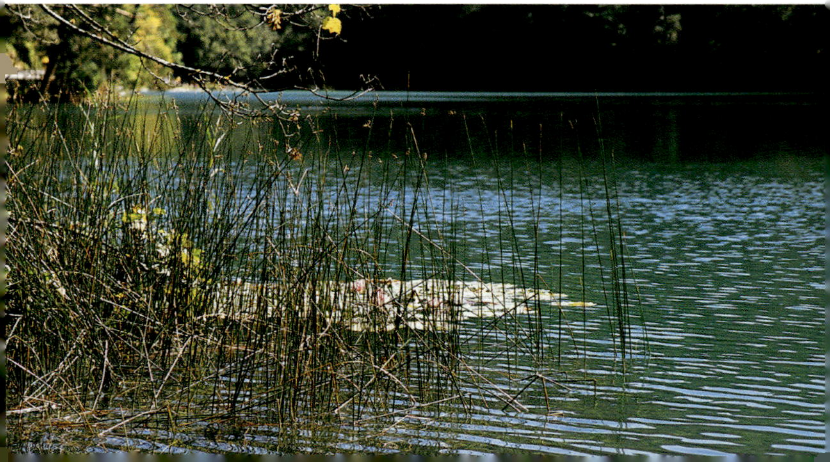

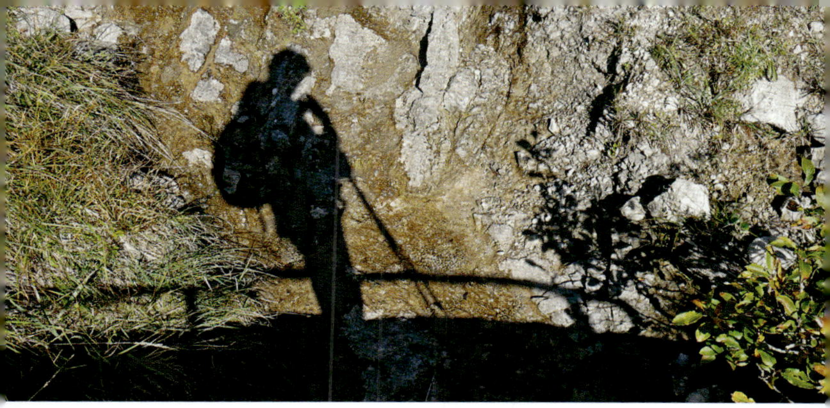

Schattenwanderer bei einer Gehpause.

steigeverbindungen zum Auto entfällt. Folgende Bahnhöfe liegen von West nach Ost auf der Wanderroute, die fett gedruckten eignen sich besonders für die An- und Abreise: **Lindau**, **Oberstaufen**, Sonthofen, Pfronten, **Füssen**, Unterammergau, Oberammergau, Murnau, **Eschenlohe**, Benediktbeuern, **Lenggries**, Tegernsee, Fischbachau, Rosenheim (Bus nach Nußdorf), **Brannenburg**, Aschau, Prien, Ruhpolding, Bad Reichenhall, **Berchtesgaden**.

Wochenendtouren auf dem Maximiliansweg

Nicht jeder Wanderfreund wird komplette drei Wochen auf dem Maximiliansweg verbringen. Die Route lädt jedoch zu der einen oder anderen Wochenendwanderung ein, mit Übernachtungen »am Berg« und mit tollen Aussichtsgipfeln. Freilich sind der Fantasie für kürzere Touren auf dem Maximiliansweg wenige Grenzen gesetzt, doch manche Abschnitte scheinen prädestiniert für solche Vorhaben. Solche »Filetstücke« machen ja vielleicht Lust auf mehr und sind für ein erstes Antesten des kompletten Wegs gut geeignet. Genaue Informationen bei den jeweiligen Etappen.

»Ludwig-Route« (Etappen 6–8): Sie ist die »königlichste« der drei Touren und mit Besichtigungen der Königsschlösser gut zu verbinden. Auf dem Weg liegt Füssen mit seiner hübschen Altstadt. Die Ammergauer Alpen mit ihrer Bergwelt vermitteln eine Vorahnung vom Hochgebirge, hier ist auch mit der Gipfelvariante über die Hochplatte der höchstgelegene Abschnitt des Maximilianswegs.
Tag 1: Anreise mit der Bahn und Start in Pfronten, dann Wanderung zur Ruine Falkenstein und nach Füssen. Übernachtung in Füssen/Schwangau.
Tag 2: Besichtigung von Neuschwanstein, dann Wanderung durch die Ammergauer Alpen zur Kenzenhütte (über Tegelberg oder die angesprochenen Varianten; Aufstiegshilfe: Tegelbergbahn); Übernachtung in der Kenzenhütte.

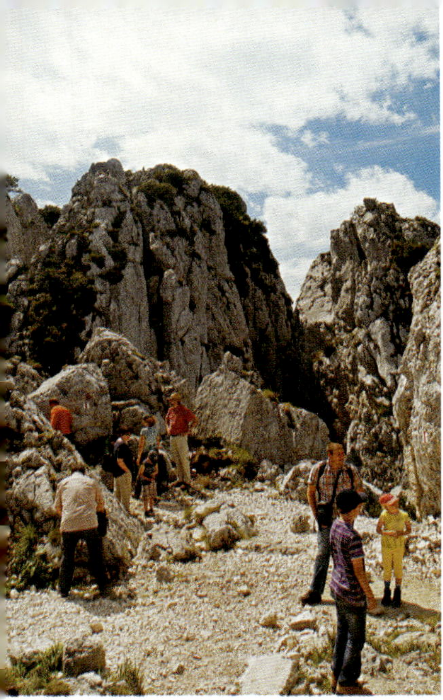

Gipfelansturm auf der Kampenwand (Variante Etappe 18).

Tag 3: Weg über den Bäckenalmsattel und Abstieg nach Linderhof; Rückreise mit Bus ab Linderhof, dann Bahn ab Oberammergau. Oder ab Kenzenhütte Weg über Klammspitze und Brunnenkopfhäuser, dann eventuell mit Zusatzübernachtung im Pürschlinghaus. Variante bei Start in Füssen mit zwei reinen Bergübernachtungen in der Kenzenhütte und den Brunnenkopfhäusern oder dem Pürschlinghaus.

»Von der Loisach zur Isar« (Etappen 10–12): Die schöne Tour überquert zwei der klassischen »Münchner Hausberge« und bietet landschaftlich großartige Eindrücke vom »Blauen Land« mit besten Blicken auf den Walchensee.
Tag 1: Anreise mit der Bahn und Wanderung von Eschenlohe über den Heimgarten zum Herzogstand; Übernachtung im Herzogstandhaus.
Tag 2: Abstieg auf dem Reitweg, dann über die Jocheralm und Staffelalm zur Tutzinger Hütte (Übernachtung).
Tag 3: Überquerung der Benediktenwand und Wanderung zum Brauneckhaus; Abstieg nach Lenggries (Abstiegshilfe: Brauneckbahn) und Rückfahrt mit der Bayerischen Regiobahn.

»Durch die Chiemgauer Alpen« (Etappen 16–18 oder 19): Aussichtsreiche Wanderungen mit Blicken auf den Chiemsee und Hütten, die beinahe ganzjährig geöffnet haben, zeichnen diesen Abschnitt aus.
Tag 1: Anreise bevorzugt mit dem Bus von Rosenheim nach Nußdorf (oder mit der Bahn nach Brannenburg, dann Überquerung der Talachse) und Wanderung zur Hochries; Übernachtung in Hochrieshaus oder Riesenhütte.
Tag 2: Abstieg ins Priental und Gegenanstieg Richtung Kampenwand; Übernachtung in der Sonnenalm.
Tag 3: Überquerung oder Umrundung der Kampenwand, Höhenwanderung Richtung Hochplatte (evtl. Gipfel) und Abstieg nach Marquartstein. Rückfahrt mit Bus nach Prien, dort Bahnanschluss. Eventuell Zusatztag mit Übernachtung im Hochgernhaus.

Mit dem Zelt auf dem Maximiliansweg

Im Outdoor-Bereich wird alles leichter, auch Zelte, Schlafsäcke und Isomatten. Mit gerade mal vier Kilo für alle drei Übernachtungsutensilien ist man schon dabei. Und da das Zelten in den Alpen ein gewisser Trend ist, kann es durchaus ein tolles Naturerlebnis sein, das eine oder andere Teilstück mit der eigenen Unterkunft auf dem Rücken zurückzulegen. Immer mehr in Mode kommen auch »Schlaffässer« auf den Campingplätzen, auch eine Unterkunftsmöglichkeit. Viele Plätze liegen landschaftlich schön und direkt am Wasser, sehr erholsam für die Wadln! Hier eine Auswahl von offiziellen Campingplätzen in West-Ost-Richtung. Lücken gibt es im Bereich der Ammergauer Alpen, der Benediktenwand (Schutzhütte am Gipfel) und im Bereich Hochgern/Hochfelln.

- **Lindau:** www.park-camping.de, schön am Bodenseeufer gelegen
- **Bregenz:** www.camping-mexico.at, ebenfalls am Bodenseeufer
- **Bregenzerwald:** www.campingclub.at, bei Doren direkt am Ufer der Ache
- **Lingenau:** Camping Feurstein, auf dem Gelände eines Bauernhofs, marika.feurstein51@gmailcom, Tel. +43/5513/6114
- **Hochhäderich-Gebiet:** www.camping-hochlitten.at
- **Sonthofen:** Camping an der Iller, www.tourismus-sonthofen.de
- **Pfronten:** www.camping-pfronten.de
- **Füssen:** Gleich mehrere Plätze an Bannwaldsee, Hopfensee und Forggensee

Der Campingplatz Zellersee im Achental – beliebt bei Kletterern und Wanderern.

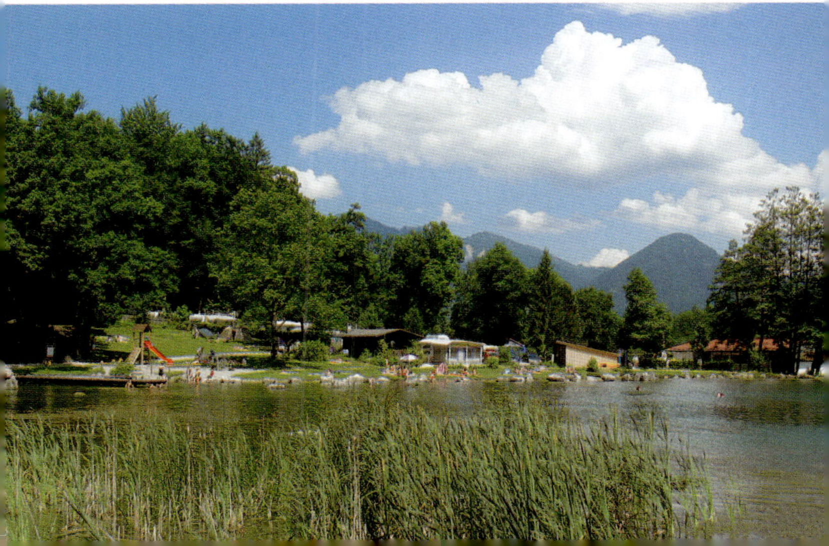

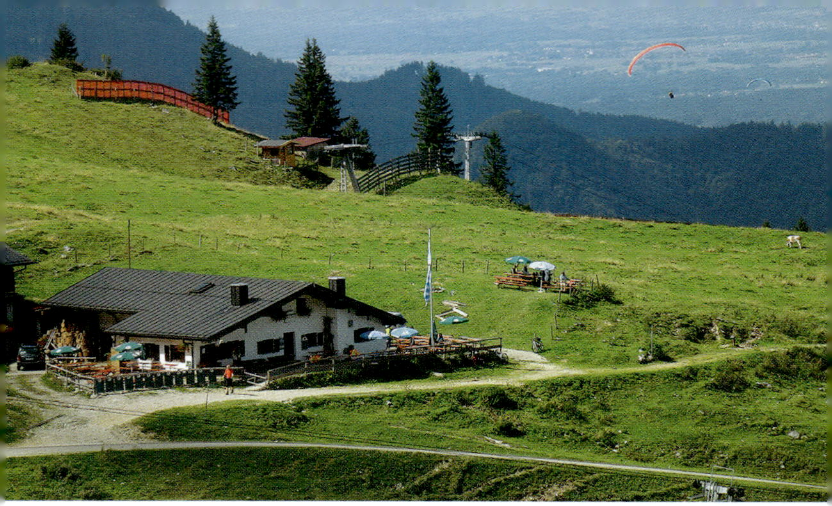

Almlandschaft und Gleitschirmflieger im Kampenwandgebiet.

- **Oberammergau:** www.campingpark-oberammergau.de
- **Murnau:** www.camping-staffelsee.de, im Ortsteil Seehausen am Staffelseeufer
- **Walchensee:** www.camping-walchensee.de, direkt am See
- **Kochelsee:** www.campingplatz-renken.de und www.campingplatz-kesselberg.de, beide am Seeufer (unter Verlust von Höhenmetern)
- **Lenggries:** www.alpen-campingplatz.de, im Ortsteil Arzbach
- **Tegernsee:** www.campingplatz-wallberg.de, am Seeufer
- **Schliersee:** camping-schliersee.de, am Seeufer
- **Brannenburg:** www.inntal-camping-bayern.de (in Flintsbach) und www.kaiser-camping.com (in Bad Feilnbach)
- **Aschau:** Camping am Moor, in der Nähe des Bärensees
- **Marquartstein:** www.camping-zellersee.de, in Schleching, mit Badesee und Kletterrouten am Fels; bietet sich an bei einer Überschreitung von Kampenwand und Geigelstein
- **Ruhpolding:** www.camping-ruhpolding.de, auf dem Ortnerhof
- **Inzell:** www.camping-inzell.de
- **Bad Reichenhall:** www.camping-staufeneck.de
- **Berchtesgaden:** Camping Mühlleiten im Ortsteil Schönau, www.camping-muehlleiten.de, und weitere Plätze

Das Übernachten im Zelt ist in Deutschland im öffentlichen Raum (dazu gehört die Natur) verboten. Das Biwakieren hingegen wird geduldet, außer in Naturschutzgebieten.

Zur Geologie der Alpen

Der Maximiliansweg durchstreift von West nach Ost einen großen Abschnitt der Ostalpen, den man wiederum in sechs geologische Formationen unterteilen kann. Zunächst geht es durch den nördlichen Bregenzerwald, dann durch das Allgäu. Den Mittelteil bilden die Ammergauer Berge und die Bayerischen Voralpen. Die beiden östlichen Formationen sind die Chiemgauer Berge und die noch kurz angerissenen Berchtesgadener Alpen. Lange stritt die Wissenschaft darüber, wie Gebirge eigentlich entstehen und bis in das 20. Jahrhundert hinein herrschte die Vorstellung, dass sich beim Zusammenziehen der sich abkühlenden Erdoberfläche Falten aufwerfen wie in einem verrunzelten Gesicht. Heute lässt die moderne Plattentektonik keine Zweifel mehr zu: Die Gesteinsschale der Erde besteht aus verschiedenen Platten, die in bestimmten Zonen voneinander wegdriften und woanders miteinander kollidieren, sodass sich Auffaltungen bilden – daher spricht man auch von »Faltengebirgen«. Die Gebirgsketten des alpidischen Gürtels bildeten sich nach der Kollision von Europäisch-Asiatischer Platte mit der Afrikanischen Platte, vor 50 Millionen Jahren. Durch ungeheuren Druck waren bereits lange vorher Gesteinsbildungsprozesse abgelaufen, es entstanden Gneise, Marmor oder Quarzit. Im Laufe der Hebung kommt es auch zu Verwitterung und Abtragung, durch Wasser, Wind und Temperaturschwankungen. Vor etwa zweieinhalb Millionen Jahren begann das Eiszeitalter, mit einem Wechsel aus mehreren kurzen Warm- und längeren Kaltzeiten. Der Eispanzer über dem Gebirge war vor 20.000 Jahren noch so dick, dass nur die allerhöchsten Gipfel herausragten, während die langsam talwärts fließenden Gletscher Kare aus den Felswänden formten und Täler aushobelten. Heutige Naturformen wie das Inntal oder der Chiemsee waren stark vergletschert. In diesem Prozess bildeten sich auch die Seen des Alpenvorlandes, wie Starnberger und Ammersee mit ihren Moränenlandschaften. Immer noch wachsen die Alpen in die Höhe und Venedig bewegt sich langsam in Richtung München. Auch der durch die Erderwärmung bedingte Schwund der Gletschermassen mit ihrem Gewicht »befreit« die Alpen und trägt zur Hebung bei.

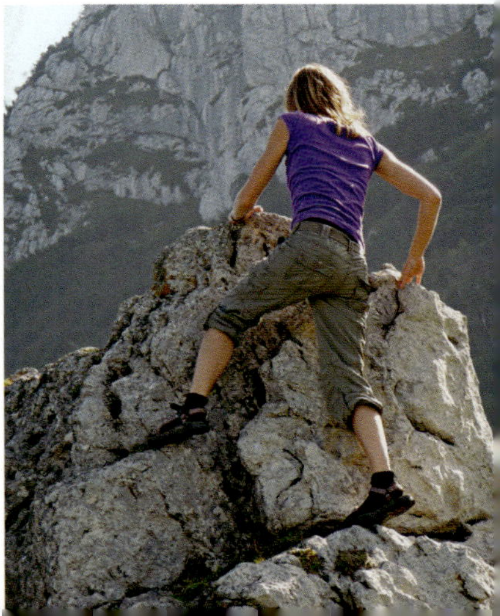

Kraxeln an der Kampenwand.

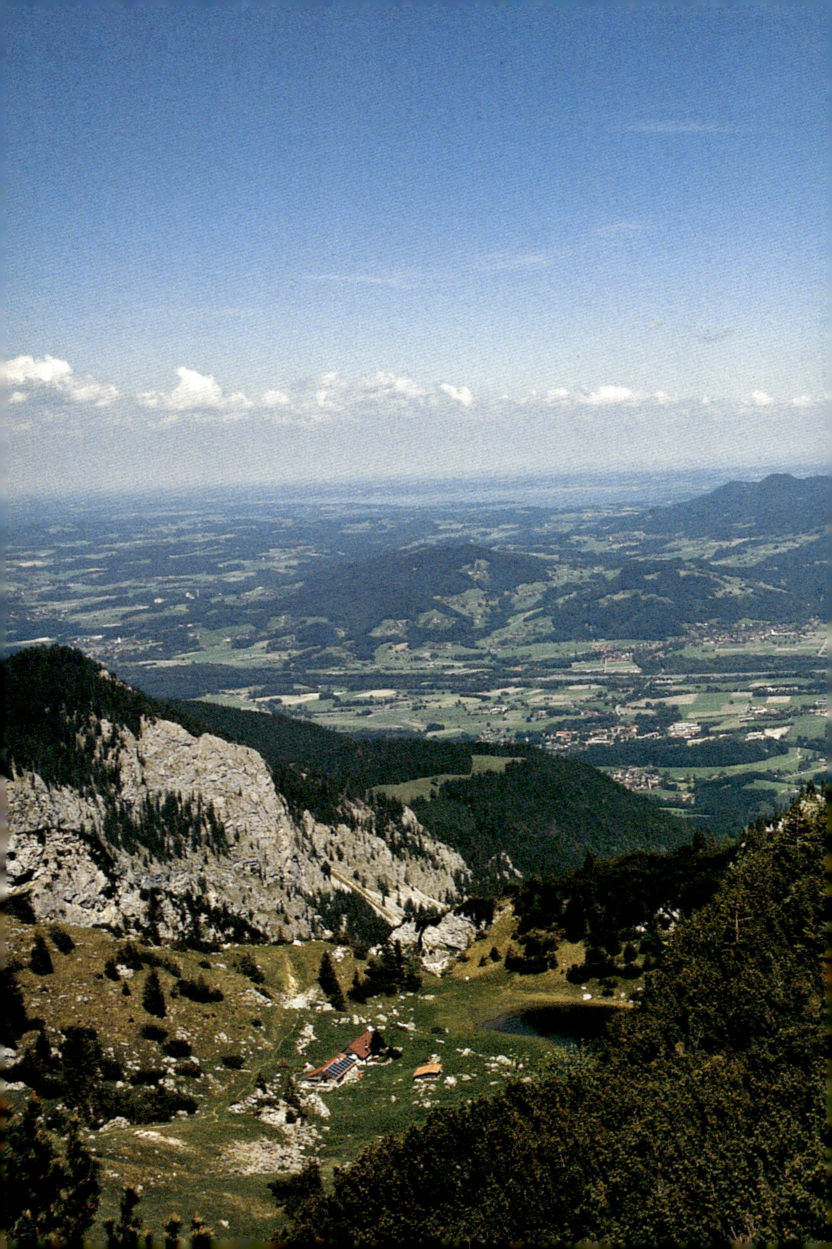

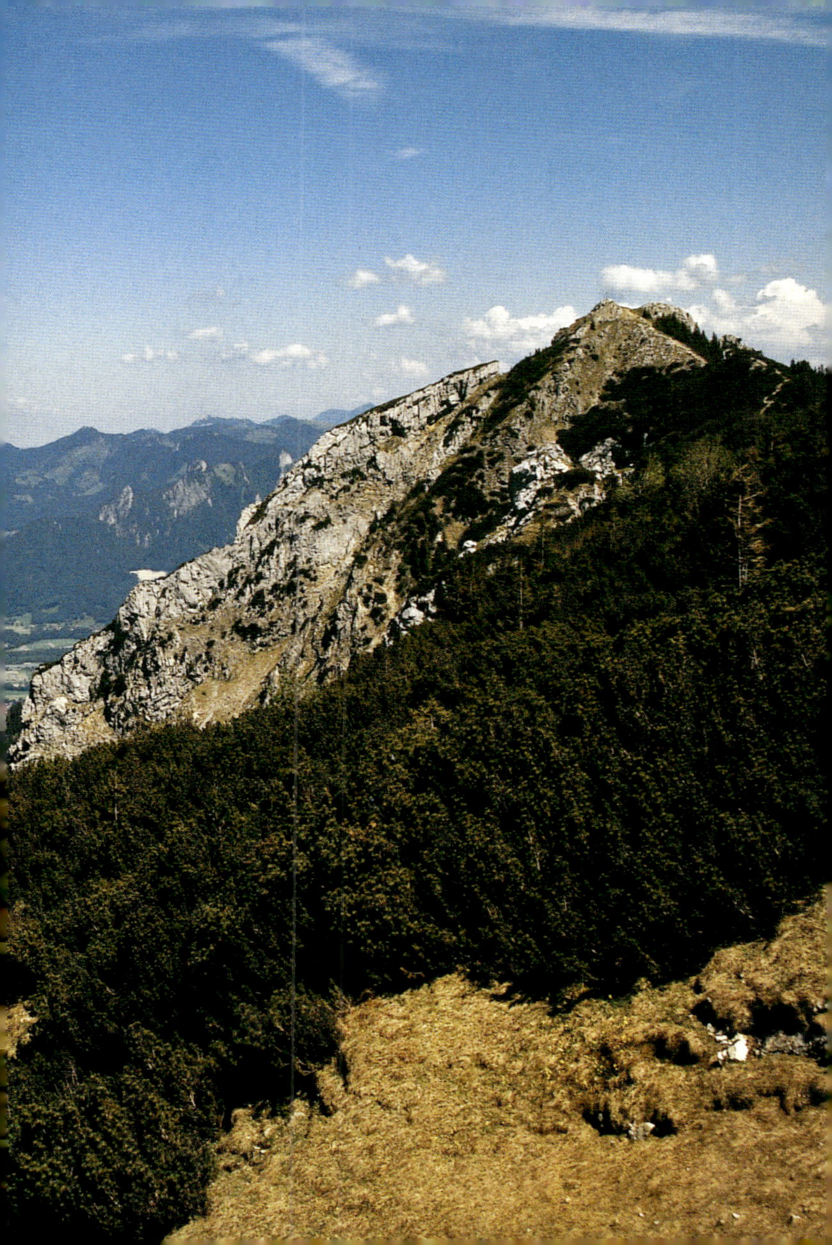

1 Lindau – Wolfurt

4.30 Std.

↑70 ↓30

Am Bodensee

»Ueberhaupt macht Lindau, zu dessen Verschönerung die großartigen Hafenbauten, das Königsmonument und der herrliche Bahnhof mit seinen überall grün umrankten Gebäuden und Pfeilern viel beigetragen, einen durchaus freundlichen Eindruck, und am Hafen herrscht bei der Ankunft der Bahnzüge und beim Ein- und Auslaufen der vielen Dampfer ein so reges Leben, dass man sich auf Augenblicke förmlich in eine größere Seestadt versetzt wähnen könnte.«
Mit großem Jubel empfing damals die örtliche Bevölkerung am Abend den König und brannte allerhand bengalische Feuer ab, die das Standbild des Monarchen und die Hafenmauer mit dem Leuchtturm und dem großen Löwen hell erleuchteten. Nach einigen Tagen am Bodensee brach die Gesellschaft mit dem Dampfschiff nach Bregenz auf, wo bereits über vierzig Pferde warteten. Mit dabei waren außer König Maximilian noch Franz von Kobell und Friedrich von Bodenstedt, Professor für englische Literatur und Shakespeare-Experte. Von Bodenstedt verfasste als Chronist den Reisebericht »Eine Königsreise«, der den geografischen Verlauf wiedergibt und zudem viele Begegnungen und Gespräche unterwegs schildert.

Stilvoller Beginn: Hafen von Lindau mit Löwe und Leuchtturm.

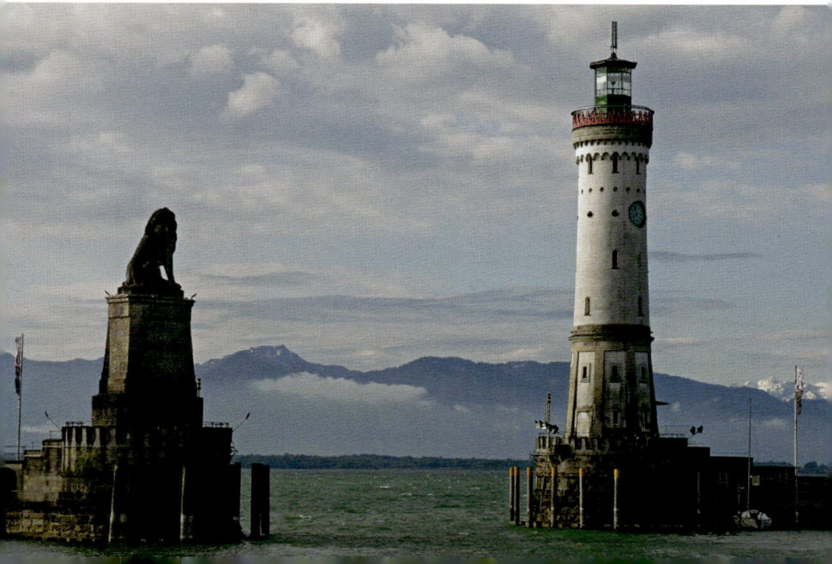

Ausgangspunkt: Bodenseeufer und Altstadt von Lindau, 400 m.
Anforderungen: Leichte Eingeh-Etappe mit dem Charakter eines längeren Spaziergangs; überwiegend auf Teer.
Einkehr: Große Auswahl an Gasthäusern und Cafés in Lindau, Lochau, Bregenz und Wolfurt.
Unterkunft: Hotels und Pensionen in Lindau, Lochau, Bregenz und Wolfurt.
Verkehrsmittel: Anreise mit der Deutschen Bahn zum Inselbahnhof in Lindau-Altstadt mit zahlreichen Verbindungen. Fahrplan für die »klassische« Schiffsreise von Lindau nach Bregenz (Empfehlung) unter www.bsb.de oder Tel. +49/7531/3640-0.
Information: Lindau: Pro Lindau, Alfred-Nobel-Platz 1 (gegenüber Bahnhof), 88131 Lindau, Tel. +49/8382/260030, www.lindau.de, info@lindau-tourismus.de; Bregenz: Bregenz Tourismus, Rathausstraße 35a, A-6900 Bregenz, Tel. +43/5574/49590, www.bregenz.travel, tourismus@bregenz.at; Wolfurt: www.bodensee-vorarlberg.com, Tel. +43/5574/43443-0.

i *Die historische Altstadt von **Lindau**, das ehemals freie Reichsstadt war, liegt auf der gleichnamigen Insel im Bodensee. Diese hat eine Fläche von 0,68 km² und zählt etwa 3000 Einwohner, während der komplette Ort über 25.000 Einwohner hat. Die Insel ist durch einen Eisenbahndamm und eine Straßenbrücke mit dem Festland verbunden. Lindau wurde urkundlich erstmals 882 von einem St.Galler Mönch erwähnt. Als freie Reichsstadt und durch die eigene Bodenseeflotte kam die Bürgerschaft der Stadt zu Reichtum, insbesondere durch den jahrhundertelangen Handel auf der Route nach Mailand. Die Anbindung an das Schifffahrtsnetz erfolgte 1824. Die Eisenbahnlinie Richtung Augsburg wurde 1853 begründet, der Eisenbahndamm auf die Insel und die Anbindung Richtung Bregenz im Jahr 1872. 1838 wurde in Lindau das erste eiserne Dampfschiff auf dem Bodensee, das DS Ludwig, in Dienst gestellt. 1856 entstand ein neuer Hafen mit den Wahrzeichen Löwe und Leuchtturm, dem einzigen Leuchtturm in Bayern. In seiner wechselhaften Geschichte gehörte Lindau oft zu Österreich und erhielt in den Nachkriegsjahren einen Sonderstatus; erst 1955 wurde Lindau in den Freistaat Bayern eingegliedert.*
Lindau ist reich an Sehenswürdigkeiten. Darunter ragen mit dem Münster Unserer Lieben Frau (um 810) und der Peterskirche (um 1000) alte Kirchenbauten hervor. Das gotische Alte Rathaus stammt aus dem Jahr 1422 und erhielt 1576 einen schönen Treppengiebel im Renaissance-Stil. Im Ratssaal tagte 1496 der von Maximilian I. einberufene Reichstag. In der Nähe der Hafeneinfahrt fällt der fünfstöckige Mangenturm auf, er war von 1180 bis 1300 als Leuchtturm in Betrieb. Eine Vielzahl weiterer architektonische Kleinode lassen sich in Lindau erkunden, auf alle Fälle lohnt die Altstadt mit ihren kleinen Gässchen einen ausführlichen Rundgang.

Wir könnten »klassisch« wie König Maximilian mit der Fähre nach Bregenz übersetzen, doch wir nutzen die Gelegenheit und laufen uns am Bodenseeufer im Ambiente aus Wind, Wellen, Bergen und sehenswerten Ortschaften so richtig ein. Hierfür beginnen wir am Inselbahnhof von Lindau, einem Gebäude mit nostalgischem Flair und Jugendstilelementen. In unmittelbarer Nachbarschaft liegt schon das Bodenseeufer Lindaus, eine charmante Flaniermeile mit vielen Terrassenrestaurants und künstlerischen Darbietungen.

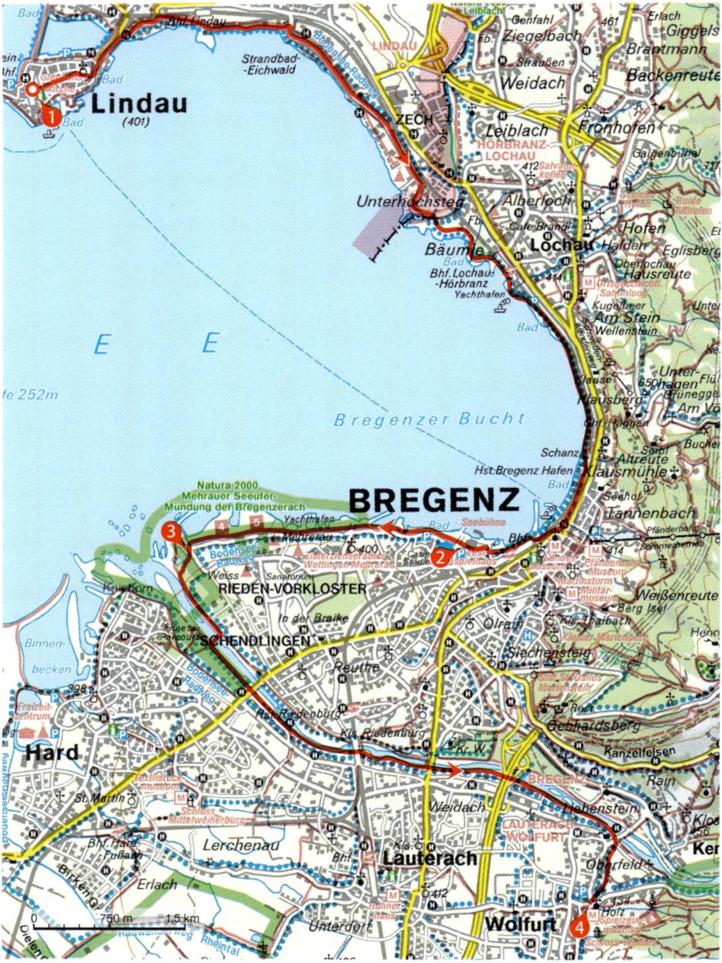

Der Blick auf den Bodensee wird uns zunächst noch gefangennehmen, das Ambiente des **Fährhafens (1)** mit der weißen Flotte und der Urlaubsstimmung steckt an. Teils durch die historische Altstadt, teils am Ufer entlang verläuft das Einstiegsstück des Maximilianswegs. Über den mitten im histo-

Der Lindauer Hafen zur Zeit Maximilians II.

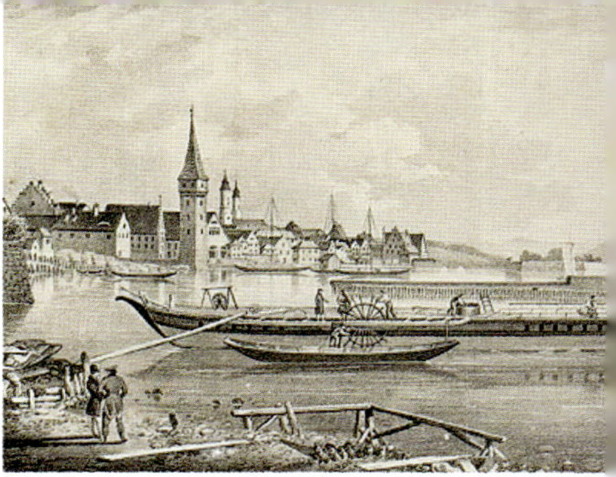

rischen Zentrum gelegenen Kirchplatz, die Chelles-Allee und die moderne Straßenbrücke erreichen wir das »Festland« und biegen am Europaplatz noch vor den Bahngleisen nach rechts auf den Bodensee-Radweg ab. Als Wanderer können wir abschnittsweise am Seeufer auf natürlichem Untergrund gehen und dabei die Blicke auf den See und die Bergpanoramen genießen. Manche Wegstücke sind nach dem bekannten Naturschützer als »Horst-Stern-Promenade« benannt. Nach dem Campingplatz am Bodenseeufer wandern wir über die Leiblach und sind schon im Bundesland Vorarlberg, also in Österreich. Im Sommer bieten sich auf dieser »Freizeitmeile« zwischen Lindau und Bregenz Badestopps an! Zweieinhalb Stunden nach Aufbruch in Lindau sind wir auf der Uferpromenade in Bregenz angekommen, dessen Altstadt zu Fuß seines Hausbergs liegt, des Pfänders, der auch einen Tagesausflug wert wäre. Auf der Ufermeile geht es weiter zur weltberühmten **Seebühne (2)**, die nicht zuletzt schon in einem James-Bond-Film auf der Leinwand zu bestaunen war. Nebenan befindet sich der Fährhafen von Bregenz für die Schiffsanreise. 500 Meter nach der Seebühne kommen wir am städtischen Strandbad vorbei, noch einen Kilometer weiter werfen wir einen Blick auf die Zisterzienserabtei Mehrerau zur Linken, die 1097 ursprünglich als Benediktinerabtei gegründet wurde. 1803 wurde das Kloster im Zuge der Säkularisierung aufgelassen. 1854 kauften die Zisterzienser aus Wettingen das Areal und führen seitdem das benediktinische Erbe fort. Das Kloster beherbergt auch ein großes Internat. Im Anschluss an den Jachthafen, den wir direkt nach dem Kloster passieren, gelangen wir zu dem 130 Hektar großen Naturschutzgebiet »Mehrerauer Seeufer – Bregenzerachmündung«. Zahlreiche Informationstafeln weisen auf den Artenreichtum des Gebiets hin. Hier gedeiht beispielsweise das seltene Bodenseevergissmeinnicht, hier leben Eisvögel,

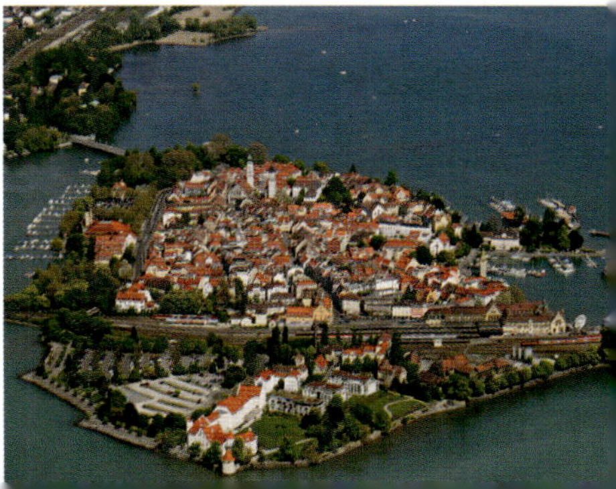

Die Lindauer Insel wirkt aus der Luft besonders prägnant.

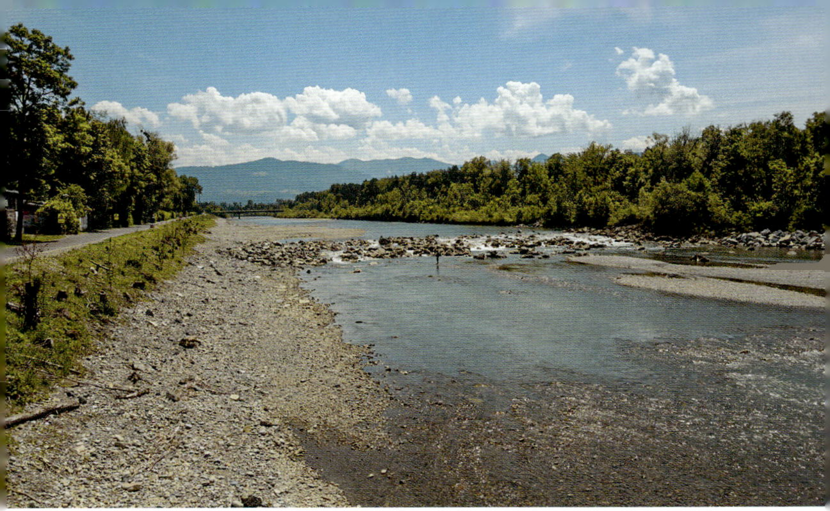

Die Bregenzerach kurz vor der Mündung.

Ringelnattern und Frösche. Wir folgen dem Uferweg weiter bis zur **Mündung der Bregenzerach (3)** in den Bodensee, die wir eineinviertel Stunden nach der Seebühne erreichen. Der Fluss hat einen weiten Weg hinter sich, der teils durch wildnisartige Landschaft verläuft. Der Canyon »Bregenzerachschlucht« steht seit 2000 unter Naturschutz als Flora-Fauna-Habitat, in Wolfurt und Bregenz sieht man noch die Ausläufer. Ab der Mündung folgen wir dem Uferweg (oder nach Hochwasser parallel dazu dem Radweg im Uferwäldchen) an der linken Seite flussaufwärts und wir gelangen zu einer modernen Fahrradbrücke. Diese überqueren wir, machen gleich nach der Brückenauffahrt einen Schlenker auf einem kurzen Stichweg zur Ach zurück und gehen am rechten Ufer flussaufwärts weiter. Wir wandern nun sachte hangaufwärts und unterqueren zunächst die große Straßenbrücke, dann die Bahnlinie. Linker Hand oben am Berg begleitet uns die das Tal überwachende Burg Hohenbregenz. Nach einer weiteren Brückenunterquerung und der Autobahn gelangen wir am Ortsteil Oberfeld auf die Höhe von **Wolfurt (4)**. Wegweiser zeigen uns nach rechts die Richtung zum Ortszentrum, das wir nach insgesamt fünf Stunden von Lindau aus erreichen. An der gegenüber-

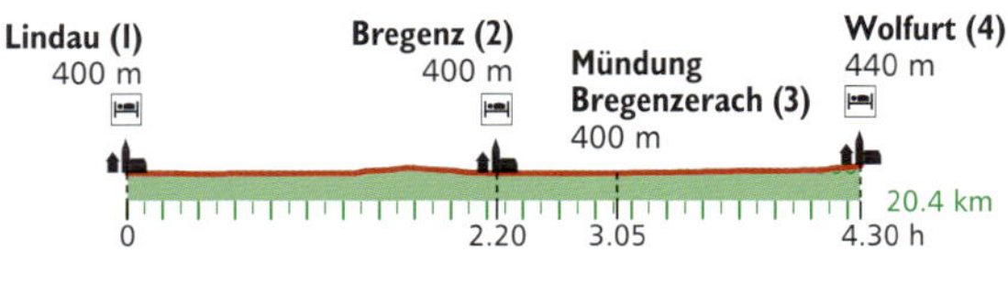

i **Bregenz,** *das auf vorarlbergerisch in etwa wie »Breagats« ausgesprochen wird, ist mit seinen rund 28.000 Einwohnern Landeshauptstadt des österreichischen Bundeslands Vorarlberg. Die Stadt hat den bedeutendsten österreichischen Bodenseehafen, ist Eisenbahnknotenpunkt sowie Sport- und Kulturzentrum. Bekannt sind die Bregenzer Festspiele unter anderem mit dem Spiel auf dem See: Am Bodenseeufer wird jährlich im Sommer auf einer fest verankerten Bühne eine Oper (seltener auch ein Musical oder eine Operette) aufgeführt. Die Seebühne ist mit einer Kapazität von 7000 Besuchern die größte Freilicht-Festspielbühne der Welt. Das Kunsthaus Bregenz (KUB) zählt seit seiner Eröffnung 1997 zu den bedeutendsten Museen für zeitgenössische Kunst im deutschsprachigen Raum. Werke von namhaften Künstlern wie Roy Lichtenstein und Jeff Koons sorgen für Begeisterung und Diskussionen. Der Architekt Peter Zumthor gewann 1998 mit dem Projekt KUB den Mies-van-der-Rohe-Preis für Architektur.*

liegenden Straßenseite, neben einer großen Baustoffhandlung und am Abzweig zu einem Fußballplatz steht ein Buswartehäuschen mit einem ausführlichen Wegweiserbaum, hier ist unser Wegeinstieg am nächsten Morgen. Wolfurt, an verkehrsgünstiger Lage zwischen Bregenz und Dornbirn, hat seit den sechziger Jahren ein starkes Wachstum erlebt und präsentiert sich als moderne, rege Gemeinde mit vielen Sport- und Kulturveranstaltungen, alte Bausubstanz findet man in der Rheintalstraße.

Die Bregenzer Seebühne mit der farbenprächtigen Kulisse zur Oper »Rigoletto«.

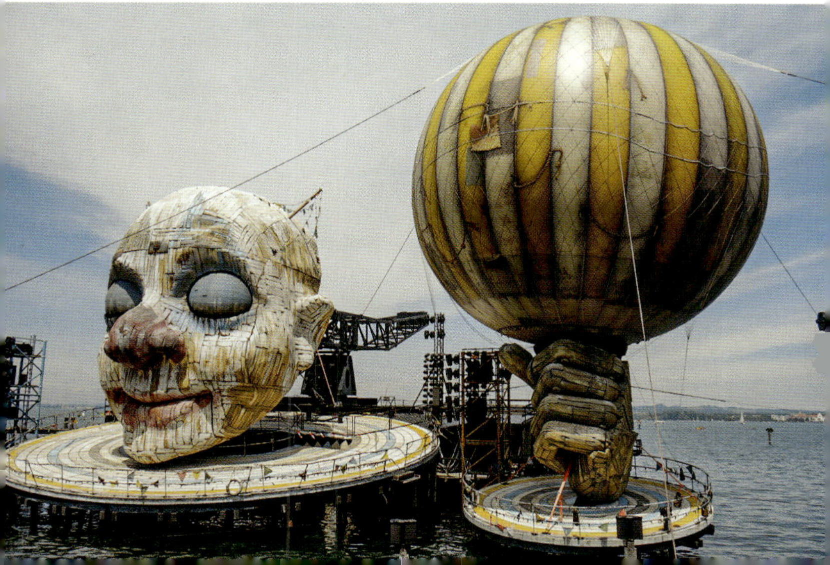

2 Wolfurt – Lingenau

7.00 Std.
↑1035 ↓790

Durch den Bregenzerwald

»Die Berge zeigten sich meist in breiten, wenig durchbrochenen Wänden in einander verschoben und machten durch ihre Massenhaftigkeit einen imposanten Eindruck, der sie weit höher erscheinen ließ als sie eigentlich sind, wozu auch die äußerst günstige Abendbeleuchtung beitrug.«
Bodenstedt zeigte sich ergriffen von den Ausblicken auf den »goldig schimmernden« Bodensee und beschreibt die Einwohner als »rüstig daherschreitend«, gescheit und wohlgekleidet. Die Beschwerlichkeiten des aufgeweichten Wegs konnten der Gesellschaft nichts anhaben, sie dienten nur dazu »unsere Munterkeit zu erhöhen, an welcher der König von Herzen theilnahm«.

Ausgangspunkt: Wolfurt, 44 m.
Anforderungen: Konditionell fordernde Etappe mit hügeligem Charakter. Längere Abschnitte auf Teersträßchen mit geringem Verkehr.
Einkehr: Gastronomie in Alberschwende, Gasthaus Brüggelekopf, Gasthäuser in Lingenau.
Unterkunft: Pensionen und Hotels in Alberschwende; nach dem Gegenanstieg der Alpengasthof Brüggelekopf, Tel. +43/5579/4391, www.alpengasthof.com; außerdem in Lingenau und Hittisau.
Verkehrsmittel: Landbus Bregenzerwald, Linien 37 und 41, sehr gute, oft stündliche Busverbindungen, Tel. +43/5512/26000, www.vmobil.at, www.postbus.at/vbg.
Information: Tourismusbüro Alberschwende, Hof 3, A-6861 Alberschwende, Tel. +43/5579/4233 oder +43/664/88950818, www.alberschwende.at; Lingenau Tourismus, Hof 258, A-6951 Lingenau, Tel. +43/5513/6321, www.lingenau-bregenzerwald.at, tourismus@lingenau.at; Tourismusbüro Hittisau: Tel. +43/5513/6209250, www.hittisau.attourismus@hittisau.at.

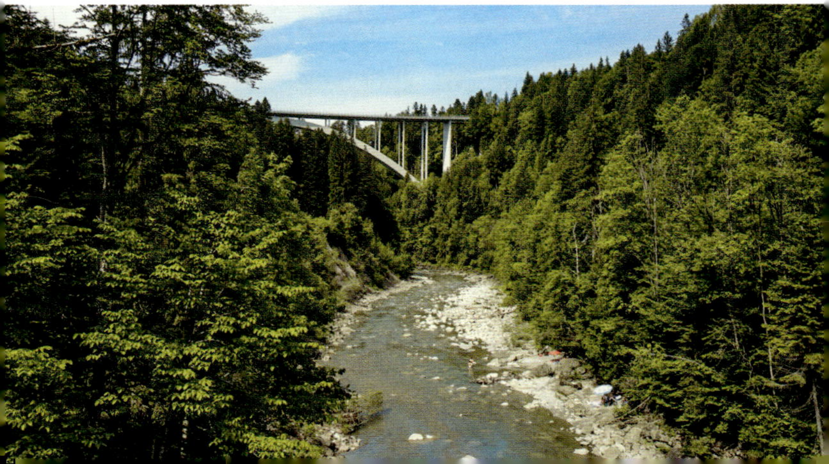

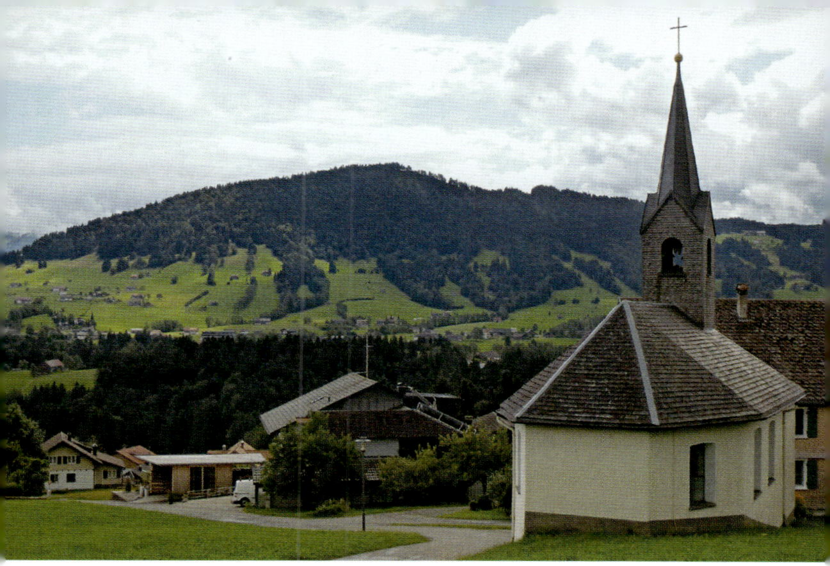

Grün und hügelig: typisches Landschaftsbild im Bregenzerwald.

Nach Alberschwende führen verschiedene Wegvarianten, beispielsweise zunächst nach Süden über Schwarzach, dann vorbei an Linzenberg und Farnach. Schönere Blicke allerdings genießt man auf der hier beschriebenen Route:
Der Abschnitt beginnt an der beschriebenen Bushaltestelle in **Wolfurt (1)**. Von hier folgen wir dem Wegweiser »Bereuter/Dreiländerblick« und biegen in die Seitenstraße zum Sportplatz und Schützenheim ein. Ab den Sportanla-

i *Der **Bregenzerwald** ist eine Region im österreichischen Bundesland Vorarlberg. Der Name bedeutet in etwa »Wald der Bergwasser«. Sanfte Hügelformen aus geschwungenen Molasse-Bergwellen prägen das liebliche Landschaftsbild, die Höhenlagen überzieht ein Mosaik aus kleineren Wäldern und Alpmatten. Dazwischen schneiden sich immer wieder tiefe Täler ein, die oft als unzugängliche Wildnis erscheinen. Der Begriff »Wald« täuscht, denn meist handelt es sich um Offenland – der Waldbestand diente im Unterland als Rebstöcke, hinzu kam der Brenn- und Bauholzbedarf. Wanderer finden heute in der Region des Vorderen Bregenzerwalds eine abwechslungsreiche Kulturlandschaft vor, mit blumengeschmückten Höfen, viel Viehwirtschaft und sonnenbeschienenen Wiesen.*

Blick von der Fußgängerbrücke auf die Bregenzerach und die Hochbrücke.

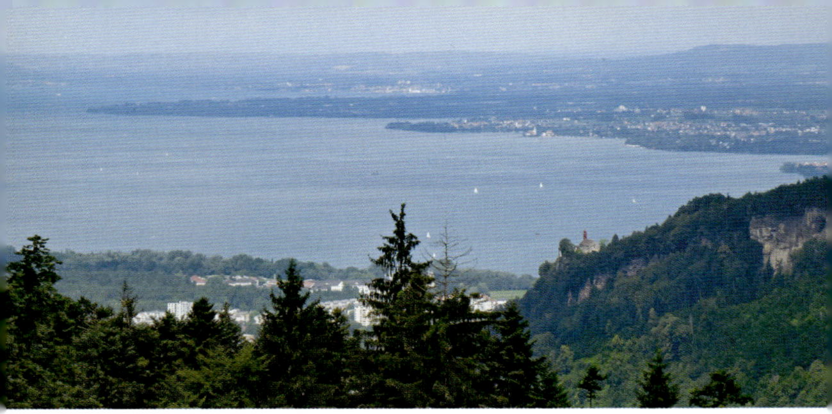

Blick zurück auf den Bodensee.

gen beginnt der richtige Wanderweg, der uns stetig aufwärts führt. Mehrfach begleiten uns Schilderbäume und weisen uns den Weg mit Markierungen und alternativen Wegangaben auch nach Alberschwende. An der ersten Entscheidungsstation halten wir uns links und wählen den wurzeligen Pfad im Wald nach oben. Achtung: An einer Stelle etwa eine Viertelstunde nach dem ersten Abzweig weist eine gelbe Markierung ohne Angabe im rechten Winkel nach rechts. Dieser folgen wir und gehen zunächst höhengleich, dann leicht bergab in eine Bachsenke, hier steigt der Weg nach links wieder an. Bei Wohnhäusern treffen wir auf ein Teersträßchen, das in ein paar Kurven zum **Gasthof »Dreiländerblick« (2)**, 760 m, hinaufführt. Der Blick ist in der Tat beeindruckend: Man sieht den Bodensee mit Bregenz und das breite

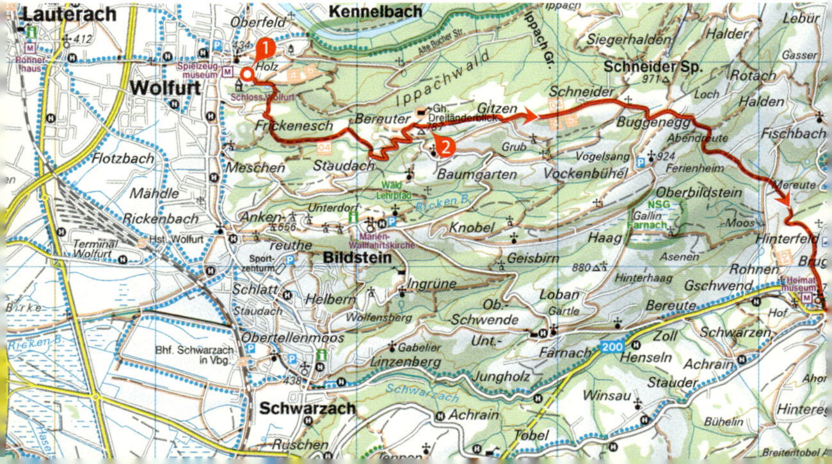

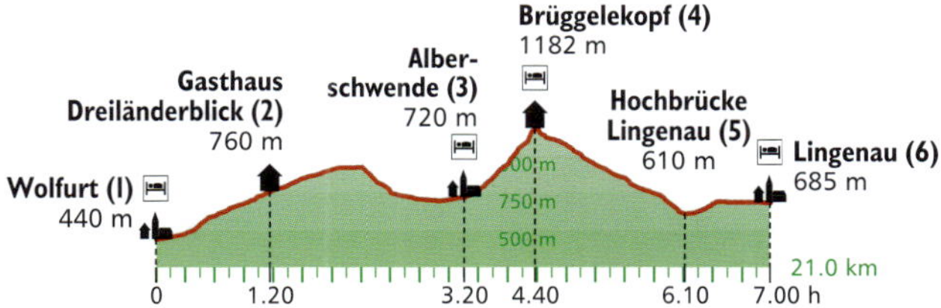

und mächtige Rheintal. Gleich unterhalb sieht man die Wallfahrtskapelle von Bildstein mit ihren Doppeltürmen. Ab dem Gasthof führt der Weg wieder auf natürlichem Untergrund in ein Wäldchen. Nach zehn Minuten halten wir uns an einer v-förmigen Verzweigung links, fünf Minuten später an einem Abzweig rechts (zugewachsener Hinweis am Baum zwischen den Wegen). Auf einem Teersträßchen kommen wir an den Häusern von Gitzen und am Weiler Schneider vorbei, hier könnten wir einen 15-minütigen Abstecher zur Schneiderspitze unternehmen. Eine Zeitlang gehen wir auf der Höhe, bis das Sträßchen über Fischbach (am Kreuzungspunkt links halten, dann kurz nach den ersten Häusern rechts ab/Wegweiser) durch die Talsenke nach Alberschwende führt. Eine halbe Stunde nach dem Kreuzungspunkt und nachdem wir einige Häuser mit bemerkenswertem Architekturmix aus Alt und Neu bestaunt haben, erreichen wir das Ortszentrum von **Alberschwende (3)**, 721 m. Bereits von fern hatten wir den Brüggelekopf gesehen, an dessen Hangfuß der schmucke Ort liegt. Er gehört mit den Nachbargemeinden zur »Käsestraße«, die mit unverfälschten Produkten wirbt, die man auch direkt ab Hof kaufen kann. Über 60 Käsesorten sind in der Region bekannt und natürlich gibt es auch guten Speck und herzhaften Schinken.

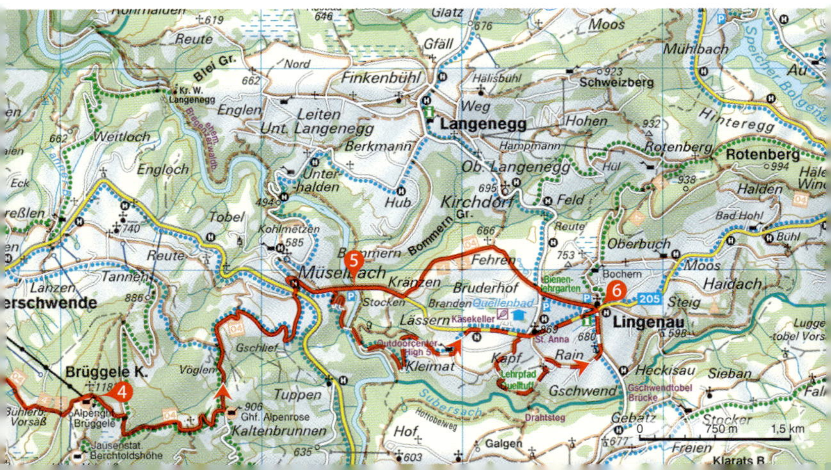

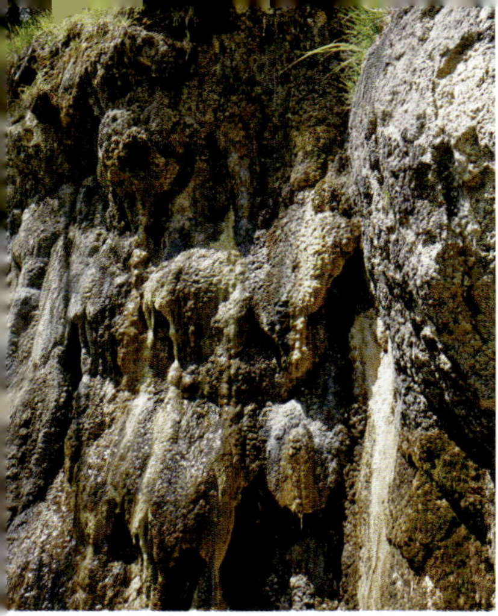

Detail vom Tuff-Naturlehrpfad bei Lingenau.

Am östlichen Ortsausgang beginnt der Wanderweg auf den Gipfel. Auf einer Fahrspur und über einen Wiesenhang erreicht man eine querende Forstpiste. Dieser folgt man 100 Meter nach links, dann geht man nach rechts auf einem schmalen Pfad im Wald steil hinauf und gelangt auf die Lichtung unterhalb des Gipfels. Der Spur folgend kommt man zum Alpengasthof Brüggele, 1150 m. In fünf Minuten ist man auch auf dem Gipfel des **Brüggelekopfs (4)**, 1182 m, und genießt einen wunderbaren Weitblick auf die komplette Region, sogar bis nach Konstanz reicht der Blick an schönen Tagen. Abwärts wandern wir zunächst auf der kleinen Teerstraße. Nach 250 Metern geht es in einer Linkskurve Richtung Kaltenbrunnen weiter und durch kleine Waldstücke zu einer Ferienhaussiedlung. Am Gasthof Alpenrose halten wir uns links und folgen den Wegweisern hinunter zur Verzweigung bei Müselbach. Wir kommen zur unter Naturschutz stehenden Schlucht der Bregenzerach, diese überqueren wir auf der spektakulären **Lingenauer Hochbrücke (5)**, 610 m. Bei dem Tobel der Bregenzerach handelt es sich um eine regelrechte Flusswildnis, die eine Herausforderung für Kajakfahrer darstellt. Über der Brücke treffen wir links auf den Fußweg nach **Lingenau (6)**, 685 m. Über den Weiler Fehren wandern wir hinein nach Lingenau, einen hübschen Ort mit einigem Fremdenverkehr.

Ruhigere Alternative zur Hochbrücke

Für diese Variante gilt es, mehr Höhenmeter zu bewältigen, aber der Aufwand lohnt sich! Direkt am Beginn der verkehrsreichen Hochbrücke setzt rechts ein Forstweg an, der in mehreren Kurven hinunter zur Fußgängerbrücke über den Wildbach führt. Hier bieten sich spektakuläre Blicke auf die Bregenzerach und die Hochbrücke; auf Stichwegen kommt man zur Erfrischung am Bach. Drüben wieder hinauf und in ein paar Minuten zum Ortseingang von Lingenau.

Abstecher: Der Quelltuff-Lehrpfad bei Lingenau

Eine Besonderheit auf der Ortsgemarkung ist der Quelltuff-Naturlehrpfad. Wer noch etwas Zeit hat, sollte sich diesen etwa anderthalbstündigen Abstecher zu dem Naturschauspiel gönnen. Beim Lingenauer Quelltuff handelt es sich um eine der großartigsten Kalksinterbildungen der Nordalpen. Zwischen tuffhaltigen Rinnsalen verläuft auf Holzstegen und Treppen ein Lehrpfad durch den geologisch wie botanisch hochinteressanten Steilhang über der Schlucht der Subersach. Kalksinter und Quelltuffe bilden meterhohe, pilzförmige Felswände und Sinterbecken, in denen man Nadeln und Blättern beim »Versteinern« zusehen kann. Zunächst gehen wir vom westlichen Ortsausgang eine halbe Stunde zur auf freiem Feld stehenden **St.-Anna-Kapelle**. Hier beginnt eine einstündige Wanderung, die gut mit dem Stichwort »Quelltuff« beschildert ist. Über den Lehrpfad entlang des Steilhanges über der Subersach gelangt man auf Stegen und Treppen wieder hinauf auf eine große Wiese und von hier zurück in einer zusätzlichen halben Stunde nach Lingenau.

i ***Handwerk mit hohem Stellenwert:*** *In den Ortschaften fallen immer wieder innovative bauliche Lösungen auf. Alte Bauernhäuser werden entkernt und modernisiert, die Bauten fügen sich dennoch harmonisch in die Ortsbilder. Das enge und produktive Zusammenwirken von Architektur und Handwerk hat im Bregenzerwald eine lange Tradition. Die Baukünstler stammen vielfach aus Handwerkerfamilien oder sind selbst ausgebildete Handwerker. Das wirkt sich befruchtend auf das Miteinander aus. Tischler, Zimmerleute, Schmiede, Ofenbauer und Maler sind nicht einfach nur »bestbietende Befehlsempfänger«, sondern spezialisierte Partner beim Entwickeln der optimalen Lösung. So hat sich im Bregenzerwald parallel zur neuen Architektur eine eigenständige, design-orientierte Handwerkerszene entwickelt, deren Werke im In- und Ausland gefragt sind. Rund 100 der innovativsten Handwerker – von Tischlern bis zu Textildesignern – haben sich im »Werkraum Bregenzerwald« zusammengeschlossen. Als gemeinsame Plattform organisiert der Werkraum Ausstellungen, Wettbewerbe, Vorträge, widmet sich der Forschung und Entwicklung.*

Regionaltypische Verbindung von traditioneller und moderner Architektur.

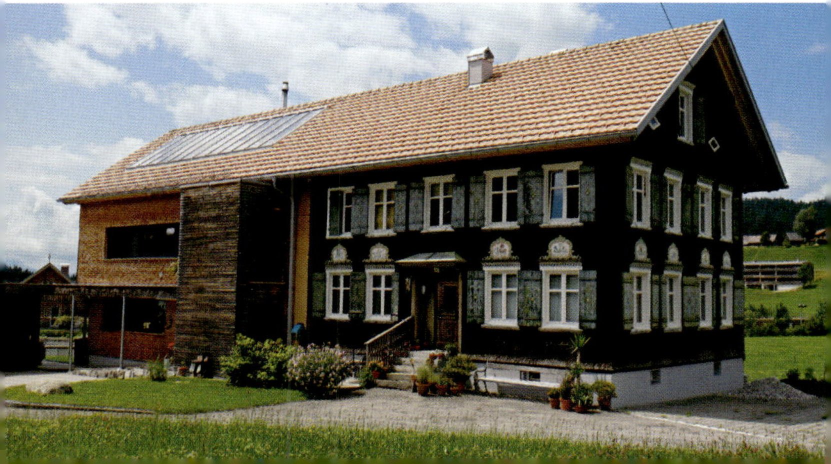

3 *Lingenau – Staufner Haus*

6.00 Std.

↑1185 ↓255

Zum Hochgrat

Die Reisegesellschaft von König Maximilian schlug ihr Nachtlager in einem Wirtshaus in Hittisau auf: »Alles machte hier einen wohlthuenden, zu längerem Aufenthalt verlockenden Eindruck: Das treffliche Wirthshaus, die zahlreichen Weiler und Einzelhöfe, unter welchen viele den behäbigen Wohlstand ihrer Bewohner verriethen; die anmuthige Lage des Orts, das frische, saftige Grün der Ebene wie der sie umragenden Berghänge, von deren bewaldeten Höhen eine Menge freundlicher Häuser einladend herabschauten.«

Ausgangspunkt: Lingenau.
Anforderungen: Unschwierig; der Aufstieg zum Staufner Haus ist die erste etwas stärker fordernde Bergauf-Passage.
Einkehr: Gasthäuser in Hittisau, Wirtshaus Höfle am Leckner See, Berggasthaus Hochhäderich (Variante), Staufner Haus.
Unterkunft: Staufner Haus, 1614 m, Tel. +49/8386/8255, www.staufner-haus.de, Mai bis November und Weihnachten bis Ostern, 62 Lager und 17 Betten in 6 Zimmern, Ermäßigungen für DAV-Mitglieder, warme Duschen. Bei Variante: Berggasthaus Hochhäderich, Übernachtung/Frühstück, Tel. +43/664/9222410, www.hochhaederich.info.
Verkehrsmittel: Bus Bregenz – Hittisau: Postbus 25 von Bregenz nach Lingenau und Hittisau, ca. 1 Std. Fahrzeit, Fahrplan unter www.vmobil.at, Busbahnhof direkt am Bahnhof Bregenz. Busse auch von Oberstaufen (Nr. 29), dann mit Umsteigen in Riefensberg oder Lingenau, das dichte Busnetz bietet einige Möglichkeiten.
Bei Schlechtwetter oder Zeitknappheit ist auch von Oberstaufen aus die Kombination Bus und Hochgrat-Bergbahn möglich; www.hochgrat.de, Tel. +49/8386/8222, Wetterinfo Tel. +49/8386/8223.
Information: Tourismusbüro Hittisau: Tel. +43/5513/620950, www.hittisau.at, tourismus@hittisau.at.

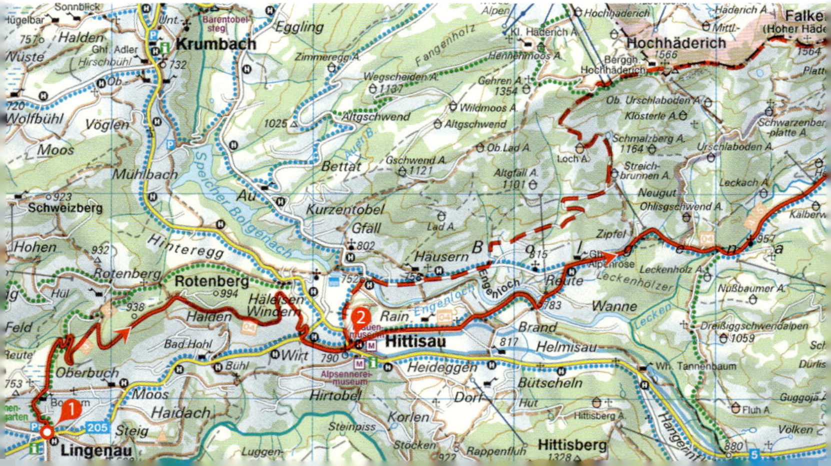

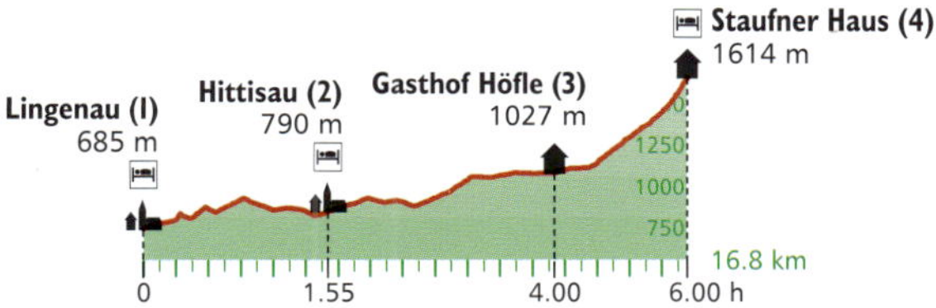

Der Maximiliansweg beginnt mitten in **Lingenau (1)** am Dorfplatz, 685 m, wo sich auch die Bushaltestelle, ein großer Wegweiserbaum und eine Übersicht der Wanderwege befinden. Ab hier ist der Weiterweg nach Hittisau bereits als »E4« ausgeschildert: Er führt mit mäßiger Steigung in nördlicher Richtung über den Rotenberg, 994 m, der sich durch seine traditionelle und nachhaltige Waldbewirtschaftung auszeichnet. An dem sogenannten »Plenterwald« haben 170 Eigentümer ihren Waldanteil, das kleinste Grundstück ist nur zwölf Quadratmeter groß. Eine Hinweistafel spricht gar von einem »Juwel für Naherholung und Naturerlebnis« angesichts des Vorkommens vieler Hirsche, von Fledermäusen und Moorstellen. Ein Themenrundweg führt durch den Walderlebnispfad. Nach eindreiviertel Stunden ist der **Kirchplatz von Hittisau (2)** erreicht. Auch hier finden wir wieder einen beachtlichen Schilderbaum vor, der

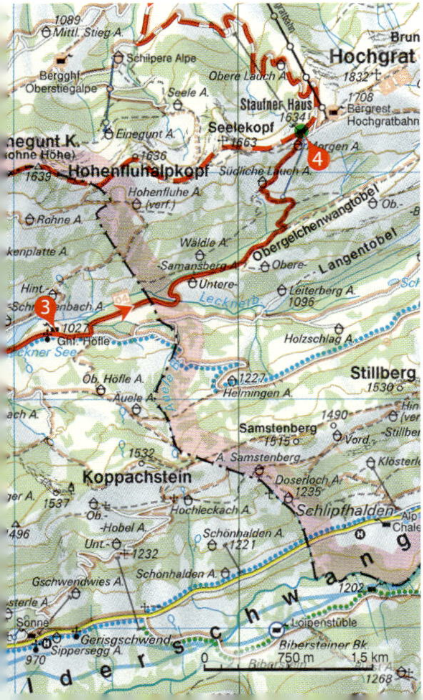

»Tierisch« nette Begüßung am Staufner Haus.

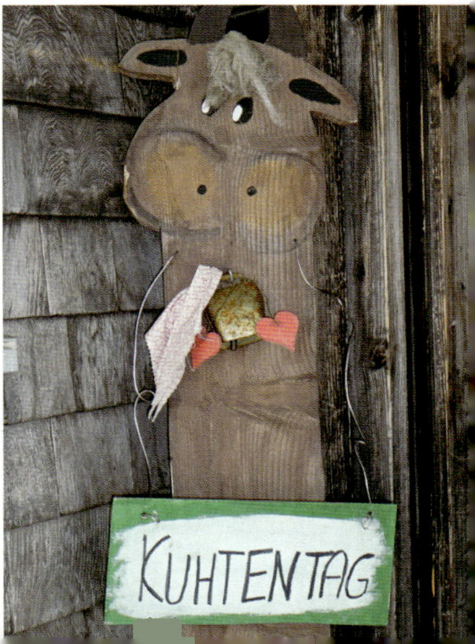

unter anderem auch auf den »Maximiliansweg« hinweist. Unser Zwischenziel »Leckner See« ist ebenfalls ab hier mehrmals mit Gehzeiten beschildert, mit gelb-weißer Markierung. Schräg gegenüber, an der nordöstlichen Seite des Platzes, nehmen wir die schmale, asphaltierte Straße »Am Rain«, die uns schnell aus dem Ort hinausbringt. Nach etwa 500 Metern zweigt der Weg nach links ab, an der nächsten Verzweigung geht es nach rechts und in das Bachtal der Bolgenach. Den Bach queren wir auf einer überdachten Holzbrücke und kommen am 200 Jahre alten, denkmalgeschützten Sägewerk Bartenstein vorbei, für das auch Führungen angeboten werden. Ab dem Weiler Reute, 830 m, gehen wir auf der Mautstraße, nehmen einen wiederum gelb-weiß markierten Abkürzer nach rechts über den Bach durch ein Waldstück und gelangen nach dem Abstecher durch den Wald wieder auf die Mautstraße, auf der wir den hübsch gelegenen Lecknersee, 1027 m, ein beliebtes Ausflugsziel, erreichen. Die Hochalmen im Tal des Leckenbachs gewinnen ihren Strom aus Sonnenenergie und Wasserkraft, manche zeigen als Schaukäsereien die Kunst der Käseherstellung.

Von Oberstaufen auf dem Weg zum Hochgrat.

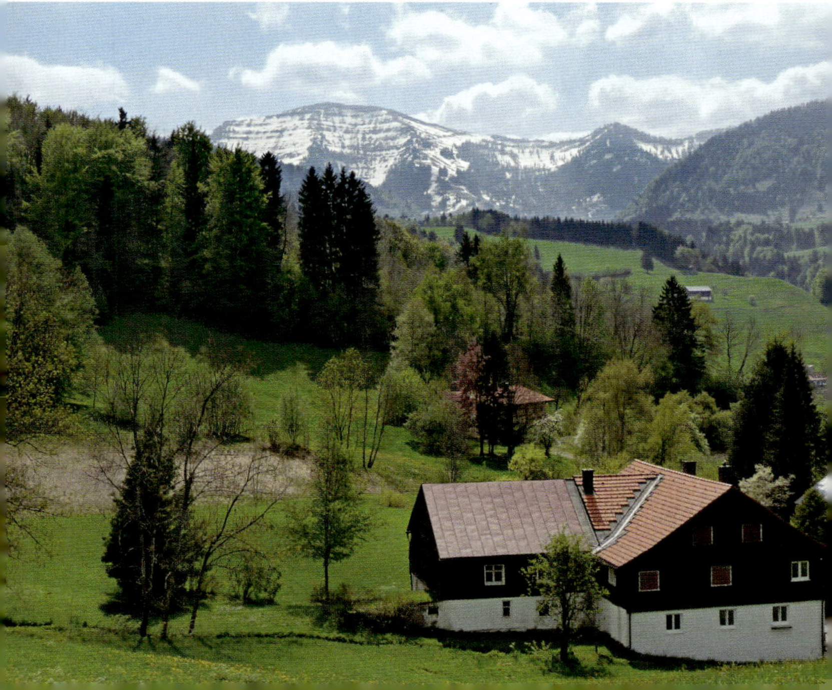

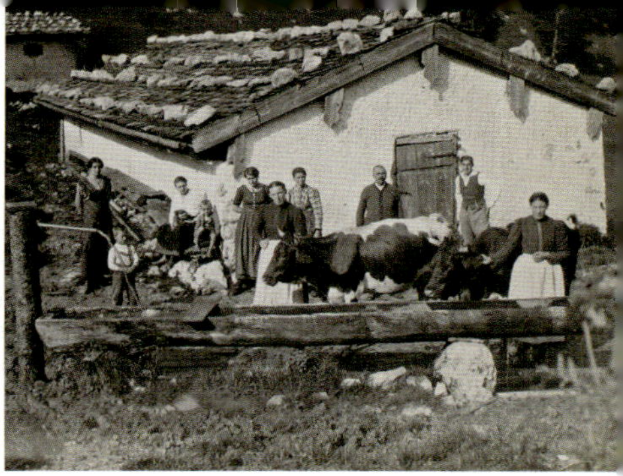

Almleben um 1900.

Wir passieren das **Gasthaus Höfle (3)** und die kleine schindelgedeckte Kapelle, 100 Meter weiter geht es nach links auf einen Forstweg, wo man nach 10 Minuten die grüne Grenze zwischen Österreich und Deutschland überschreitet. Durch den Wald gelangen wir auf einem teils steileren und lehmigen Weg zu einem Wegkreuz, wo wir uns links halten, den Obergleichwangtobel überqueren (hier nach links auf einen breiten Weg) und in einigen Kehren flott Höhe gewinnen. Wir erreichen die südliche Lauchalm, 1419 m, rechts von ihr führt der Maximiliansweg als Bergpfad bergan Richtung **Staufner Haus (4)**, 1614 m. Wir kommen zwanzig Höhenmeter oberhalb unserer Unterkunft an, von der aus wir eine gute Übersicht über die grünen Allgäuer Hänge in Richtung Oberstaufen genießen.

Variante ab Lingenau:
Statt über den Rotenberg kann man zu Beginn der Etappe auch südlich der Hauptstraße über Haidach und Hobl nach Hittisau wandern (unschwierig, örtliche Wandertafel beachten).

i ***Kulinarisches im Bregenzerwald – alles Käse:*** *Im Leckner Tal wird, ebenso wie in der ganzen Region, auf kleinen Almen in natürlicher Weise Käse hergestellt. Der Natur-Bergkäse ist das kulinarische Aushängeschild des Bregenzerwaldes. Hier herrschen strenge Fütterungsvorschriften zur regionalen Qualitätssicherung. Nur Gras, Heu und Getreideschrot sind als Futter für die Milchkühe erlaubt, die Milchproduktion erfolgt ausschließlich in bäuerlichen Familienbetrieben. Alle Milchlieferanten verzichten auf Kunstdünger und chemische Flächenbekämpfung; die Artenvielfalt auf den Wiesen merkt man im Aroma des Rohmilchkäses. Die Milch wird im Kupferkessel auf 32 Grad erwärmt, mit Zugabe von Lab wird die Milch »dickgelegt« und die gallertartige Masse zerkleinert. Dann erhitzt man die Masse mit dem »Käsebrennen« auf 52 Grad, die Molke wird ausgeschieden. Die Masse wird nun in runde Formen gefüllt, wo sie 15 Stunden lang bleibt. 48 Stunden verbringt der Käse in einem Salzbad, wo sich die Rinde, das Aroma und die berühmten Löcher im Käse bilden. Dann lagert der Käse in einem speziellen Käsekeller ab und wird vier Monate lang jeden zweiten Tag mit Salzwasser gebürstet. Milder Bergkäse bleibt vier Monate im Käsekeller, würziger Käse bis zu zwölf Monate, bevor er in den Verkauf wandert – ein aufwendiger und traditionsreicher Prozess.*

Variante über den Hochhäderich zum Staufner Haus (schwierig): Erfahrenen Berggängern ist eine alpinere Variante vorbehalten, die man nur bei trockenen Verhältnissen unternehmen sollte, da die steilen Grashänge bei Nässe gefährlich sind. Hierfür überquert man in Hittisau die Bolgenach und folgt in zweistündigem Aufstieg nach dem gleichnamigen Weiler dem Verlauf des Wegs 165 über die Brunnenalpe und die Lochalpe zum **Berggasthaus Hochhäderich**, 1520 m. Hier beginnt eine aussichtsreiche Kammwanderung, die die westliche Fortsetzung der Nagelfluhkette bildet. Es geht zunächst am Grat entlang, dann seilgesichert steil hinab. Über eine steile Felsrinne besteigt man eine Kuppe. In leichtem Auf und Ab kommt man über die Zwischengipfel der Falkenköpfe, 1561 m, zur **Rohnehöhe**, 1639 m und zum **Hochfluhalpenkopf**, 1636 m. Eine weitere Stufe wird mit einer Leiter bewältigt und dreieinhalb Stunden nach dem Berggasthaus erreichen wir das Staufner Haus.

i ***Projekt »So schmecken die Berge«***
Das urige Staufner Haus ist hier oben weit und breit die einzige Übernachtungsmöglichkeit. Mehrere Fernwanderwege kommen hier durch, die meiste Zeit im Jahr läuft die Seilbahn und im Winter herrscht Skibetrieb, sodass meistens viel los ist. Auf dem über hundert Jahre alten Staufner Haus, das der Alpenvereinssektion Oberstaufen gehört, heißt es: »So schmecken die Berge«. Hierbei handelt es sich um ein Projekt des Deutschen Alpenvereins, das die Verwendung regionaler Zutaten in der Küche fördert. Vor der Hütte gibt es einen gusseisernen Backofen für die Zubereitung köstlicher Speisen.

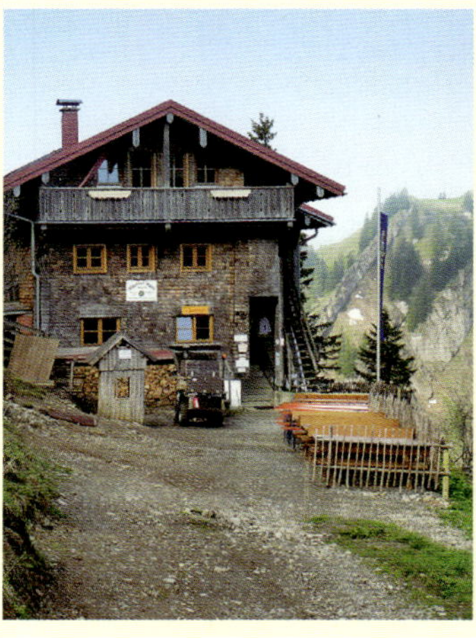

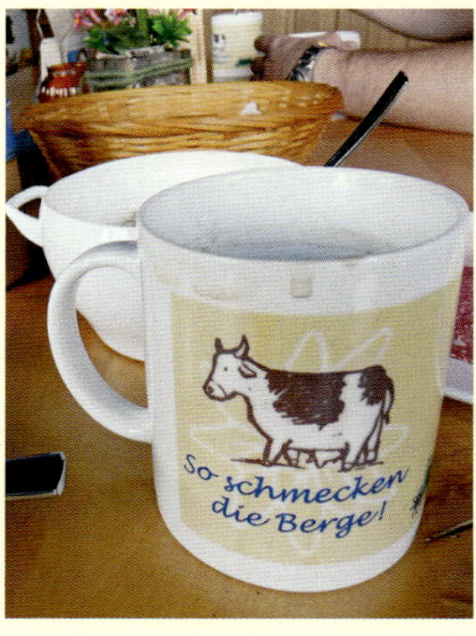

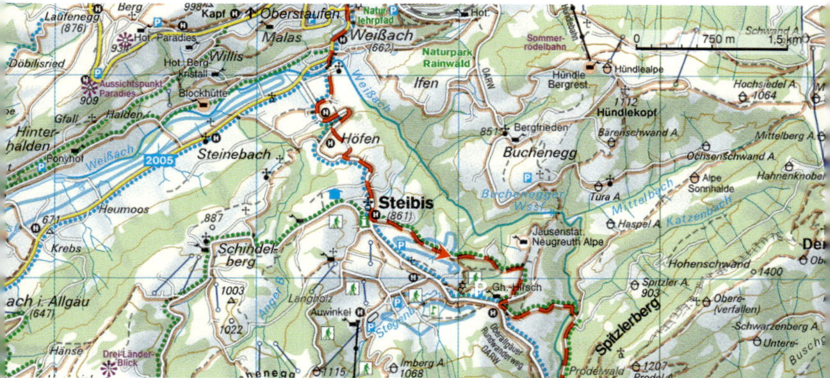

Variante von Oberstaufen aus (mittel):

Wer den Maximiliansweg gleich von Beginn an »berglerisch« bewandern will und sich das mittelgebirgig geprägte Stück durch den Bregenzerwald sparen möchte, kann von **Oberstaufen** (DB-Anschluss) aus starten. Der Weg ist von Beginn an mit dem Hinweis »Hochgrat« gut beschildert. Vom Ortszentrum mit der Kirche St. Peter und Paul geht man direkt an der Kirche durch die Hochgratstraße, quert die B 308 und steigt auf der Weißachstraße und Mühlenstraße ab in das Weißachtal. Steil nach oben erreicht man den Fremdenverkehrsort **Steibis**. An der Kirche geht es nach links und über typische Allgäuer Weideflächen in ein Waldstück. Auf einem prämierten Naturlehrpfad mit erlebnispädagogischen Stationen kommen wir zur Brücke über die Weißach, die wir überqueren. Am östlichen Bachufer entlang gelangen wir zweieinhalb Stunden nach Start in Oberstaufen zur Talstation der **Hochgratbahn**. Von hier geht es über eine Zufahrtsstraße zunächst zur unteren **Lauchalpe**. An dem Baumdenkmal der 1000-jährigen Eibe vorbei und nach einer Linkskehre kurz danach kommen wir über über das Skigebiet und die obere Lauchalpe nach zwei Stunden Aufstieg von der Talstation aus zum **Staufner Haus**. Von Oberstaufen aus fährt auch ein Bus zur Hochgratbahn-Talstation. Auch nach Hittisau gibt es Busverbindungen, allerdings sind die Linien innerhalb Österreichs wesentlich häufiger befahren.

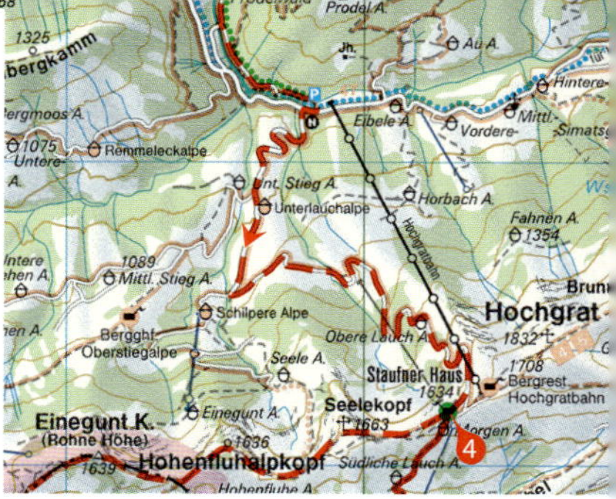

4 Staufner Haus – Gunzesried

6.30 Std.

↑560 ↓1290

Auf der Nagelfluhkette

Die Überquerung der Nagelfluhkette ist einer der absoluten Höhepunkte des Maximilianswegs. Da der Hochgrat Seilbahnanschluss hat, ist hier an sonnigen Tagen entsprechend viel Betrieb. Die Wanderung über den Hochgrat wurde in einer Abstimmung des Deutschen Wanderverbands sogar unter die beliebtesten drei Tageswanderungen in Deutschland gewählt. Auf einem Teilstück findet sich die Bezeichnung »Premiumwanderweg«, ein vom Deutschen Wanderinstitut vergebenes Gütesiegel. Der Großteil der Tour ist ein in West-Ost-Richtung verlaufender Panoramaweg mit faszinierenden Blicken in alle Richtungen. Der Wegverlauf an sich ist spektakulär: zur Rechten meist steile Grashänge, zur Linken schroffe Abbruchkanten, und ein schmaler Gratweg, der sich im Auf und Ab von Gipfel zu Gipfel windet. Wer davon ausgeht, man sei oben und brauche nur noch geradeaus und dann hinunter zu wandern, irrt. Rund 560 Höhenmeter im Aufstieg macht der beschriebene Tourenvorschlag aus, der individuell noch etwas berglerischer oder gemäßigter gestaltet werden kann. Da man unterwegs einige Gehpausen einlegen sollte, ist ein zeitiger Beginn zu empfehlen.

Die Nagelfluhkette – erstklassige Kammwanderung mit stetigem Auf und Ab.

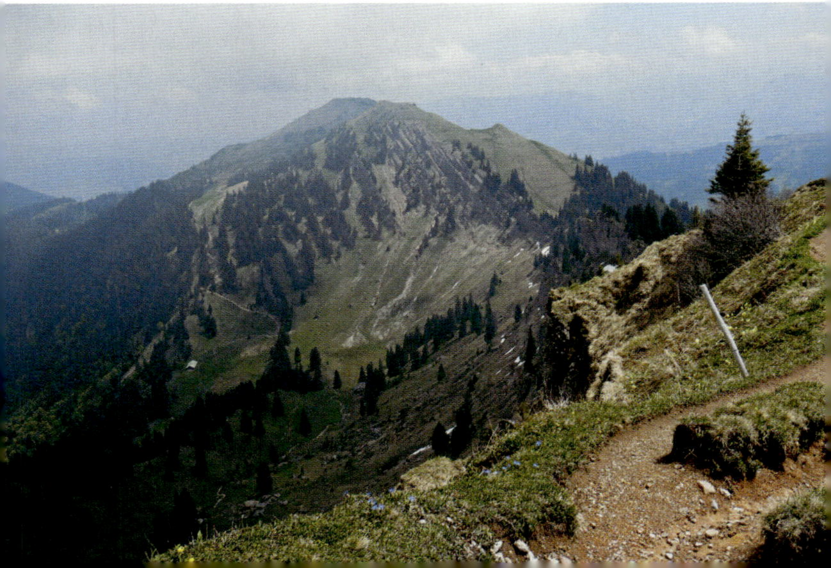

Ausgangspunkt: Staufner Haus.
Anforderungen: Lange, durch mehrere Gegenanstiege und oft weichen Untergrund konditionell fordernde Etappe. Eine gewisse Trittsicherheit ist wichtig. Abschnittsweise seitlich steile Grashänge, hier ist bei Nässe äußerste Vorsicht angebracht. Bei Schlechtwetter Nagelfluhkette nördlich auf dem Radweg nach Immenstadt oder südlich auf der Radroute über Scheidwangalpe nach Gunzesried umgehen.
Einkehr: Unterwegs keine Einkehrmöglichkeit, erst in Gunzesried.
Unterkunft: Gasthäuser, Hotels und Pensionen in Gunzesried oder in Sonthofen.
Verkehrsmittel: Von Gunzesried nach Sonthofen am besten im Bus; der letzte Bus fährt werktags um 17.15 Uhr ab Gasthaus Kreuz nach Sonthofen, an Sonntagen als Linientaxi (www.mona-allgaeu.de). Bahnhof in Sonthofen.
Information: Touristinfo Blaichach, Moosackerweg 1, 87544 Gunzesried, www.alpsee-gruenten.de, Tel. +49/8321/6076950; Gästeamt Sonthofen, Rathausplatz 1, 87527 Sonthofen, www.sonthofen.de, Tel. +49/8321/615291.

i *Die **Nagelfluhkette** weist eine geologische Besonderheit auf. Sie besteht aus Nagelfluhgestein, das an Beton erinnert: In einer verbackenen Masse sind abgerundete Gesteinsbrocken eingeschlossen. Diese gelangen im Laufe des Verwitterungsprozesses langsam an die Oberfläche und bröckeln ab. Daher wird Nagelfluh im Allgäuer Volksmund »Herrgottsbeton« genannt. Das Gestein ist aus Schlamm, Schutt und Geröll entstanden, das während der Alpenentstehung von urzeitlichen Flüssen verfrachtet und in einer großen voralpenländischen Schwemmebene abgelagert wurde. In mehreren Phasen stand unterschiedlich viel Kalk als »Bindemittel« zur Verfügung, was stabilere und lockerere Schichten zur Folge hatte. Bei viel Kalkgehalt bildeten sich waagrechte Nagelfluhplatten. Die nicht verfestigbaren Sand- und Lehmbänke dazwischen wurden zu weniger harten und weniger stabilen Sandstein- und Mergelschichten. Nachfolgende Faltungen schoben die Schichten von Süden auf die europäische Kontinentalplatte und bäumten sie somit gegen Norden hin auf. Zeitgleich erodierte die Gipfelkante an den schwächsten Stellen nach Süden hin. Wo auch die tieferen Schichten dem Erosionsdruck nicht standhalten konnten, bildeten sich steile Abbrüche und darunter die typischen Kare an den Nordseiten; an den Stellen mit festerem Gestein verblieben die Nordgrate, was besonders eindrucksvoll am Rindalphorn wirkt. Strukturbildend in den Nordwänden sind jeweils die Nagelfluhplatten, die Sandstein- und Mergelschichten dazwischen erodieren frühzeitig und lassen ein Gerüst aus beeindruckend durchgängigen Nagelfluhbändern übrig. Die Südseiten dagegen sind durch riesige, schiefgestellte Plattenoberflächen gekennzeichnet; bei einigen südseitigen Anstiegen bleibt man durchgängig auf einer einzigen Platte. Meist ist diese schiefe Ebene weniger als 30 Grad geneigt, sodass sich Wälder oder Grasmatten darauf bildeten.*
Die Nagelfluhkette als Geotop ist das namensgebende und ausgedehnteste Objekt des Naturparks Nagelfluhkette, der am 1. Januar 2008 als grenzübergreifendes Projekt gegründet wurde. In der West-Ost-Ausdehnung gehört zudem der Hochhäderich mit zur kompletten Formation. Der Naturpark steht als »Natura 2000«-Projekt unter einem hohen Naturschutzgrad. Hier kommen viele seltene Alpenpflanzen vor, und an weniger stark besuchten Tagen können Wanderer Gämsen beobachten.

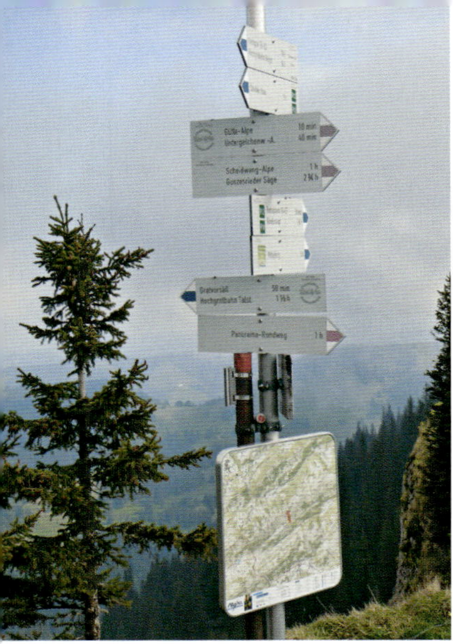

Vom Kamm aus gibt es viele Optionen.

Wir starten am **Staufner Haus (1)**, 1614 m, mit einem kleinen Aufstieg zur Bergstation der Hochgratbahn, 1704 m, und gelangen nach einer Dreiviertelstunde über den Südgrat zum **Hochgratgipfel (2)**, 1832 m. Eine halbe Stunde später sind wir in die Brunnenauscharte, 1624 m, abgestiegen, die Senke zwischen Hochgrat und Rindalphorn.

Über Wiesenhänge und weichen Untergrund erfolgt der Gegenanstieg durch eine kleine Scharte bis zum Gipfel des **Rindalphorns (3)**, 1822 m. Durch die kleine Scharte zurück folgen wir den zu Beginn steilen Kehren zur **Gündlesscharte (4)**, 1542 m. Von hier aus könnte man bei ungünstigen Wetterverhältnissen ins Gunzesrieder Tal und zur Gunzesrieder Säge absteigen. Wir halten uns jedoch weiter auf der

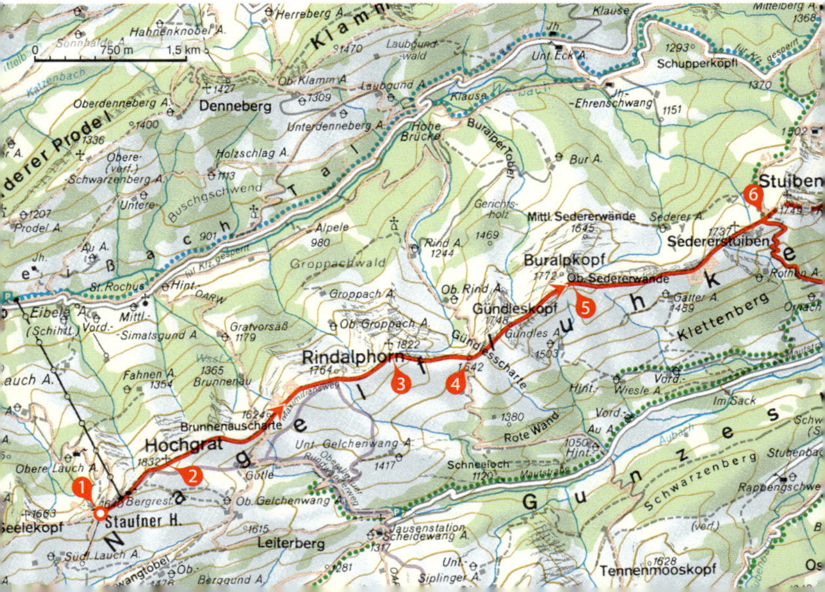

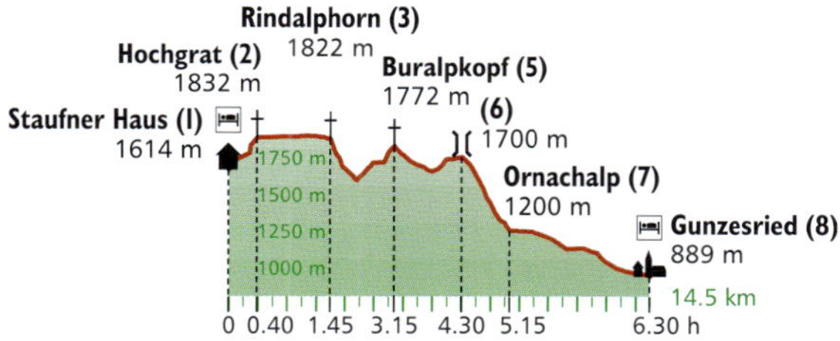

Nagelfluh-Panoramaroute und ersteigen über einen Wiesenhang als Nächstes den Gündleskopf, 1748 m und nach einer weiteren halben Stunde, diesmal einigermaßen höhengleich, den **Buralpkopf (5)**, 1772 m. Danach queren wir die Sedererwände und kommen zum Sedererstuiben, 1737 m, falls wir ihn nicht nordseitig umgehen. Jetzt kommt wieder ein kleiner **Einschnitt (6)**, 1680 m, mit dem Abstiegsweg zur Gunzesrieder Säge, bevor wir nochmals einen Gipfel mitnehmen, den populären Stuiben, 1749 m.
Als Normalwanderer gehen wir vom Gipfel das Stück wieder zurück zum Einschnitt, wo der Abstieg ansetzt. Von hier geht es nach Süden hinunter zur verlassenen Rothenalpe und zur **Ornachalp (7)**, 1200 m. Geradeaus könnte man ins Gunzesrieder Tal weiter absteigen bis zur Gunzesrieder Säge. Wir gehen aber nach links weiter über hübsches offenes Gelände,

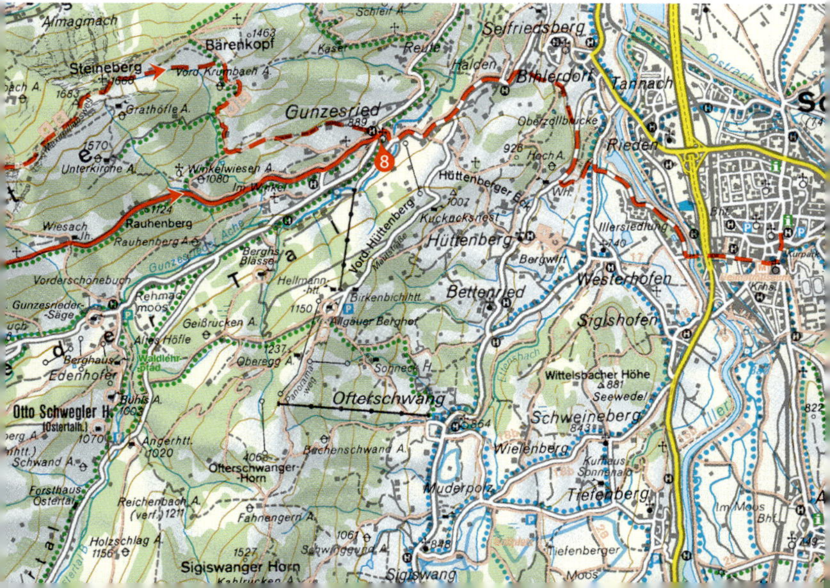

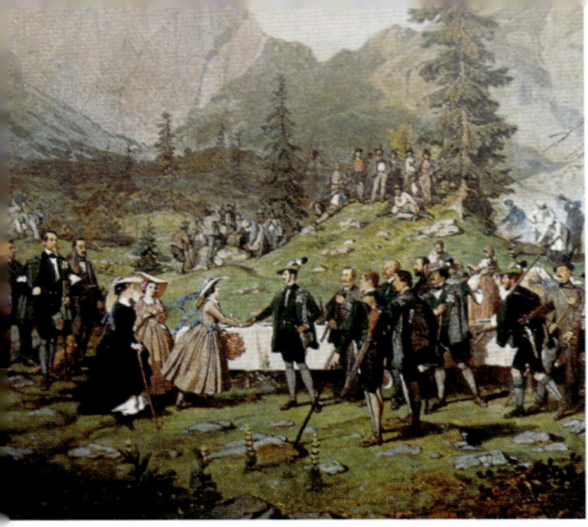

Die königliche Jagdgesellschaft am Tegelberg.

und an den Häusern von Wiesach vorbei erreichen wir schließlich **Gunzesried (8)**, 889 m. Wegen der zunehmenden Wohnbebauung springen wir in Gunzesried (oder bei Schlechtwetter bereits an der Gunzesrieder Säge) am besten in den Bus nach Sonthofen.
Wer konsequent wandern möchte, überquert in Gunzesried die Gunzesrieder Ach, folgt der Hauptstraße nach links beziehungsweise Norden; nach anderthalb Kilometern zweigt man im Weiler Halden in einen Stichweg nach rechts ab und hinab nach Sonthofen (ca. noch 1,5 Stunden bis Ortsmitte Sonthofen).

Variante (schwierig):
Ab dem Stuiben-Gipfel weiter auf klettersteigartigem Weg mit Seilsicherungen (bei Nässe nicht unternehmen!). Nach einer halben Stunde ab Stuiben kann man in einem Einschnitt nach rechts zur **Gunzesrieder Säge** absteigen. Geradeaus steigt man eine Stunde an zum **Steineberg**, 1680 m, und durch eine Mulde hinunter nach rechts. Über die Krumbachalpe kommt man nach Gunzesried, 889 m.

i *Die Gebirgsgruppe der **Allgäuer Alpen** nehmen ein Gebiet von etwa 50 mal 70 Kilometern ein. Sie sind durch eine außergewöhnliche Vielfalt im Gesteinsaufbau charakterisiert und daraus folgend durch ein vielfältiges Landschaftsbild. Eine Besonderheit sind die steilen Grasberge der Allgäuer Alpen mit Neigungswinkeln von bis zu 70 Grad. Insbesondere bei Nässe ist daher dringend von der Begehung steiler Wiesenhänge abzuraten. Die Flora gehört zu den vielfältigsten der ganzen Alpen. Die Erschließung durch Seilbahnen und Wege ist überdurchschnittlich. Durch die Lage am Nordrand der Alpen ist das Gebiet relativ niederschlagsreich und das regenreichste von Deutschland – der Ort Balderschwang gilt derzeit als Regen-Rekordhalter. Die Allgäuer gelten ein wenig als »Messlatte«, auch was die Machbarkeit des Maximilianswegs im Frühjahr betrifft. Oft liegt bis Mitte Mai auf dem Hochgrat noch Schnee, dann ist eine Begehung nicht möglich. Der Allgäuer Hauptkamm ist das Paradestück, er ist weithin sichtbar, so auch vom Zirmgrat aus zwischen Pfronten und Füssen. Der ganzjährige Tourismus verursacht reichlich Verkehrsprobleme, die die Orte der Region mit innovativen Konzepten versuchen in den Griff zu bekommen.*

7.45 Std.
↑1170 ↓1060

Sonthofen – Pfronten 5

Bergaussicht und stilles Wasser

In Sonthofen bildeten sich angesichts der Ankunft der königlichen Reisegesellschaft regelrechte Volksaufläufe. Man huldigte Maximilian II., der bei der Bevölkerung höchste Beliebtheit genoss. In Blumenschmuck waren gar der Name des Königs und der Königin auf den Weg gepflanzt. Nach den ausführlichen Reden und der Verkostung einheimischer Weine von den Hängen des Grünten brach man auf zur Besteigung des Sonthofener Hausbergs. »Die Kuppen, Zinken und Spitzen des Gebirgspanorama tauchten hehr und glanzverklärt wie aus einer Schattenwelt auf; auch der Grünten gewann in seiner malerischen Gliederung bei der schärferen Vertheilung von Schatten und Licht ein imposanteres Aussehen und gefiel uns beim Hinabsteigen noch besser als beim Aufsteigen. (...) Ich habe selten Jemand gesehen, der unter allen Umständen, bergauf und bergab, bei Tag und bei Nacht, so sicheren, gleichmäßigen Schrittes ging wie der König, und sich dabei so aufmerksam unterhalten konnte, als ob man ruhig bei Tische säße.« (F. von Bodenstedt)

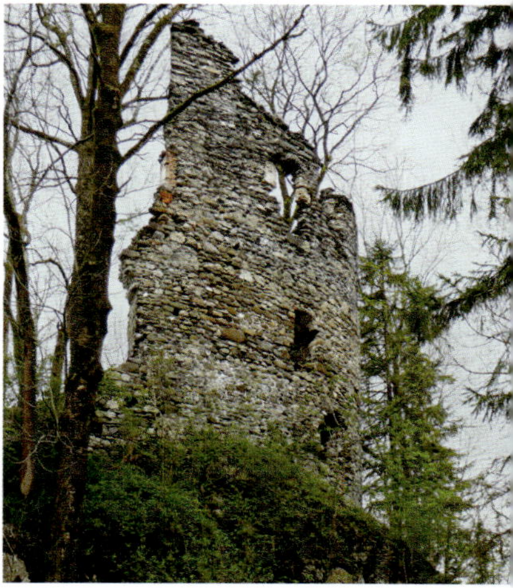

Burgruine Fluhenstein oberhalb von Sonthofen.

Ausgangspunkt: Sonthofen, 743 m.
Anforderungen: Lange Etappe auf meist bequemen Wanderwegen. Der Anstieg zum Tiefenbacher Eck kann durch viele Wurzeln bei Nässe unangenehm rutschig werden. Das letzte Talstück nach Pfronten verläuft lange auf Asphalt. Bei Schlechtwetter ggf. mit Bus nach Unterjoch oder durchs Vilstal nach Pfronten wandern.
Einkehr: Gaststätten und Cafés in Unterjoch; Landhotel Rehbach; Wirtshaus Vilstalsäge.
Unterkunft: In Unterjoch mit seinen Gasthäusern, Hotels und Pensionen sowie in Pfronten, Landhotel Rehbach.
Verkehrsmittel: Bahnhof der Deutschen Bahn in Sonthofen, Regionalbusse nach Hindelang und Unterjoch.
Information: Unterjoch siehe Gästeinformation Bad Hindelang, Unterer Buigenweg 2, 87541 Bad Hindelang, Tel. +49/8324/8920, www.badhindelang.de; Pfronten Tourismus, Vilstalstraße 2, 87459 Pfronten, Tel. +49/8363/69888, www.pfronten.de.

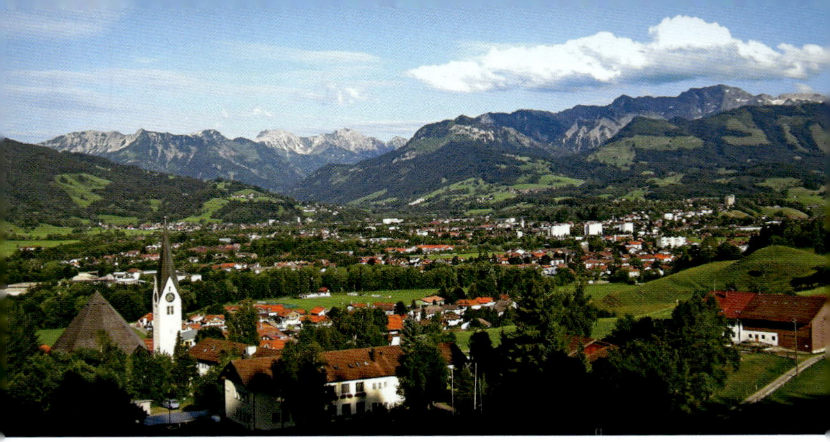

Blick auf Sonthofen und die Allgäuer Berge.

Wir spazieren vom **Sonthofener Ortszentrum (1)**, 743 m, aus durch die Berghofer Straße in Richtung der Ostrach, die wir überqueren. Auf der anderen Seite des Bachs biegen wir nach rechts in die Waltener Straße ein. Über den Schlossbauer gehen wir hinauf zur kleinen **Burgruine Fluhenstein (2)**, 820 m, von der nur noch ein verfallener Turm übrig geblieben ist. Weiter auf der Teerstraße kommen wir an den Häusern von Walten, Unterried und Breiten vorbei. Wir erreichen schließlich am Waldrand das »Bildstöckle«, 1299 m, einen beliebten Aussichtspunkt mit schönem Blick in die Allgäuer Berge. Ein paar Meter weiter verengt sich die Asphaltstraße zum Waldweg. Ab hier geht es durch den Wald recht steil und über Wurzeln hinauf zum westlichen Gipfel des Tiefenbacher Ecks, 1525 m. Weiter durch den Wald erreichen wir den eigentlichen Gipfel des **Tiefenbacher Ecks (3)**, 1569 m, wo eine Bank und eine Panoramatafel stehen. Gegenüber sehen wir schon den nächsten Berg, den Spieser. Zunächst aber steigen wir gut 150 Höhenmeter ab bis zum

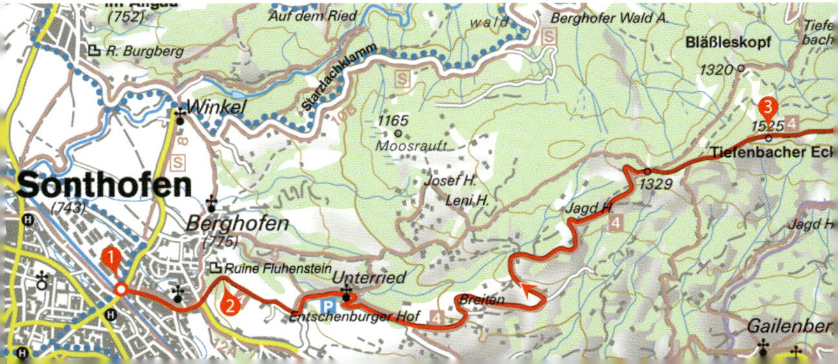

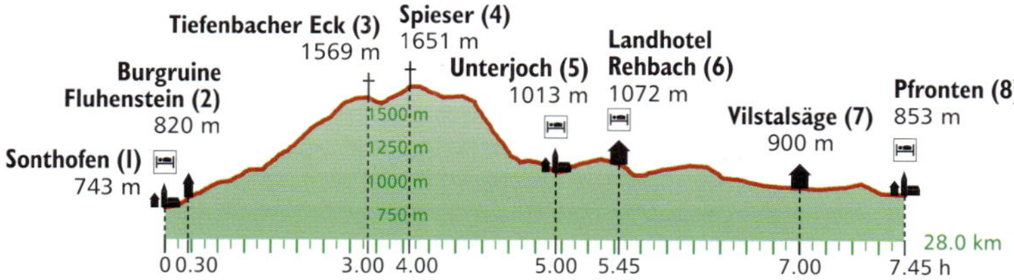

i *Das Stadtgebiet von* ***Sonthofen*** *mit seinen etwa 21.000 Einwohnern liegt auf etwa 750 bis 1100 m Höhe am Nordrand der Allgäuer Alpen. Durch die Stadt fließen die Flüsse Iller und Ostrach. Sonthofen ist etwa 40 Kilometer vom Bodensee und 120 Kilometer von München entfernt und ist die am südlichsten gelegene Stadt Deutschlands. Der Grünten ist der Hausberg Sonthofens. Am Fuße des Kalvarienberges lag vermutlich die alamannische Siedlung, mit der die Ortsgeschichte begann. Auf der Kuppe vermutet man eine alte Thingstätte. Besonders auffällig ist die ehemalige »Ordensburg«, die noch aus der Zeit des Nationalsozialismus stammt. Heute werden die Gebäude von der Bundeswehr genutzt. Sonthofen ist eine moderne Stadt mit viel Gewerbe und Industrie, ein bedeutender Wirtschaftsfaktor ist der Tourismus.*

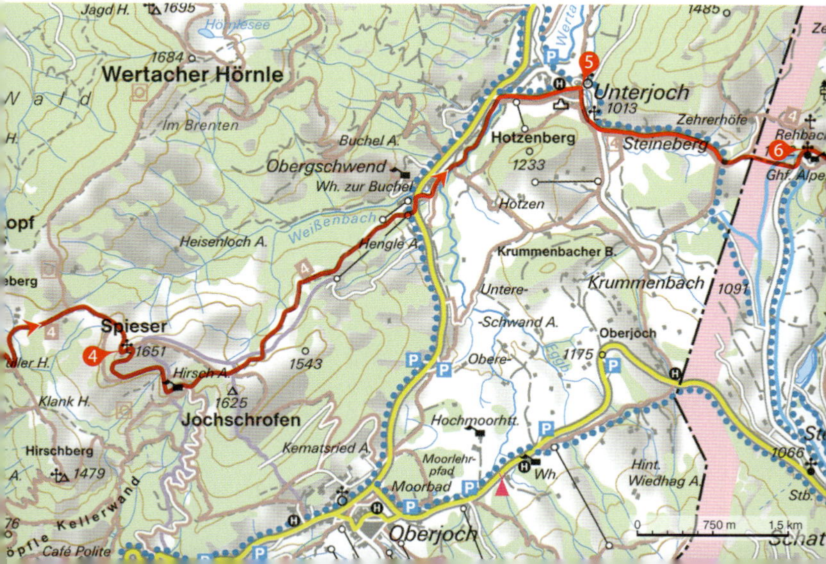

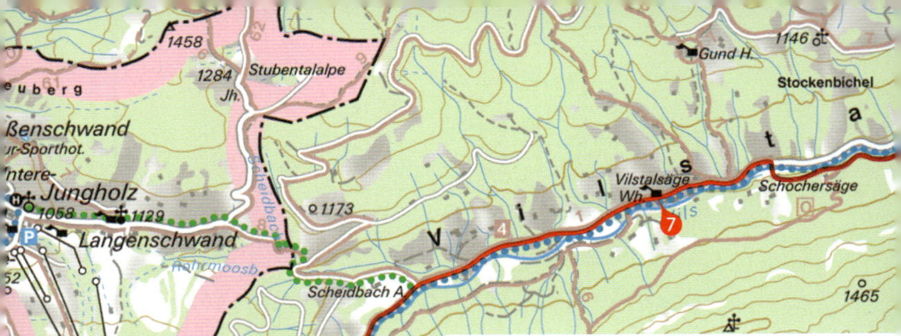
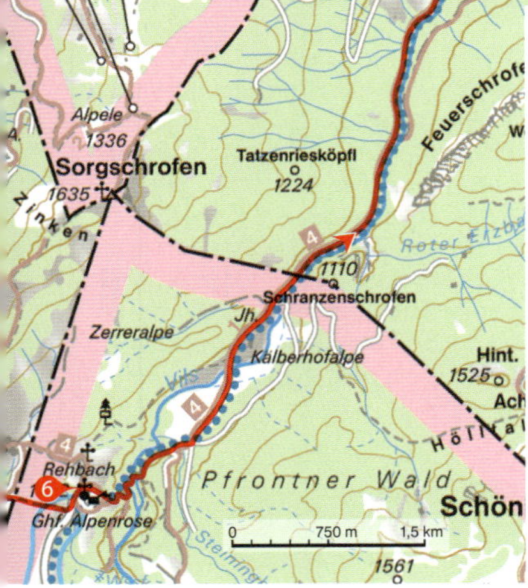

Wegkreuz an der Karl-Hüller-Hütte, 1434 m. Wir halten uns links auf dem aufwärts führenden Pfad. Der Pfad führt nach rechts (südseitig) um den Berg herum. Wem die lange Etappe noch nicht sportlich genug ist, der besteigt den **Spieser (4)**, 1651 m. Auf der anderen Bergseite kommen die beiden Wegvarianten wieder zusammen. Unweit liegt die Hirschalpe, 1490 m, ein beliebtes Wanderziel mit Einkehrmöglichkeit. Ab hier geht es durch ein kleines Tal und durch das Skigebiet hinunter zur viel befahrenen »Deutschen Alpenstraße«. An dieser entlang gehen wir nach **Unterjoch (5)**, 1013 m, das

Die Kälberhof-Alpe (auch Kalbelehof Alpe) ist eine beliebte Einkehr im ruhigen Vilstal.

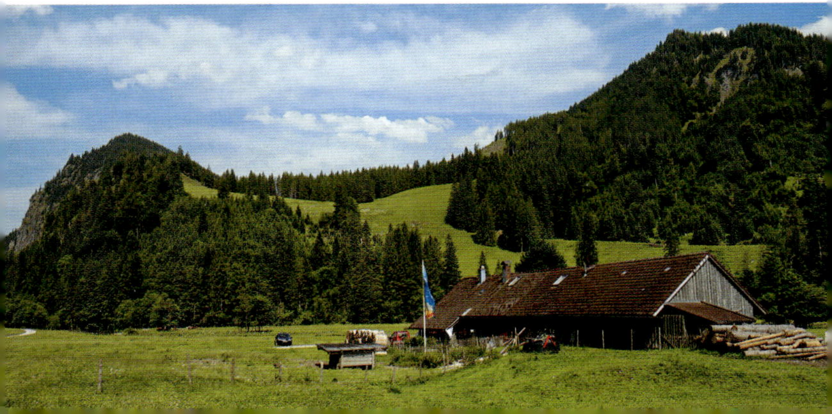

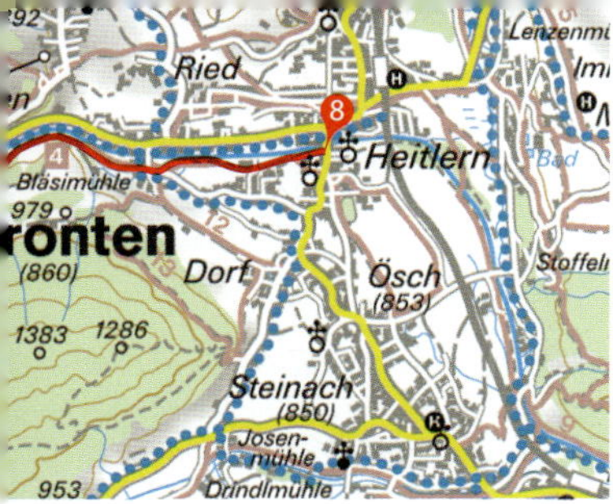

sich beim Start in Gunzesried und der somit längeren Tagesgehzeit auch als Übernachtungsstation anbieten könnte.

Im Dorf biegen wir im rechten Winkel beim Hinweisschild »E4/Rehbach« ab und gelangen an der Kirche und am Spielplatz vorbei auf einen kleinen Kamm. Auf der Kammhöhe halten wir uns links und gehen auf Asphalt an den Häusern von Steinberg vorbei. Das jetzt mehrfach gelb ausgeschilderte **Landhotel Rehbach (6)**, 1072 m, ist unsere nächste Station. Wir passieren das ruhig gelegene Haus und spazieren links am Hotel (Wegweiser am Hotelparkplatz) entlang auf schmalem Pfad hinunter in das idyllische Vilstal. Immer entlang des Baches, der sich in vielen Mäandern und naturbelassen durch das Tal schlängelt, wandern wir auf breitem, gern von Mountainbikern befahrenem Weg an der Kälberhofalpe vorbei bis zum **Gasthaus Vilstalsäge (7)**, 900 m. Ab hier wird der Wanderweg wieder zur Asphaltstraße, auf der wir durch ausgedehnte Ortsteile nach **Pfronten (8)**, 853 m, hineinmarschieren. Der Ortsbusverkehr wurde leider eingestellt, sodass nur das Taxi bleibt, um den »Teerhatscher« abzukürzen.

i ***Almwirtschaft in den Bayerischen Alpen:*** *Seit dem frühen Mittelalter wird in den Bayerischen Alpen bereits Almwirtschaft betrieben, was noch heute mit besonderen Rechtsformen verbunden ist. Man unterscheidet zwischen Eigentumsalmen, die dem Betreiber der Alm gehören, und Berechtigungsalmen. Bei Letzteren ist der Freistaat Bayern der Grundbesitzer der oft großflächigen Weidegebiete, dem Almbauern selbst gehört die Kaserstätte. Was übrigens auf das lateinische »casa« zurückgeht, was soviel wie Hütte bedeutet, oder auf den Begriff »chaser«, der das Gebäude zur Käseherstellung bezeichnet. Die Almkaser bieten im Sommer Schutz für Mensch und Tier gegen Hitze, aber auch gegen die manchmal vorkommenden Kälteeinbrüche, gegen Hagel, Regen und Wind. Die meisten der Kaser sind aus einem Bruchsteinmauerwerk und stammen aus der Zeit von 1800 bis 1850. Die alten Almkaser sind wegen ihrer unwiederbringlichen Bautradition einzigartige Baudenkmäler unserer alpinen Kulturlandschaft. Nach einer Zeit des Niedergangs der Almen ist heute die Zahl wieder stabil. Viele junge Einheimische, Studenten und auch Rentner haben die Freude am Almleben wiederentdeckt. So ein Almsommer ist eine Bereicherung fürs Leben, sowohl durch die landwirtschaftliche Arbeit als auch wegen der Bewirtung der oft sehr netten Gäste, die dankbar sind für das gute selbstgemachte Essen. Die extensive Tierhaltung kommt ohne künstliche Düngung aus, daher sind Fleisch, Käse und Milch von der Alm echte Bioprodukte. Das Gras der Bergwiesen ist besonders kräftig, hier wachsen Alpenblumen, Kräuter und Heilkräuter. Klar, dass eine Brotzeit dort oben ganz anders schmeckt.*

6 Pfronten – Schwangau

5.30 Std.
↑570 ↓630

Genussetappe über den Zirmgrat

Über das Tannheimer Tal und den Vilsalpsee erreicht die Königsreise schließlich Füssen, »dessen alte, vielthürmige Burg mit ihren Zinnen und Erkern über dem Lech herragte«. Bodenstedt schreibt: »Wir kamen bald an dem Wasserfalle des Lech vorbei und dann den schönen Königsweg hinan nach Hohenschwangau, das wir früh genug erreichten, um noch vor einbrechender Dunkelheit einen Blick auf die Herrlichkeiten der Umgebung werfen zu können. Der Weg läuft zwischen Baumreihen schnurgerade auf das Schloß zu, welches aus der Ferne zuerst als ein weißer Punkt über dunkler Bergwaldung auftaucht. (…) Die Felswände zur Seite, wie die gewaltigen Bergmassen in der Ferne mit ihren Kuppen, Zinken und Zacken hoben sich eintönig dunkel vom grauen Himmel ab, und Alles machte einen feierlichen, ernsten Eindruck. Durch eine schmale Oeffnung der Bergkette kamen wir in das zwischen schroffen Felswänden aufsteigende Thal, welches links von den Höhen des Aelplispitzes, rechts von den bewaldeten Marmormassen des Schwansteines überragt wird, der auf seinem Haupte die Burg als Krone trägt.«

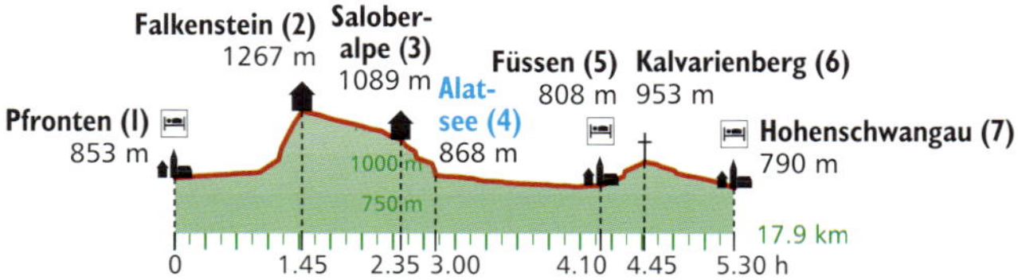

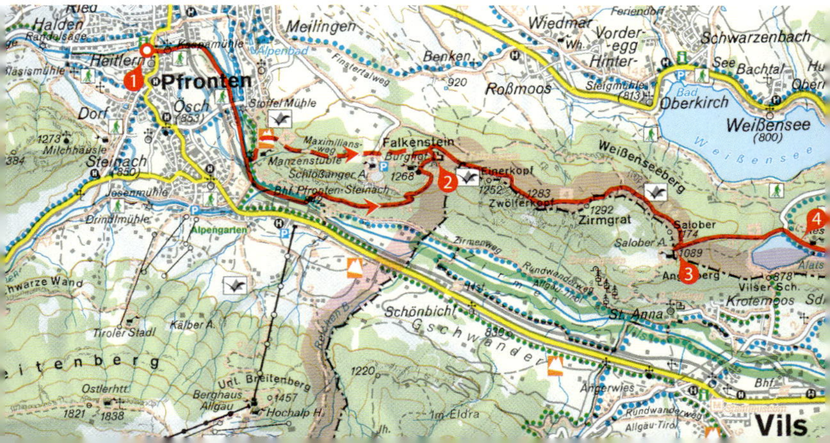

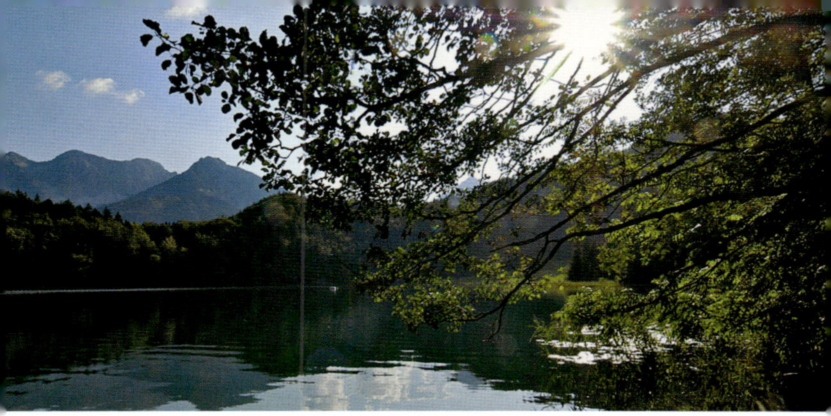

Nach Füssen gelangt man durch eine Naherholungs-Seenlandschaft.

Ausgangspunkt: Pfronten, 853 m.
Anforderungen: Eine eher leichte Etappe mit sportlichem, aber überschaubarem Aufstieg zu Beginn. Kurze Passagen auf dem Zirmgrat sind etwas »luftig«, aber auch ohne alpine Erfahrung problemlos zu bewältigen. Ansonsten breite und gut markierte Wanderwege. Bei Schlechtwetter eventuell besser im Tal an Vils und Lech entlang zum Lechfall und nach Füssen wandern.
Einkehr: Burghotel Falkenstein, Saloberalpe, Kiosk am Alatsee, Kiosk am Waldschwimmbad.

Unterkunft: Hotels und Pensionen in Füssen und Schwangau; Tegelberghaus (privat), Matratzenlager sowie Doppelzimmer, täglich geöffnet, Tel. +49/8362/8980, www.tegelberghaus.de.
Verkehrsmittel: Bahnhof in Füssen; Busse des Stadtverkehrs von Füssen/Innenstadt nach Hohenschwangau; Tegelbergbahn zum Tegelberggipfel, Tel. +49/8362/98360.
Information: Füssen Tourismus, Kaiser-Maximilian-Platz 1, 87629 Füssen, Tel. +49/8362/93850, www.fuessen.de, tourismus@fuessen.de.

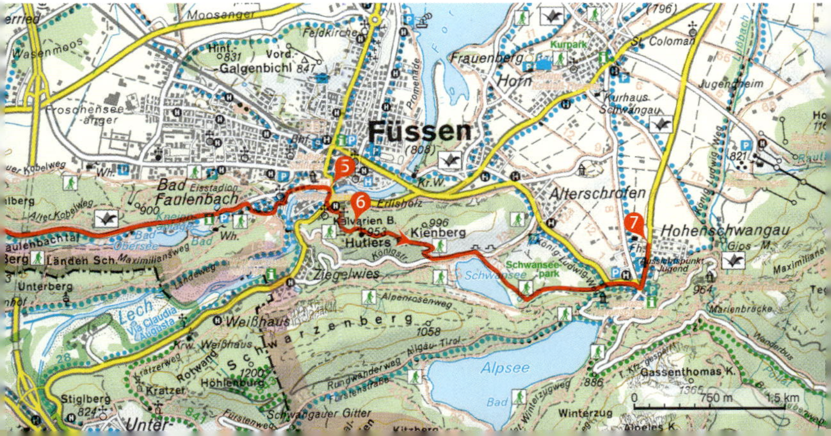

i *Direkt über dem Lech liegt die historische Altstadt von* ***Füssen*** *mit dem Hohen Schloss und Sankt Mang, von dessen Kirche nur der wuchtige Turm übrig geblieben ist. Die Wurzeln des heute über 14.000 Einwohner zählenden Füssen reichen zurück bis in die Römerzeit. Der Ort entwickelte sich an der von Norditalien nach Augsburg führenden Römerstraße Via Claudia Augusta. Schon um das Jahr 260 könnte es ein römisches Lager an der Stelle Füssens gegeben haben. Aus der Gründung des Klosters St. Mang hatte sich im 13. Jahrhundert bereits die größte Stadt im Allgäu entwickelt. Die Augsburger Fürstbischöfe residierten in Füssen und bauten von 1486 bis 1505 das Hohe Schloss. 1803 wurde Füssen in das Kurfürstentum Bayern eingegliedert. Besonders sehenswert ist heute die Staatsgalerie im Hohen Schloss, ebenso der Rittersaal mit seiner Kassettendecke, mit den Reliefs der Bistumsheiligen Ulrich, Afra und Simpert sowie der Muttergottes. Glasgemälde von Hans Holbein des Älteren und Hans Burgkmair des Älteren lassen die kulturelle Blüte in Füssen zur Zeit Kaiser Maximilians I. erahnen. Außerdem kann man dem Museum der Stadt Füssen, untergebracht im Kloster St. Mang und dessen wuchtigem Turm, einen Besuch abstatten. Darin ist unter anderem die Geschichte des Geigen- und Lautenbaus dargestellt, denn Füssen gilt als eine Wiege des Instrumentenbaus.*

Vom Ortszentrum in **Pfronten (1)**, 853 m, halten wir uns parallel zur Vils in östlicher Richtung zur Bahnstation Steinach. Dort überqueren wir die Vils. Am Waldrand steht bereits ein Wegweiser, hier befindet sich der Ansatzpunkt des Aufstiegs zu Burg und Hotel Falkenstein (Beschilderung »Falkenstein«). Auf einem gewundenen Pfad schrauben wir uns meist im schattigen Wald bei mittlerer Steigung hinauf. Im oberen Teil wird die Vegetation dünner und wir erkennen den Aggenstein. Nach einer halben Stunde gelangen wir zur Mariengrotte, die sehr hübsch mit Blumen geschmückt ist. Nach einigen weiteren Kehren erreichen wir die Aussichtsterrasse bei der höchstgelegenen Burgruine Deutschlands, der **Burgruine Falkenstein (2)**, 1267 m. In einem speziellen Raum am Aufstiegsweg befindet sich ein Modell der kühnen architektonischen Träume Ludwigs II.: Die Burg Falkenstein sollte um ein Vielfaches ausgebaut werden und noch größer und schöner werden als Schloss Neu-

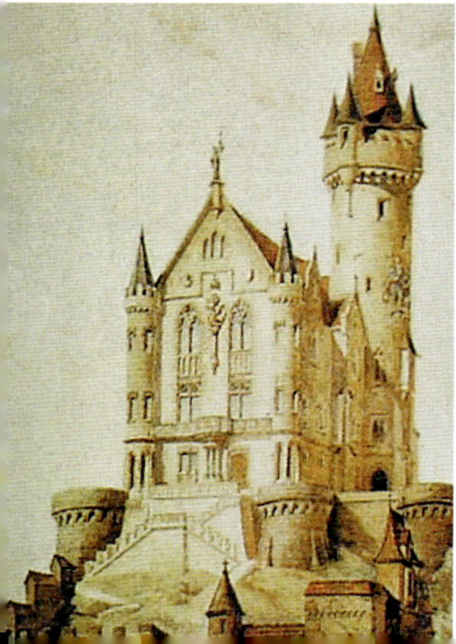

Vision vom Schloss Falkenstein – letztlich ging das Geld aus.

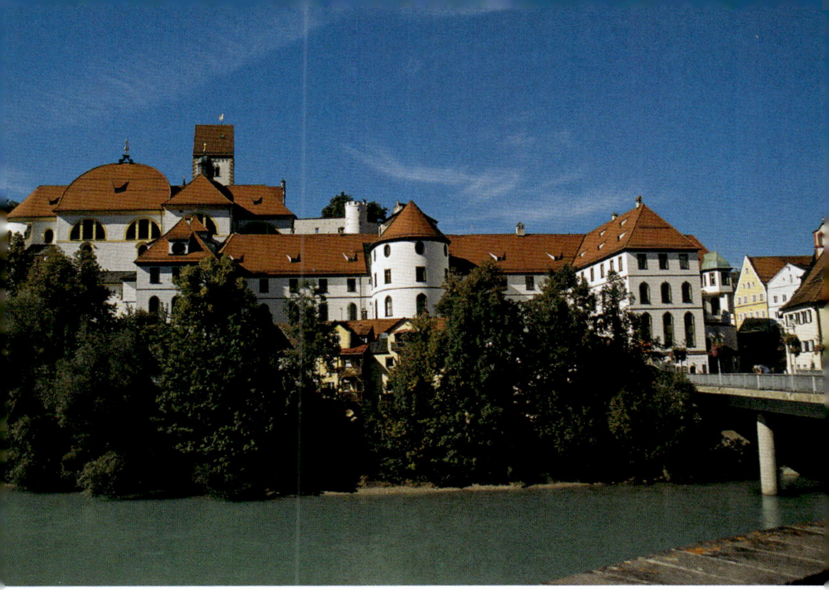

Ansicht von Füssen am Lechufer (Altes Schloss).

schwanstein. Das Geld wurde nach den Erschließungsarbeiten jedoch knapp und schließlich löste sich das Planungsproblem mit dem Tod des Königs auf »biologische« Weise. Auf einem steilen Fußweg mit Treppen erreichen wir den an der Ruine gelegenen Gipfel mit einer fantastischen Rundumsicht. Das Panorama präsentiert auf der Nordseite die Gletscherseenplatte mit dem Forggensee, im Süden die Ammergauer und Allgäuer Alpen und die Tannheimer Berge. Diese Ausblicke können wir auf dem Zirmgrat genießen, der uns mit kleineren Auf- und Abstiegen ein Stück weiter Richtung Füssen bringt. Für den Weiterweg umrunden wir nach links das

i ***Schloss Hohenschwangau:*** *Erbauer und Herren des Schlosses waren im 12. Jahrhundert die Ritter von Schwangau. Hohenschwangau galt als eines der Zentren des Minnesangs. Maximilian, der bei einem Besuch begeistert war von Lage und Bauweise, kaufte im Jahr 1832 das Schloss und ließ es nach seinen Vorstellungen gestalten, unter anderem mit fantasievollen Wandgemälden von mittelalterlichen Sagen, was wiederum seinen Sohn Ludwig beeinflusst haben mag. In einem Rundgang lernen die Besucher die Schlosskapelle, den Schwanenrittersaal, den Heldensaal mit Darstellungen Dietrichs von Bern und das Tassozimmer als Schlafzimmer Maximilians II. kennen.*

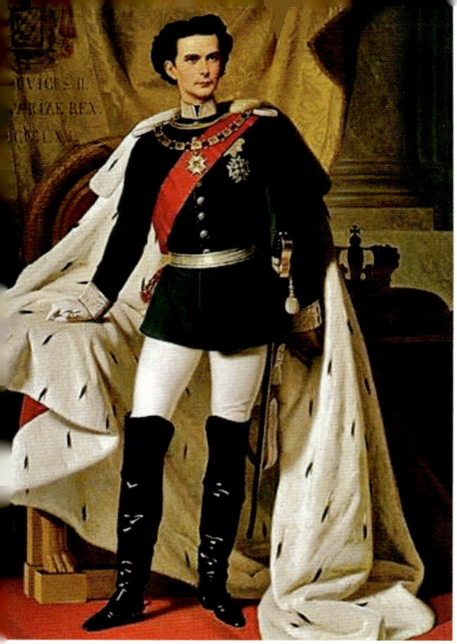

Hotel Falkenstein auf der Teerstraße, die wir schnell zugunsten einer gepflasterten Zone mit Bänken und Aussichtsterrassen verlassen. Wir setzen den Weg auf der Straße fort. Nach einer Linkskurve (kurz vorher rechts oberhalb ein auffälliges großes Kreuz) verlassen wir die Straße auf einem unmarkierten schmalen Bergpfad nach rechts. Dieser führt 15 Minuten nach unten in eine Senke, wo wir wieder auf die Straße treffen. Hier setzt der Wanderweg zum Zirmgrat erneut an. Durch den Wald geht es zunächst leicht bergauf. Nach rechts öffnen sich vom Grat aus tolle Tiefblicke auf das Vilstal und die Allgäuer Ber-

König Ludwig II. – der »Märchenkönig«.

i **Kult um den »Kini:** *Ein bayerischer Dauerbrenner ist König Ludwig II. – zuletzt kamen im Jahr 2011 600.000 Besucher zur großen Landesausstellung auf Herrenchiemsee. Ein regelrechter Ludwig-Boom brachte den Ausflugsschiffen auf dem Chiemsee und der Deutschen Bahn ausgesprochen hohe Passagierzahlen, regelmäßig war der Bahnsteig in Prien am Chiemsee mit Ausflüglern überfüllt. Der Kult um den Kini erweist sich als Glücksfall für die Bayerische Schlösserverwaltung, denn allein durch Eintrittsgelder für die Monumente nimmt der Freistaat jährlich über 11 Millionen Euro ein. Nimmt man sämtliche anderen Umsätze mit hinzu wie Reisebuchungen, Gastronomie und Andenken, kommt man auf einen jährlichen Betrag von 1,5 Milliarden Euro Umsatz. Ludwig II. hatte schon zu Lebzeiten hohes Ansehen als junger Mann. Mit sportlicher Figur gesegnet, galt er als ausgeglichen und sehnsüchtig-romantisch. Obwohl er durchaus diplomatisches Geschick bewies, verlor er sich nach und nach in eine Traumwelt, inspiriert durch die Opern Wagners. 1866 verlor er mit Österreich den Krieg gegen Preußen und musste schließlich mit Bayern dem Deutschen Reich beitreten. Die Traumwelt hingegen florierte, der Kini war beliebt beim Volk: 1868 ließ er Neuschwanstein erbauen, 1870 das Jagdschloss Schachen oberhalb Garmischs. 1874 folgte Schloss Linderhof, das aussah wie die Kulisse einer Oper. 1878 begannen die Arbeiten an Herrenchiemsee, die jedoch 1885 auf Grund Geldmangels abgebrochen wurden. Schließlich wurde Ludwig entmündigt, am 12. Juni 1886 stirbt der Kini im Starnberger See unter rätselhaften Umständen, die nach wie vor viel Raum für Spekulation lassen.*

ge. Ein längerer Abstieg im Wald führt uns zu einem Zaun, den wir in Richtung der Freifläche an einem Durchlass durchqueren, wir folgen den Hinweisen zur Saloberalpe und zum Alatsee. Auf einer Freifläche liegt bereits auf österreichischem Gebiet die **Salober-Alpe (3)**, 1089 m, die den Sommer über bewirtschaftet ist. Nach links wählen wir den geschotterten Fahrweg, von dem aus wir die Zugspitze erkennen können, und der steil hinunter in die waldige Senke mit dem glasklaren **Alatsee (4)**, 868 m, und seinem Badeufer führt. Wir umrunden diesen je nach Laune und Sonneneinstrahlung an seinem linken oder rechten Ufer. Am Ausfluss des Alatsees mit seiner hübsch gelegenen Ausflugsgaststätte führen nun zwei Wege Richtung Füssen. Wir können auf dem geteerten Weg laufen, aber auch parallel dazu im Wald rechts des Faulenbachs. Die Orientierung ist leicht und der Weg durch die Naherholungsgebiete in Richtung Füssener Altstadt gut ausgeschildert. Nach dem Minigolfplatz am Rande der Wohnbebauung gehen wir rechts, dann wieder links und erreichen das Lechufer. Am Füssener Schloss vorbei kommen wir nach links in die Fußgängerzone von **Füssen (5)**, 808 m, mit seinen historischen Fassaden. Inspiriert von vielen Ludwig-Souvenirs in den Auslagen der Geschäfte nähern wir uns zum Tagesabschluss den Königsschlössern. Zunächst wandern wir von der Füssener Altstadt aus in der

Auf Schloss Hohenschwangau erledigte Max II. seine Amtsgeschäfte.

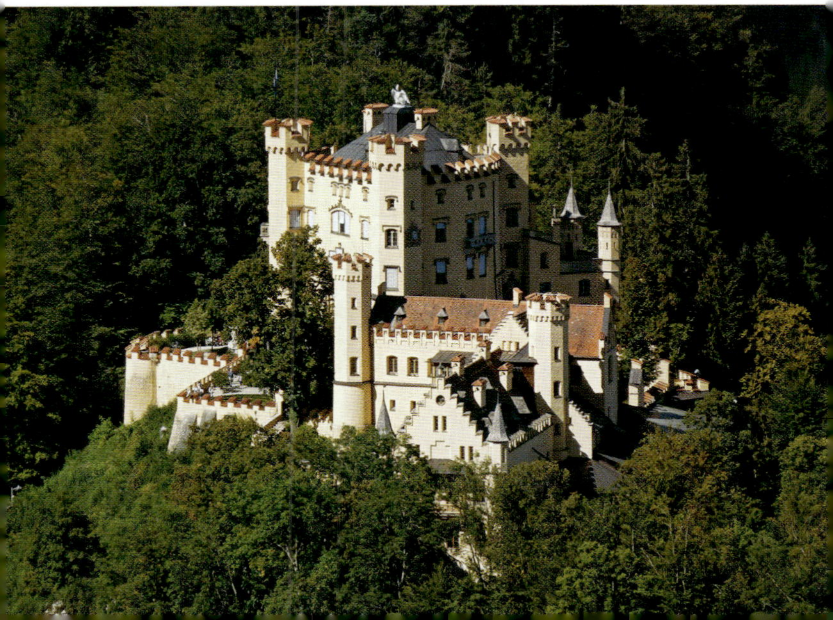

i ***Schloss Neuschwanstein**: Das »Märchenschloss« oder auch das »Schloss der Schlösser« wird es genannt, es erhebt sich schlank und weiß in die Höhe, vor dem Kontrast des Waldes im Hintergrund. Neuschwanstein gilt als vollendet in seiner Harmonie zwischen Architektur und Natur. Nach dem Verständnis Ludwigs sollte es ein Denkmal zu Ehren eines Königtums von Gottes Gnaden darstellen, Neuschwanstein wurde eine zu Stein gewordene Gedankenwelt. Man begann den Bau im Sommer 1868 mit Sprengungen, um Platz für das Fundament zu schaffen. Moderne Materialien kamen zum Einsatz, denn das Schloss war nie als Festung gedacht: Ziegelsteine und als Verkleidung heller Kalkstein sind eine leichte Bauweise für ein Monument dieser Größe. 1880 war das Richtfest, sechs Jahre vor dem Tod des »Kini«, der seine architektonische Vision nur als Baustelle kannte. Bei der Besichtigung im Rahmen einer Führung zeigt man den Besuchern die modernen Installationen, es gab Toiletten mit Wasserspülung, Dienstbotenräume mit Klingelanlagen und Aufzüge. Auch im Inneren von Neuschwanstein schmücken zahlreiche Szenen aus der Mythologie die Wände, wie die Lohengrinsage mit ihren Schwanenszenen. Die Schwäne sind auch das wichtigste Schmuckelement in Ludwigs Wohnzimmer – 165 Schwäne gibt es darin. Vom Wohnzimmer aus gelangt man in eine künstliche Tropfsteinhöhle mit Lichterspielen. Weitere Höhepunkte des Rundgangs sind das Arbeitszimmer, die Sternendecke im Treppenhaus und der Thronsaal. Durch die Küche verlässt man staunend das Schloss.*
***Öffnungszeiten:** Von 1. April bis 30. September von 9 bis 18 Uhr, Oktober bis März von 9 bis 16 Uhr. Tickets kosten für Neuschwanstein 15,50 €, für Hohenschwangau 20,50 €. Eintrittskarten mit zugewiesener Besichtigungszeit gibt es im zwischen den Schlössern gelegenen Ticketcenter Hohenschwangau, Alpseestraße 12, 87645 Hohenschwangau, Tel. +49/8362/930830. www.hohenschwangau.de. Die Buchung eines Online-Tickets im Voraus ist zu empfehlen.*

Nähe des Schlosses auf der Theresienbrücke über den Lech. Kurz nach rechts auf der Tiroler Straße sehen wir am Bergfuß eine kleine Kapelle. Hier setzt ein Kreuzweg mit vielen Serpentinen an und endet am **Kalvarienberg (6)**, 953 m. Es geht dann leicht hinunter zum Schwansee, 789 m, und durch das Moor am Nordostufer erreicht man nach leichtem Anstieg **Hohenschwangau (7)**, 790 m. Über die Zufahrtsstraße des Schlosses gelangen wir zum Alpsee und weiter zu unserer Unterkunft im Ortsteil Schwangau.

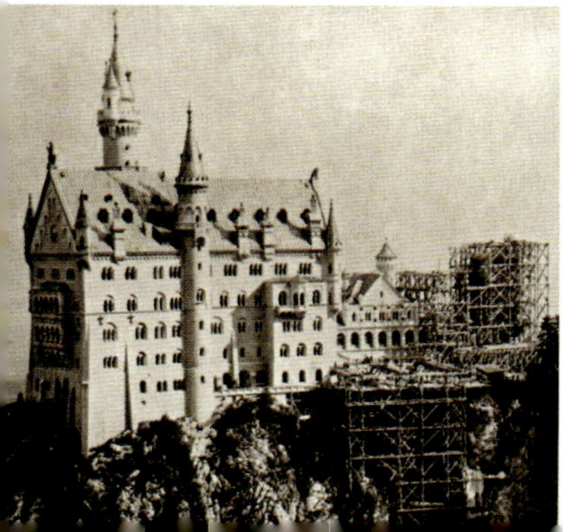

Bauarbeiten am Märchenschloss.

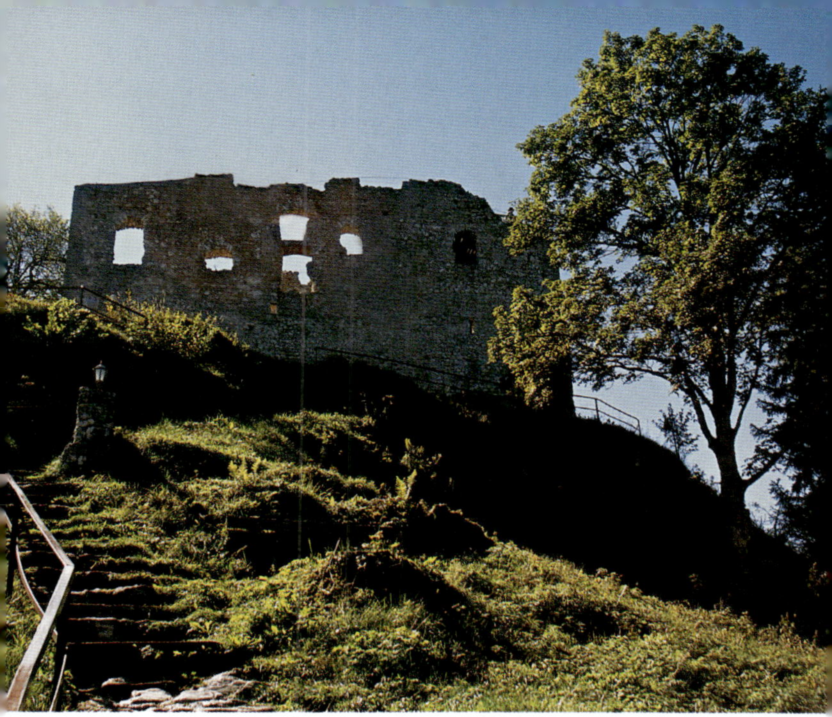

Aufstieg zur Burgruine Falkenstein.

Variante zur Ruine Falkenstein über den Manzengrat (etwa 1 Stunde ab Manzenstüble):
Wir beginnen direkt an der Vilsbrücke am westlichen Ausläufer des Höhenrückens. Vom **Bahnhof Steinach** gehen wir nach links die Vils entlang, vom Bahnhof Pfronten-Ried folgen wir der Vils eine knappe halbe Stunde. Am Hangfuß folgen wir zunächst der geteerten Zufahrt zum **Gasthof Manzenstüble**. Nach etwa dreihundert Metern zweigt rechts ein Bergwanderweg ab, diesem folgen wir. Nach einer halben Stunde schweißtreibendem Aufstieg im Wald auf wurzeligem Terrain und wenigen Talblicken lichtet sich das Gelände. Durch einen Durchlass im Zaun gelangen wir auf das großzügige Grundstück des Hotels Schlossanger Alpe. Wir gehen am Hotel vorbei und peilen in Verlängerung des Parkplatzes ein verwunschen wirkendes Baumhaus am Waldrand an. Dort beginnt der steile Aufstieg durch ein Waldstück zur **Burgruine Falkenstein**, 1267 m, die wir nach einigen zusätzlichen Kehren durch den Wald erreichen.

7 Schwangau – Kenzenhütte

6.30 Std.
↑1320 ↓825

Beste Blicke aufs Märchenschloss

In Hohenschwangau erledigt der König seine Amtsgeschäfte. Bodenstedt hingegen genießt den Aufenthalt und ist in höchstem Maße begeistert vom Schloss und dessen Umgebung: »Balsamische Luft in herrlicher Landschaft; Berge, die das Auge nach oben, und anmuthige Anlagen, die es nach unten ziehen; schimmernde Seen, darin die Felsen sich spiegeln, denen sie entsprungen sind; Blumenpracht, Vogelgezwitscher, Wellengemurmel, und dazu ein Zauberschloss, welches alle Romantik des Mittelalters mit der geschmackvollen Eleganz der Gegenwart vereinigt – was will man mehr?« Das Wegstück von Füssen an Neuschwanstein vorbei und über den Tegelberg bis zur Kenzenhütte erfordert einen kompletten langen Wandertag mit entsprechend langer Gehzeit. Zur Tagesmitte steht der anstrengende Aufstieg zum Tegelberg an, anschließend kann man aber wieder »ausrollen«. Wenn man verständlicherweise längere Zeit in Füssen verbringt oder Neuschwanstein besichtigen möchte, schrumpft die »Wanderzeit« rasch zusammen. Dann bieten sich beispielsweise Abkürzer mit öffentlichen Verkehrsmitteln an, wie die Busfahrt von der Füssener Innenstadt bis zum großen Parkplatz unterhalb von Neuschwanstein oder die Bergfahrt mit der Seilbahn zum Tegelberghaus. Wobei einem hierdurch wiederum faszinierende Blicke aus immer neuen Höhen auf das Märchenschloss entgehen würden ... Auch die Übernachtung auf dem Tegelberghaus wäre eine Option, zumal die Etappe in den Ammergauer Alpen wiederum auch verschiedene Varianten und somit Gehzeiten bietet. Dieses und das darauffolgende Stück sind somit sicher die am flexibelsten zu planenden Abschnitte des Maximilianswegs. Wegen der vielen Wegrouten-Optionen ist hier etwas Geschick in der individuellen Zeitplanung gefragt, natürlich auch in Abhängigkeit von den Übernachtungsmöglichkeiten.

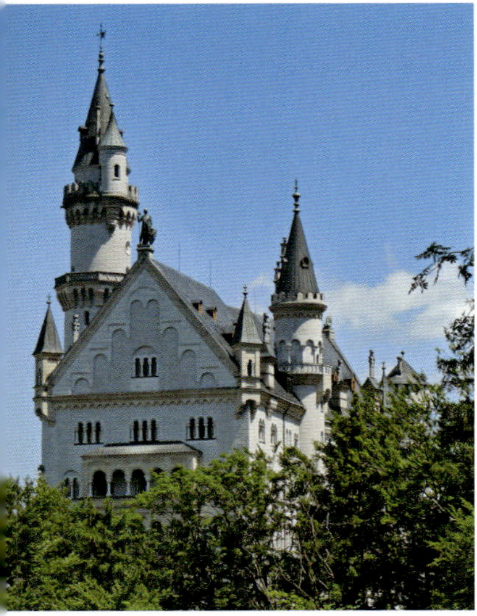

Schloss Neuschwanstein.

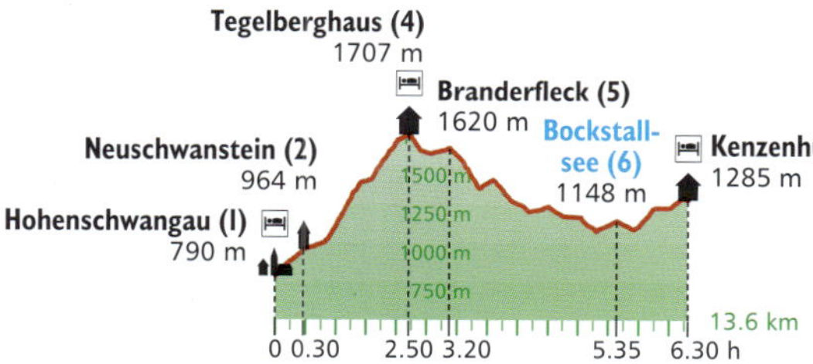

Ausgangspunkt: Füssen, 808 m.
Anforderungen: Lange Etappe mit sportlichem Aufstieg auf den Tegelberg auf schmalem Bergpfad. Gut begehbare Wanderwege. Die beiden Varianten stellen hohe Anforderungen an die Kondition. Bei Schlechtwetter ggf. mit Wanderbus zur Kenzenhütte und mit Variante nach Linderhof.
Einkehr: Rund um Neuschwanstein, Tegelberghaus.
Unterkunft: Tegelberghaus (privat), Matratzenlager sowie Doppelzimmer, täglich geöffnet, Tel. +49/8362/8980, www.tegelberghaus.de; Kenzenhütte (privat, charmant bewirtschaftet von Franzi Schlögel und Team), 75 Schlafplätze (teils in Zimmern), Tel. +49/8368/390, www.kenzenhuette.de.
Verkehrsmittel: Bahnhof in Füssen; Busse des Stadtverkehrs von Füssen/Innenstadt nach Hohenschwangau; Tegelbergbahn zum Tegelberggipfel; Tel. +49/8362/98360; in den Sommermonaten Wanderbus von Halblech zur Kenzenhütte.
Information: Ammergauer Alpen GmbH, Eugen-Papst-Straße 9a, 82487 Unterammergau, Tel. +49/8822/922740, www.ammergauer-alpen.de, info@ammergauer-alpen.de.

Blick auf Alpsee, Hohenschwangau und Schwansee.

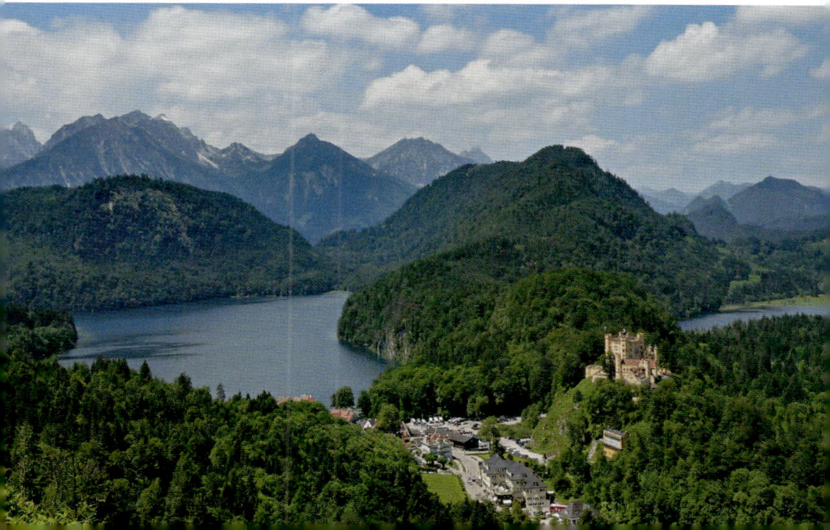

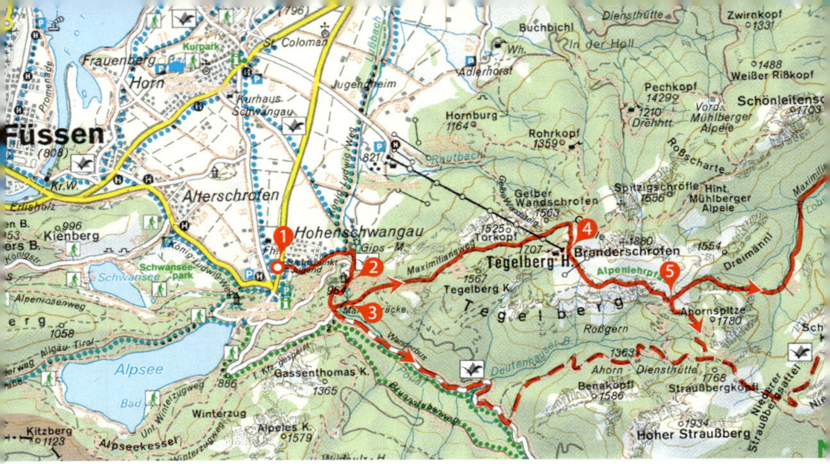

Wir starten unterhalb des Märchenschlosses Neuschwanstein an der **Bushaltestelle (1)**, 790 m, und dem Kiosk. Schräg gegenüber der Haltestelle überqueren wir den Besucherparkplatz und nehmen den Weg in das kleine Waldstück. Nach einigen ruhigeren Serpentinen führt eine Treppe auf den Hauptweg zum Schloss. Hier geht es mit vielen Besuchern aus der ganzen Welt auf einem breiten Spazierweg und entlang verschiedener Gastronomie- und Andenkenbetriebe hinauf zum Märchenschloss **Neuschwanstein (2)**, 964 m – Touristenrummel pur! Wir umrunden das Schloss und gelangen zur gut aus-

Das Tegelberghaus – ein beliebter Aussichtspunkt.

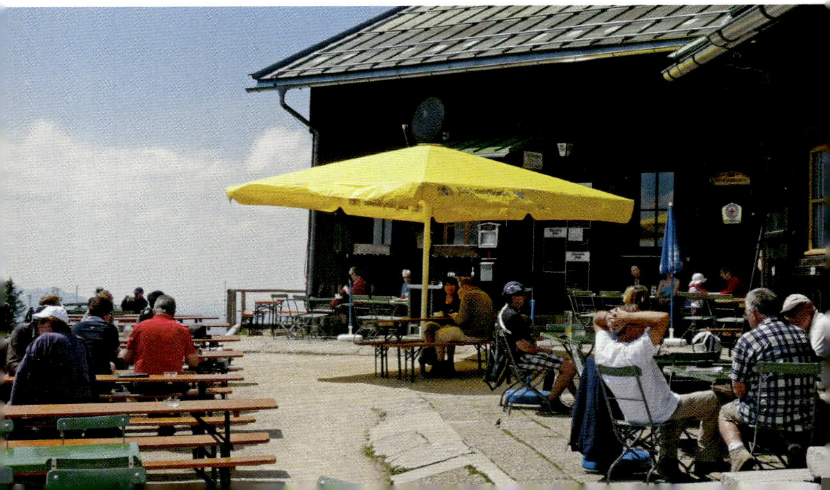

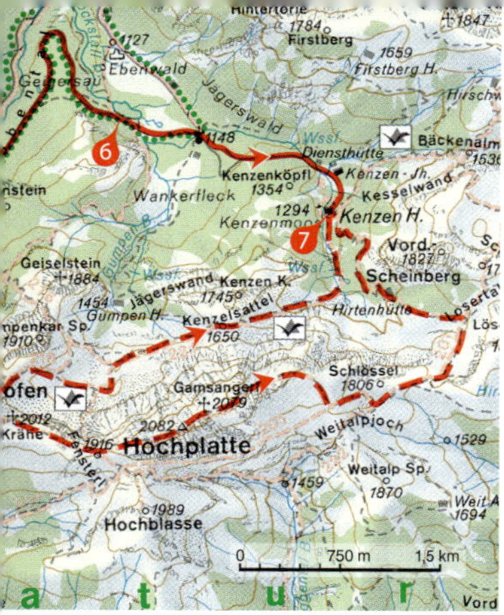

geschilderten **Marienbrücke (3)**, 984 m, über der spektakulären Pöllatschlucht. Hier lassen sich Hochzeitspaare fotografieren und hier sind Filmteams aus der ganzen Welt unterwegs. Kaum hat man die Marienbrücke überquert, trennen sich Spreu und Weizen, sprich Tagestouristen von Wanderern, und man genießt wieder die Bergwelt. Ein schmaler Pfad mit vielen Kehren führt hinauf zum Tegelberghaus. Je nach Größe des Rucksacks und persönlicher Kondition dauert der Aufstieg zwei bis drei Stunden, wobei viele magische Blicke auf Neuschwanstein Gelegenheit für einen Verschnaufer auf das Bauwerk bieten. Wir erreichen über die Skipiste das **Tegelberghaus (4)**, 1707 m, eine beliebte Panoramastation, die auch gerne von den Gleitschirmfliegern als Startpunkt genutzt wird. Von hier aus schaut man weit in die Ammergauer Alpen hinein mit ihrer faszinierenden Bergwelt. Auf dem Naturlehrpfad, dem früheren bereits von Maximilian angelegten »Ahornreitweg«, gehen wir ab jetzt leicht bergab. Zunächst queren wir die Südseite des Branderschrofen und gelangen an eine Wegkreuzung auf einer kleinen Lichtung mit Wiese unterhalb des **Branderflecks (5)**, 1620 m. Links führt ein Weg mit einigen Biegungen hinunter in das Lobental. Nach zwei Kilometern überqueren wir auf einer Brücke den Bach und erreichen auf der Forstpiste den **Bockstallsee (6)**, 1148 m. Wir lassen

i ***Ammergauer Alpen:*** *Das Ammergebirge ist eine Gebirgsgruppe der Kalkalpen in Bayern und Tirol und umfasst das relativ kleine Gebiet von etwa 30 x 30 km, unmittelbar am Alpenrand beginnend. Der höchste Gipfel ist der Daniel mit einer Höhe von 2340 m. Lage und Höhe eignen sich bestens für durchschnittliche Bergwanderer. Geologisch sind die Ammergauer Alpen zum großen Teil aus Hauptdolomit aufgebaut, der markante Gipfel wie die Kreuzspitze bildet. Im nördlichen Teil der Ammergauer dominiert Wettersteinkalk, woraus die Hochplatte und der Säuling aufgebaut sind. Das Hörnle hingegen besteht aus Flysch, der wegen seiner Erosionsanfälligkeit runde, häufig bis oben bewaldete Berge mit Mittelgebirgscharakter herausbildet. Das Ammergebirge ist ein relativ naturnahes, wenig erschlossenes Gebirge mit sehr geringer Bevölkerungsdichte geblieben. Es ist das größte bayerische Naturschutzgebiet. Gegenwärtig wird die Ausweisung eines Nationalparks im Ammergebirge diskutiert. Als Kerngebiet sind etwa 23.000 ha Fläche aus dem Besitz des Freistaates Bayern vorgesehen.*

den See hinter uns und kommen zur Wankerfleck-Kapelle an der Kenzenstraße, der man bis zur Kenzenhütte folgt. Wer Lust hat, geht parallel auf dem Wanderweg, der teils recht reizvoll am Bach mit dem Kenzenwasserfall verläuft. Schließlich erreichen wir die privat betriebene **Kenzenhütte (7)**, 1285 m.

Variante Schwangau – Ahornsattel – Kenzenhütte (schwer):
Landschaftlich äußerst reizvoll, »berglerischer« und weniger begangen ist der Weg über den Ahornsattel zur Kenzenhütte. Hier sind allerdings inklusive der Gegenanstiege etwa 1500 Höhenmeter zu überwinden, ein Weg für Konditionsstarke und demzufolge als »schwer« eingestuft, jedoch ohne ausgesetzte oder anspruchsvolle Stellen. Entsprechend sollte man zeitig losgehen, vor allem im Frühjahr oder im Herbst, und die Tageslänge berücksichtigen. Bei der **Bushaltestelle**, 790 m, unterhalb der Königsschlösser geht's los. Wir überqueren den Besucherparkplatz schräg links gegenüber und gehen in einigen Kurven auf dem geteerten Weg hinauf, entlang von Kiosken und vielen Besuchergruppen. An der **Marienbrücke**, 984 m, die wir nicht überqueren, setzen die Teerstraßen zur Bleckenau an. Hier nehmen wir den linken Weg, der uns nach zehn Minuten über die Pöllat führt. Das kaum befahrene Sträßchen zieht leicht bergan und etwa 45 Minuten nach der Marienbrücke beginnt eine Schotterpiste. Wir gehen nun auf dem Abzweig, ca. 1100 m, nach links bergan und folgen dem breiten »Naturlehrpfad Ahornreitweg«, an dem gleich zu Beginn an einer Baumscheibe das Wachstum mittels der Jahresringe dargestellt ist. Der Weg verjüngt sich ab einer Forsthütte. Etwa eine Stunde nach Beginn des Lehrpfads treffen wir auf den Abzweig zum Ahornsattel (Wegweiser, 1400 m). Hier geht es nach rechts auf einem schmalen Bergfad, der schnell an Höhe gewinnt. Nach eineinviertel Stunden erreichen wir nach schweißtreibendem Aufstieg und tollen Ausblicken auf den Geiselstein und den Straußberg zunächst den **Ahornsattel**, 1650 m, eine halbe Stunde später durch die Senke und mit leichtem Gegenanstieg den **Niederstraußbergsattel**, 1616 m. Hier weisen Schilder bereits Richtung Kenzenhütte. Zunächst gehen wir nach links und folgen dem hangparallelen Weg, der prächtige Ausblicke auf die Rückseite des Tegelbergs mit den Gleitschirmfliegern und dem Forggensee bietet. Schließlich steigen wir auf einer Etappe

Gleitschirmflug bei bester Thermik.

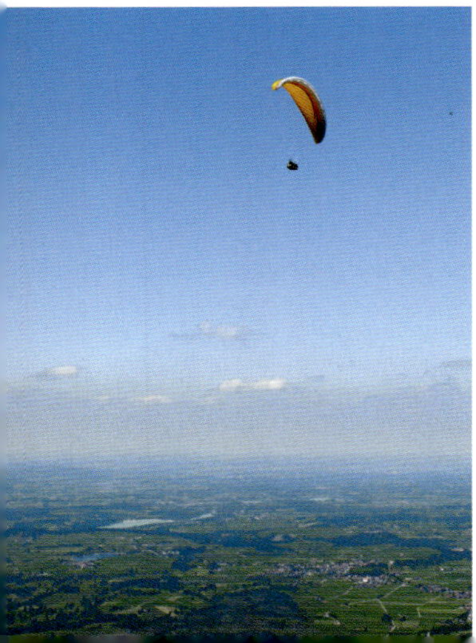

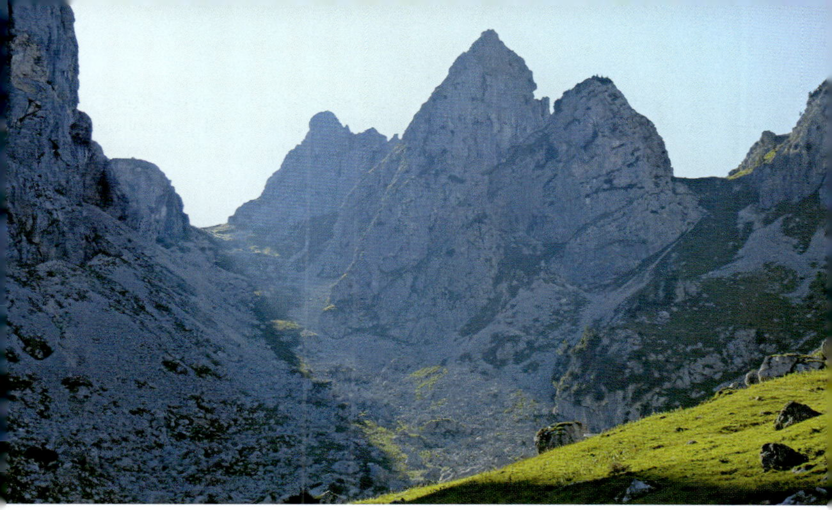

Blick zurück auf den Gabelschrofensattel.

mit Serpentinen hinauf zum **Gabelschrofensattel**, 1940 m, wo sich eine Pause anbietet. Von hier sind es noch zweieinhalb Stunden zur Kenzenhütte durch Kalkgestein und mit Latschen bewachsenes Karstgelände. Auf dem sehr gerölligen Abstieg durch das Kar rächt sich zu leichtes Schuhwerk! Anderthalb Stunden nach dem Gabelschrofensattel kommen wir nach steilem Ab- und sanftem, kurzem Gegenanstieg zum **Kenzensattel**, 1650 m. Wir steigen durch offenes Gelände ab zum Bachlauf, den wir auf einer kleinen Brücke queren. Nach der Brücke halten wir uns links und tauchen in den Wald ein. Eine Stunde nach dem Kenzensattel haben wir die **Kenzenhütte** erreicht.

Variante über Krähe und Hochplatte zur Kenzenhütte (schwer):
Wir haben mit der vorigen Variante oder kraftsparend mit Seilbahnhilfe letztlich den **Gabelschrofensattel**, 1940 m, erreicht. Von hier geht es nach rechts auf einer schmalen Spur in eine steile Rinne, durch die man unter leichtem Einsatz der Hände auf den Gipfel der **Krähe**, 2012 m, kommt. Nun geht es hinüber zur Hochplatte, zunächst leicht bergab und durch ein Loch im Felsen, das »Fensterle«, 1916 m. Von hier an gehen wir wieder bergauf und entlang einer gesicherten Passage vor dem Gipfel. Nach dem Gipfelkreuz der **Hochplatte**, 2082 m, geht es zum **Gamsangerl**, 2079 m. Am Grat steigen wir am Seilgeländer steil bergab. Den 1808 Meter hohen Schlössel umgehen wir rechts und folgen dem Weg »201« des DAV. Unter dem rechts vom Weg aufragenden Lösertalkopf, 1859 m, erreichen wir eine Wiesensenke. Hier halten wir uns links und steigen zur **Kenzenhütte** ab.

8 Kenzenhütte – Pürschlinghaus

6.00 Std.

↑885 ↓605

Durch die Ammergauer Alpen

Nächste Station der Königsreise ist Linderhof, von wo aus man auf dem Reitweg hinauf zu den Brunnenkopfhäusern gelangt. Der historische Reisebericht enthält ausführliche Naturbeschreibungen des Ammerwaldes und vom Panorama: »Vom Brunnenkopf aus hat man noch schönere Fernblicke als vom Grünten, und wir stiegen umher, so lange es etwas zu sehen gab. Gegen Nordost sahen wir über schwarze Berge hinweg ganz deutlich den Ammersee und Starnbergersee; auf der anderen Seite tauchten die Blicke in das malerische Bergtal hinab, durch welches die Amper fließt. (…) Von einer Felswand schauten zwei Gemsen ganz gemüthlich auf uns herab, als ob sie wüssten, dass ihnen heute doch keine Gefahr drohte.«

Ausgangspunkt: Kenzenhütte, 1285 m.
Anforderungen: Lange, »berglerische« Etappe mit mäßigem Auf und Ab auf dem Grat und einigen leicht ausgesetzten Stellen. Schmale Bergpfade, bei Nässe unangenehm. Bei Schlechtwetter besser auf der Variante nach Linderhof.
Einkehr: Brunnenkopfhäuser.
Unterkunft: Brunnenkopfhäuser (DAV), 36 Schlafplätze (nur Lager), Tel. +49/175/6540155 oder +49/160/93851270, nur Onlinebuchungssystem, für Fragen an das Pürschlinghaus wenden, www.dav-bergland.de/brunnenkopfhuette.html; August-Schuster-Haus (Pürschlinghaus), 66 Schlafplätze in verschiedenen Lagern, Tel. +49/8822/3567, www.dav-bergland.de/augustschusterhaus.html; Gasthäuser in Unterammergau.
Verkehrsmittel: Bahnhöfe der Deutschen Bahn in Ober- und Unterammergau sowie Regionalbusse.
Information: Ammergauer Alpen GmbH, Eugen-Papst-Straße 9a, 82487 Unterammergau, Tel. +49/8822/922740, www.ammergauer-alpen.de, info@ammergauer-alpen.de; Tourist Information Unterammergau, Tel. +49/8822/6400.

Bei der West-Ost-Durchquerung der Ammergauer Alpen bieten sich verschiedene Möglichkeiten. Die hier vorgestellte Variante ist landschaftlich sehr schön und eines der »Filetstücke« des Maximilianswegs. Der Weg über die Klamm-

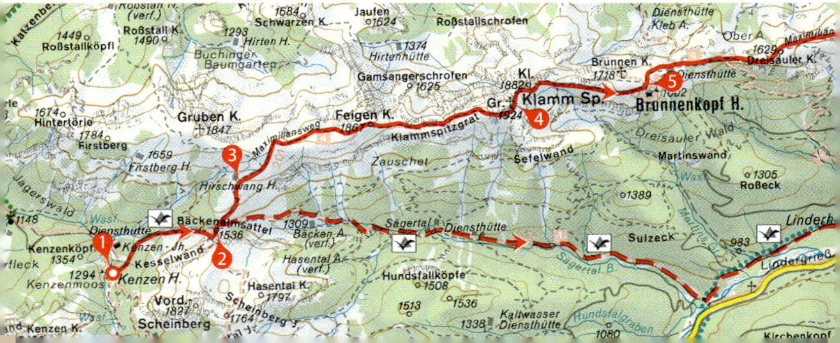

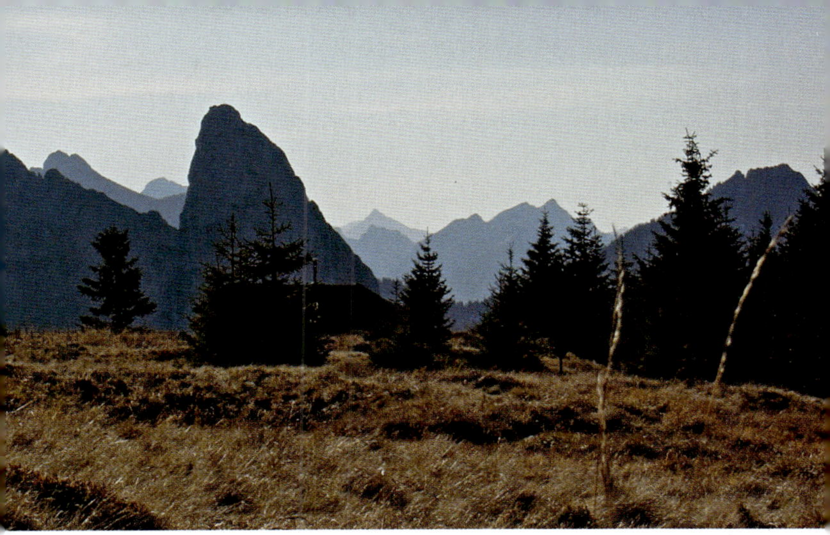

Blick auf den markanten Geiselstein.

spitze bietet tolle Ausblicke vom Gratweg aus und auch die wenigen leicht ausgesetzten Stellen sind für normale Wanderer gut zu bewältigen.
Direkt gegenüber der **Kenzenhütte (1)**, 1285 m, startet von der Fahrstraßeweg schräg nach links hinauf der Weg zum **Bäckenalmsattel (2)**, 1536 m. Es geht eine dreiviertel Stunde kontinuierlich mit mittlerer Steigung und zum Teil schattig hinauf bis zum Sattel, wo sich auch ein großer Wegweiser befindet. Steil geht es nach links auf einem schmalen Pfad hinauf zu der auf einer großen Freifläche stehenden **Hirschwanghütte (3)**, 1713 m, einer nicht bewirtschafteten kleinen Schutzhütte. Das sehr schön gelegene Hochalmgelände bietet tolle Rundumblicke auf die Ammergauer mit dem markanten Geiselstein. Wir überqueren die durchfeuchteten Almwiesen nach Norden und wandern weiter auf dem Gipfelgrat des 1885 Meter hohen Feigenkopfs, um dann etwa 100 Höhenmeter abzusteigen bis zum Ansatz des Grates der Klammspitze oberhalb des Gamsangerkars. Hier muss man die Hände zu Hilfe nehmen (leichte Kletterei, I) und bewältigt eine kurze, mit Ketten gesicherte Stelle. Der Grat steigt schnell wieder an und kurz darauf geht es hoch zum Gipfel der

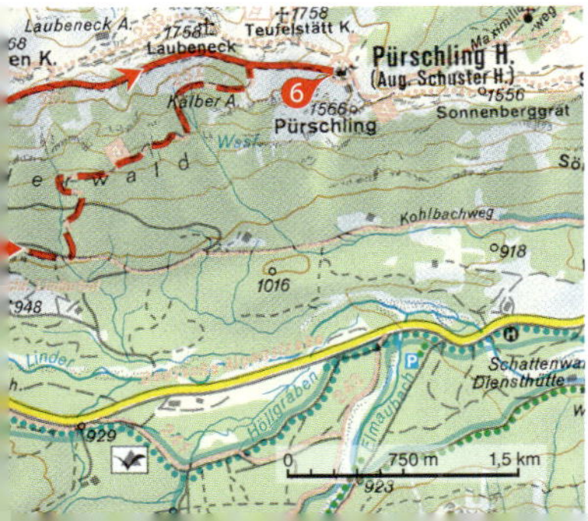

Die privat betriebene ***Kenzenhütte*** *geht in ihren Ursprüngen bereits auf das 16. Jahrhundert zurück, als sie noch eine reine Forst- und Jagdhütte war. Heute gehört sie der »Waldkörperschaft Buching-Trauchgau« und wird derzeit von einem sehr sympathischen Team um Pächterin Franziska Schlögel bewirtschaftet. Auch Ludwig II, der bei seinen zahlreichen Bergausflügen auch in der Kenzenhütte nächtigte, würde es hier heute wohl gefallen.*
Die ***Brunnenkopfhäuser*** *hingegen ließ Maximilian II. im Jahr 1856 mitten im Jagdrevier errichten. Bodenstedt schreibt: »Auf der Höhe des Brunnenkopfs steht, die ganze Aussicht über die Berge beherrschend, ein allerliebst gebautes und eingerichtetes Jagdhaus des Königs mit einem zierlich umzäunten Garten davor, welcher Exemplare von allen Alpengewächsen enthält.« Von seinem Sohn Ludwig stammt das Zitat: »Auf den Bergen ist Freiheit, und überall, wo der Mensch nicht hinkommt. Ich genieße noch ein paar Wochen lang die mir so wohl bekommende kalte Bergesluft vor der unseligen Einkerkerung im wenig geliebten München.« Seit 1922 obliegt die Bewirtschaftung der denkmalgeschützten Häuser der Sektion Bergland des Alpenvereins.*

Klammspitze (4), 1924 m, mit ihrem beeindruckenden, großen Kreuz. Von hier aus geht es in der Tendenz bergab: Erst durch eine kleine Scharte, dann queren wir die Karmulde, die östlich unterhalb des Gipfels liegt. Schließlich erreichen wir die toll gelegenen **Brunnenkopfhäuser (5)**, 1602 m, mit ihrem kleinen Kinderspielplatz. In der Hauptgehrichtung wandern wir zunächst etwa einen Kilometer auf dem »Reitweg« weiter an der Südseite des Klammspitzgrates. Während der Reitweg nach rechts und talwärts nach Linderhof abzweigt (Markierung Nummer 231), gehen wir links weiter und bleiben auf der Höhe. 700 Meter weiter zweigt nochmals ein Weg talwärts nach Linderhof ab, auch hier bleiben wir wieder »oben« und knapp unterhalb des Gipfelgrats. Etwa eineinhalb Kilometer weiter werden wir erneut vor die Wahl gestellt. Nach links hinauf gelangt man auf den Hennenkopf und einen schmalen Gratweg mit grandioser Aussicht. Hier gibt es auch die Möglichkeit, direkt auf dem Grat ein paar Gipfel mitzunehmen, in der Folge Dreisäulenkopf, 1629 m, Hennenkopf, 1768 m, Laubeneck, 1758 m, und Latschenkopf, 1712 m. Bleibt man auf der rechten Variante, wandert man zwar ohne Gipfelgenuss 100 Höhenmeter unterhalb des Grats und parallel zu diesem, wird aber

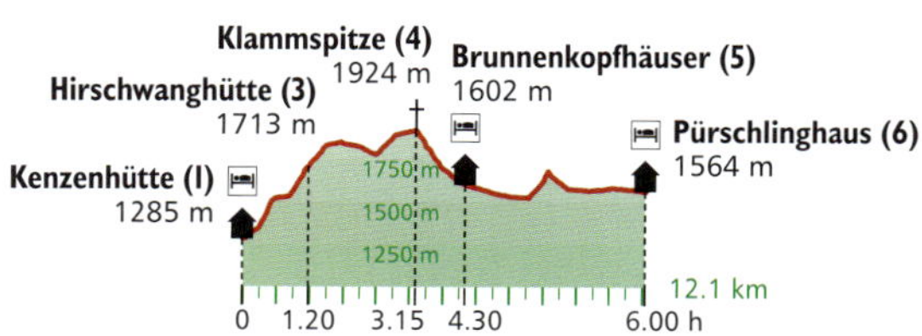

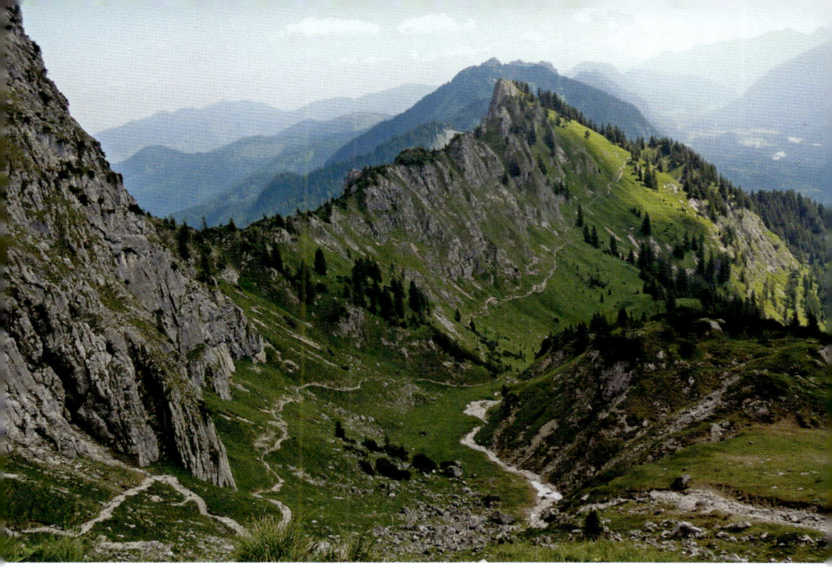

Unterwegs auf dem Kamm in Richtung Brunnenkopfhäuser.

durch einen zauberhaften Wald belohnt. In der Tat ist der Weg durch den Ammerwald ein Genuss, denn manche Bäume sind wirklich uralt, was aus dem hohen Schutzsstatus des Gebiets resultiert. Viele Vogelarten haben hier ihr Revier: Tannen- und Haubenmeise, Spechte, das Wintergoldhähnchen und die Alpenbraunelle. Im Gipfelbereich leben Kolkraben, während

i *Das* ***Pürschlinghaus*** *ist ebenfalls ein altes königliches Jagdhaus. Friedrich von Bodenstedt berichtete über die Zusammenkünfte der Jagdgesellschaften: »Im unteren Teil der Jagdhütte wurde Feuer angemacht, welches aber nicht recht brennen wollte, dagegen die Hütte mit einem augenbeizenden Qualm anfüllte. Nur die unverwüstlichen Augen der beiden Hauptjäger der Gesellschaft (...) schienen von dem Qualm nichts zu spüren, der noch durch das Rauchen aus kurzen Jagdpfeifen vermehrt wurde. Die beiden wetterfesten Jäger schienen auch keine Müdigkeit zu verspüren, denn sie unterhielten sich noch lange über allerlei Jagdabenteuer, welche sie früher auf dem Brunnenkopf – einem Hauptpunkt für die Gamsjagd – erlebt, und als endlich die Müdigkeit über meine schmerzenden Augen den schweren Sieg davontrug (...), hörte ich noch, wie meine Nachbarn darüber stritten, ob im bayrischen Gebirge auch Steinhühner vorkämen oder nicht.« Seit 1919 kümmert sich die Sektion Bergland des DAV um das Jagdhaus, sanierte die Gebäude und benannte die Hütte zu Ehren des Gründers der Sektion in August-Schuster-Haus um.*

der Fichtenkreuzschnabel und der Zwergschnäpper ebenfalls bevorzugt im Wald anzutreffen sind. Aus dem Wald heraus ergibt sich ein spektakulärer Blick auf die nächste Unterkunft, das **August-Schuster-Haus** / **Pürschlinghaus (6)**, 1564 m, mit seiner großen Aussichtsterrasse.

Variante nach Linderhof:
Bei Nässe oder Nebel empfiehlt sich eine andere Route, denn dann kann der Weg über die Klammspitze sehr unangenehm sein. Zunächst wählen wir den gleichen Anstieg von der **Kenzenhütte** bis zum **Bäckenalmsattel**. Von hier gehen wir geradeaus weiter durch das stark verkrautete Gelände der aufgelassenen **Bäckenalpe**. Nun geht es kontinuierlich und ohne ausgesetzte Stellen bergab. Die erste Hälfte des Abstiegs bewegen wir uns auf schmalem und teils durchfeuchteten Bergwanderweg, dann auf einem Forstweg und überqueren den Sägertalbach auf Trittsteinen. Nach anderthalb Stunden Abstieg zweigen wir noch vor Erreichen der Talstraße nach links auf den Radweg nach Linderhof ab. Nach einer weiteren halben Stunde erreichen wir das weitläufige Gelände von **Schloss Linderhof**, 943 m, einem Tourismusmagneten. Von hier aus bei Schlechtwetter Busverbindungen nach Oberammergau oder alternativ weiter auf dem »Kohlbachweg« und über Graswang und entlang der kleinen Ammer nach Oberammergau.

Feuchtwiesen und alpine Landschaft in den Ammergauer Alpen.

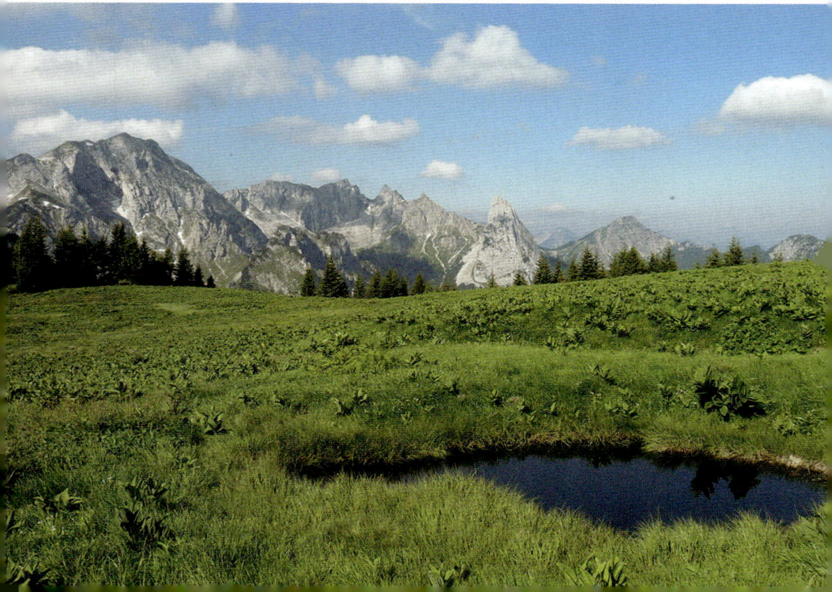

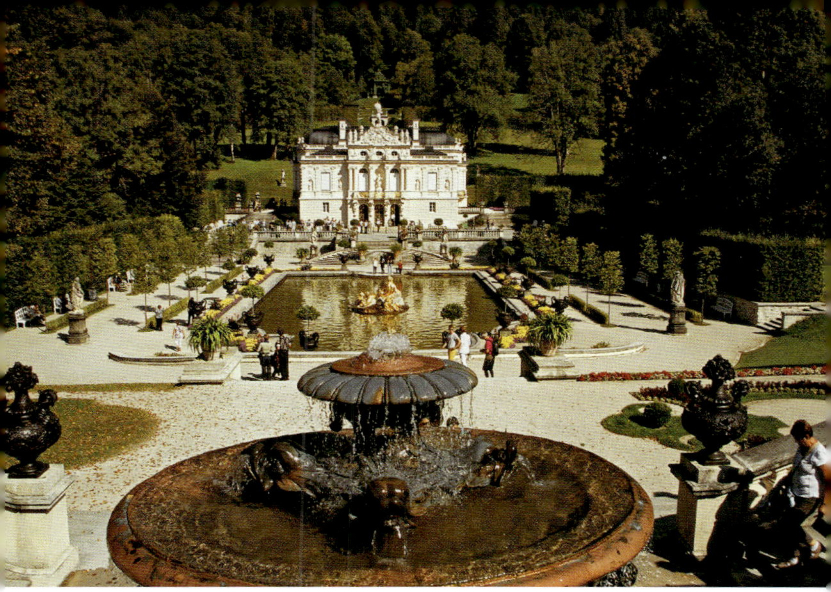

Besuchermagnet Schloss Linderhof.

»Kombi«-Variante aus Berg und Kultur:
Zunächst von der Kenzenhütte über den Bäckenalmsattel, dann auf dem Kamm wie beschrieben zu den Brunnenkopfhäusern. Abstieg auf dem Reitweg nach Linderhof. Weiter im Tal oder nach Talübernachtung doch wieder hinauf zum Pürschlinghaus.

i *Das **Schloss Linderhof** aus dem Jahr 1878 mit seinem englischen Landschaftspark und der Lage im Graswangtal ist einer der kulturellen Höhepunkte des Maximilianswegs und der Endpunkt einer kleinen »Schlösser«-Route. Ludwig II. ließ auf der Basis eines Jagdhauses seines Vaters eine Art Versailles im Kleinformat bauen. Rund um das neobarocke Schlösschen gibt es versprenkelte architektonische Kleinodien, die die Fantasie anregen können. Die Venusgrotte, eine künstliche Höhle mit See, nutzte Ludwig für Fahrten in einem muschelförmigen Boot. Weitere Entspannungsorte für sein persönliches Wellnessprogramm waren der Maurische Kiosk und die Hundinghütte. Reizvolle Ausstattungsdetails von Linderhof sind das legendäre »Tischlein-Deck-Dich«, eine Art Speiseaufzug, und der Spiegelsaal. Besichtigungen des Schlossinneren sind nur mit Führung möglich. Der Park hingegen und das Ambiente sind bei freiem Eintritt zu genießen.*
Von April bis Oktober von 9 bis 18 Uhr; www.schlosslinderhof.de

9 Pürschlinghaus – Eschenlohe

7.45 Std.

↑845 ↓1770

Durch das Murnauer Moos

Um seiner Jagdleidenschaft ausgiebig frönen zu können, ließ König Max II. an mehreren Stellen im Ammergau Stützpunkte errichten – darunter auch eine Hütte auf dem Pürschling genannten Bergrücken. Im Sommer und Herbst 1865 begab sich der Monarch erstmals zu Pferd auf das »allerliebst gebaute Jagdhaus« und bewohnte von nun an die spartanisch eingerichtete Hütte jedes Jahr ein paar Tage im Juni. Sein Sohn Ludwig II., der ihn bald dort oben besuchen kam, verfiel ebenfalls den Reizen des Ammergaus: »Ich kann nicht leben in dem Hauch der Grüfte, mein Atem ist die Freiheit. Wie die Alpenrose bleicht und verkümmert in der Sumpfluft, so ist für mich kein Leben, als im Licht der Sonne, in dem Balsamstrom der Lüfte. Lange in der Stadt zu sein, wäre mein Tod.«

Im Jahre 1919 übernahm die Sektion Bergland des DAV das Jagdhaus samt dem Nebengebäude und richtete es zur Bergsteigerunterkunft her, 1970–1972 erfolgte eine grundlegende Sanierung des Hauses mit seiner spektakulären Lage.

Ausgangspunkt: August-Schuster-Haus (Pürschlinghaus), 1654 m.
Anforderungen: Eine lange Etappe mit zwei längeren Abstiegen. Durch das Murnauer Moos ein längeres Asphaltstück.
Einkehr: Gasthäuser in Unterammergau, Hörnlehütte, Café Habersetzer in Grafenaschau.
Unterkunft: Hörnlehütte, Tel. +49/8845/229, www.hoernle-huette.de, 24 Plätze im Matratzenlager; Gasthäuser und Pensionen in Eschenlohe und Murnau.
Verkehrsmittel: Bahnhof der Deutschen Bahn in Unterammergau und Eschenlohe sowie Regionalbusse.
Information: Gästeinformation Eschenlohe, Murnauer Straße 1, 82438 Eschenlohe, Tel. +49/8824/8228, www.eschenlohe.de, info@eschenlohe.de; Tourist-Information Murnau, Untermarkt 13, 82418 Murnau am Staffelsee, Tel. +49/8841/476240, www.murnau.de, touristinformation@murnau.de.

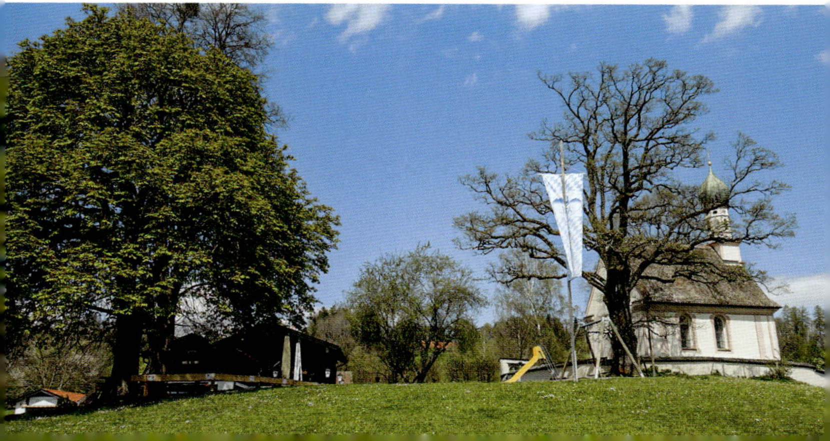

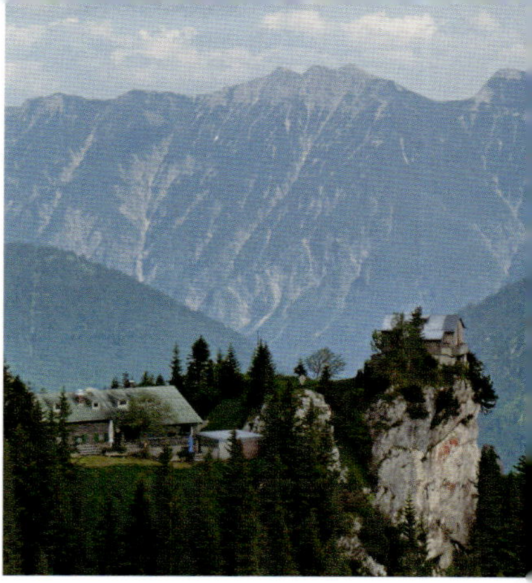

Das Pürschlinghaus in spektakulärer Lage.

Wir starten diesen langen Wandertag auf dem August-Schuster-Haus, 1564 m, das auch als **Pürschlinghaus (1)** bekannt ist. Der Abstieg auf dem breiten Zufahrtsweg des Hauses führt in das Bachtal der Schleifmühlenlaine. Eine hübsche kleine Kapelle liegt am Weg und kurz vor **Unterammergau (2)**, 836 m, gelangen wir durch die Schleifmühlenklamm an einigen Holzschnitzereien vorbei zu einer historischen Wetzsteinmühle mit Informationstafeln und angeschlossenem Gasthaus. Unterammergau litt unter zwei großen Bränden 1777 und 1836. Der Ortsteil Hinterdorf wurde jedoch neu errichtet und steht heute unter Denkmalschutz. Die Wetzsteinmacherei bildete vom 15. bis Mitte des 20. Jahrhunderts neben Land- und Forstwirtschaft die Haupteinnahmequelle des Ortes, vor allem in den Wintern. Das Ortswappen zeigt neben einem Hirsch auch Werkzeuge, Wetzstein und Hammer. Bei der Suche nach Gold und Silber hatte sich herausgestellt, dass bestimmte Gesteine Kieselerde enthielten, die wiederum für das Schärfen geeignet ist. Quarzanteile verhinderten das Brechen der Wetzsteine. Im Jahr 1865 suchte man in 52 Steinbrüchen nach Wetzsteinen und verarbeitete diese vor allem in der Schleifmühlklamm weiter, auch für den Export. 40 Familien in 32 Mühlen lebten im Jahr 1865 von der Herstellung der Wetzsteine neben landwirtschaftlichen Einkünften.

Den Ort durchwandern wir Richtung Norden und erreichen auf dem straßenbegleitenden Weg die **Wallfahrtskirche Kappel (3)**, 859 m. Die idyllisch am Rande Unterammergaus gelegene Wallfahrtskirche Hl. Blut, die im Volksmund liebevoll als »die Kappel« bezeichnet wird, zählt wohl zu einer der ältesten Kirchen im Ammertal und ist dem heiligen Leonhard geweiht. Bereits im 9. Jahrhundert soll sich der aus dem Geschlecht der Welfen stammende Eticho als Einsiedler am Ort der heutigen Kirche niedergelassen haben. Im Inneren der Kirche offenbart sich dem Betrachter eine harmonische Mischung aus Barock und Renaissance, bedeutend sind die Deckenfresken des Oberammergauer Malers Franz Seraph Zwinck (1748–1792), der auch im Ort selbst einige hübsche Lüftlmalereien hinterlassen hat. Hinter der Kirche halten wir uns links bzw. in nördlicher Richtung. Wir gelangen auf dem »Ammertaler Wiesenweg« nach etwa anderthalb Kilometern auf einen rot-weiß-rot markierten Fahrweg,

Das »Ähndl« am Ortsrand von Murnau erreicht man auf dem Moosrundweg (Variante).

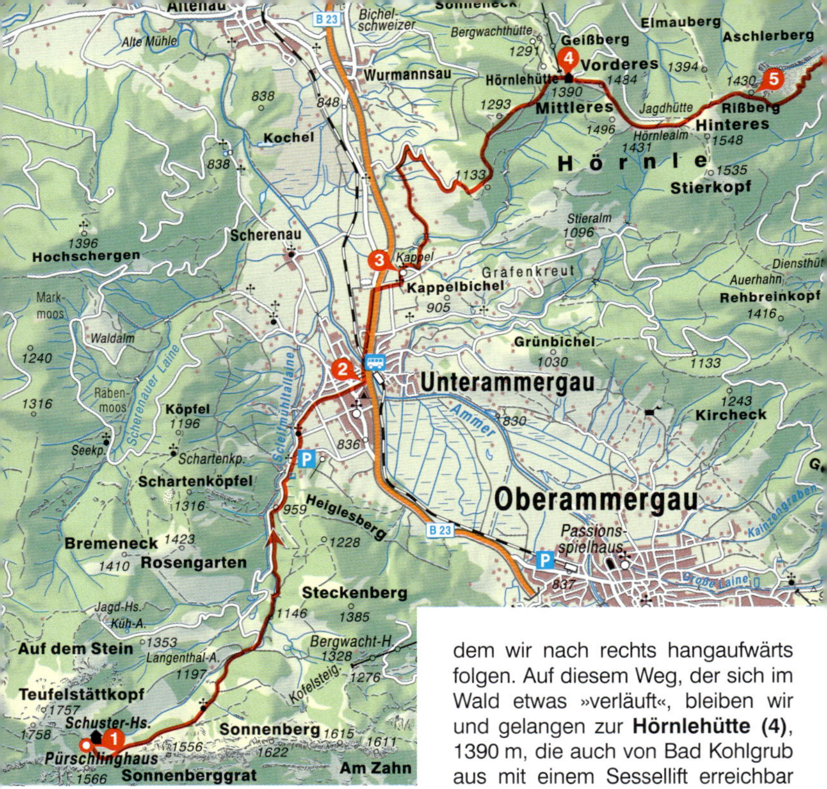

dem wir nach rechts hangaufwärts folgen. Auf diesem Weg, der sich im Wald etwas »verläuft«, bleiben wir und gelangen zur **Hörnlehütte (4)**, 1390 m, die auch von Bad Kohlgrub aus mit einem Sessellift erreichbar wäre. Auch die Hörnlehütte wäre eine Übernachtungsoption, wegen der geringeren Kapazität empfiehlt sich allerdings eine Reservierung. Auf typisch breiten Spazierwegen eines Ausflugsbergs gehen wir leicht bergan Richtung Hörnlealm, 1431 m, und laufen links am Hinteren Hörnle, 1548 m, vorbei, das wir natürlich auch schnell besteigen können. Wir queren nun links die feuchte Wiesenmulde, auf der der »Maximi-

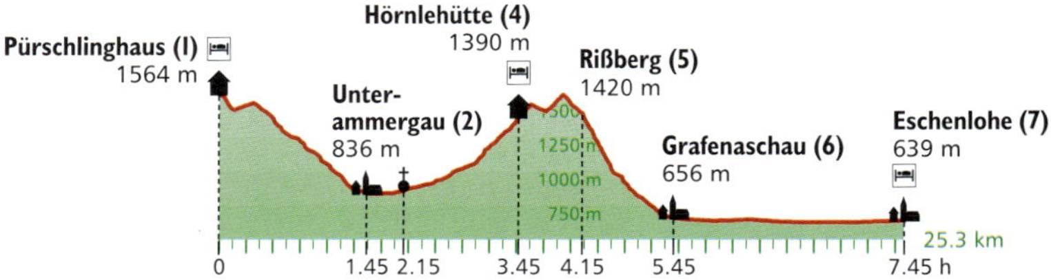

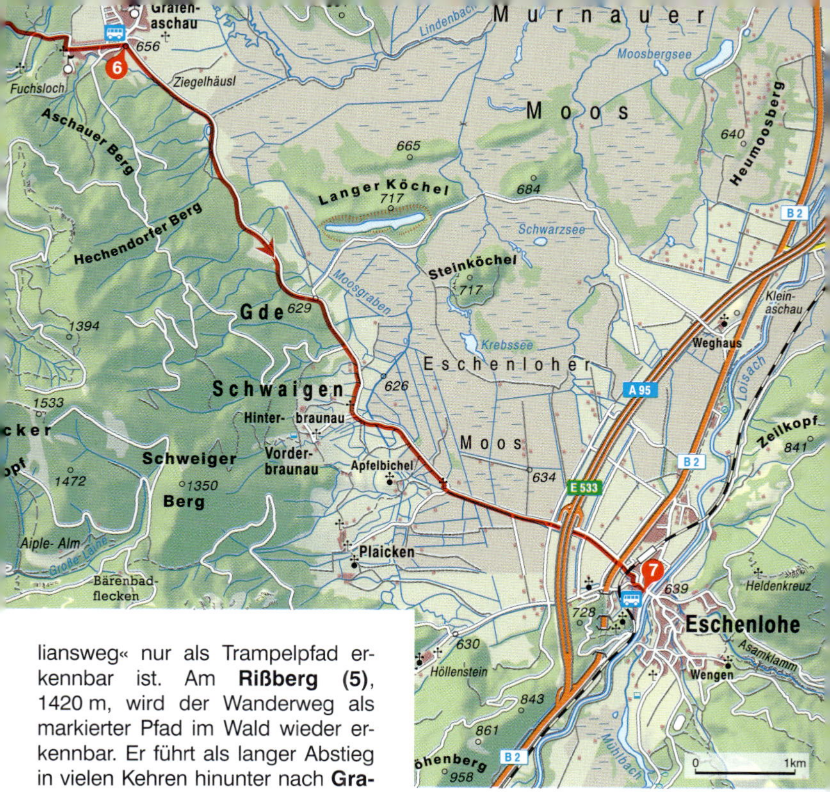

liansweg« nur als Trampelpfad erkennbar ist. Am **Rißberg (5)**, 1420 m, wird der Wanderweg als markierter Pfad im Wald wieder erkennbar. Er führt als langer Abstieg in vielen Kehren hinunter nach **Grafenaschau (6)**, 656 m, das in der Ebene des Murnauer Mooses liegt. Im Ort halten wir uns an der Hauptkreuzung rechts, hier verläuft auch der Bodensee-Königssee-Radweg auf Asphalt und mit nur minimalem Autoverkehr. Der Radweg verläuft am Rande des Murnauer Mooses und bringt uns in zwei Stunden »brettlebenem« Fußmarsch hinein bis nach **Eschenlohe (7)**, 639 m.

i ***Das Murnauer Moos*** *ist eines der bedeutendsten Feuchtgebiete Mitteleuropas. Mit einer Fläche von 30 Hektar ist es das größte zusammenhängende Moorgebiet Bayerns. In der herben Moorlandschaft vor der grandios und im Kontrast zum Flachland aufragenden Alpenkette lassen sich viele seltene Tier- und Pflanzenarten beobachten. In den Sumpf- und Streuwiesen kommen Sumpfgladiolen, Sibirische Schwertlilien und Prachtnelken vor. Wachtelkönige und Wiesenpieper brüten in dem Lebensraum, in dem auch Kreuzottern (!) und 50 Libellenarten vorkommen.*

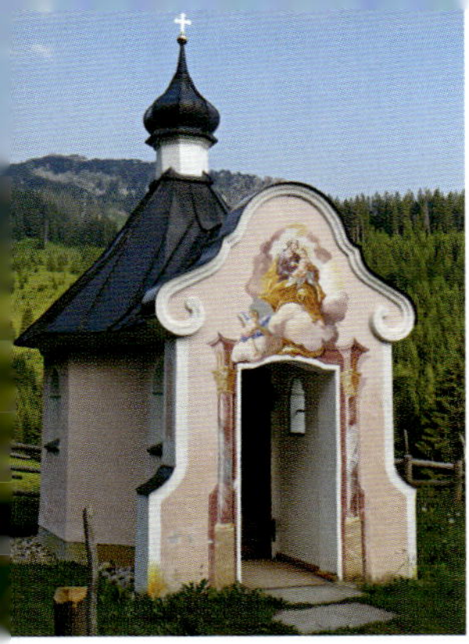

Kapelle mit Lüftlmalerei.

Variante Murnau und der Staffelsee: Das Murnauer Moos ist zwar recht reizvoll, doch zwei Stunden Asphaltmarsch haben es in sich – daher bietet sich eine »asphaltärmere und damit laufwerkschonende« Variante an. Nach anderthalb Kilometern auf dem Radweg führt ein Stichweg nach links ins Moos (Bank, Schild »Landschaftsschutzgebiet«). Nach etwa einem Kilometer trifft er auf den offiziellen »Moos-Rundweg«, der nach Murnau führt. Bei oder nach starkem Regen ist der Stichweg sumpfig, dann lieber bereits in Grafenaschau (WP 6) nach links aus dem Ort Richtung Sportplatz bis zum Beginn des »Moosrundwegs« (breite, sandige Fahrradpiste). Der Moosweg schlängelt sich entlang des Lindenbachs bis zum Ähndl-Kircherl. Ab hier leicht bergan und durch eine attraktive Allee und am Münter-Haus vorbei in die Murnauer Innenstadt bzw. zum Bahnhof. Hier könnte man den Zug oder Bus nach Eschenlohe nehmen ... oder in der reizvollen Umgebung am Staffelsee übernachten. Die Region um den See verbindet Kultur und Natur. Der See mit seinen sieben Inseln gilt dank seines moorhaltigen, flachen Wassers als einer der

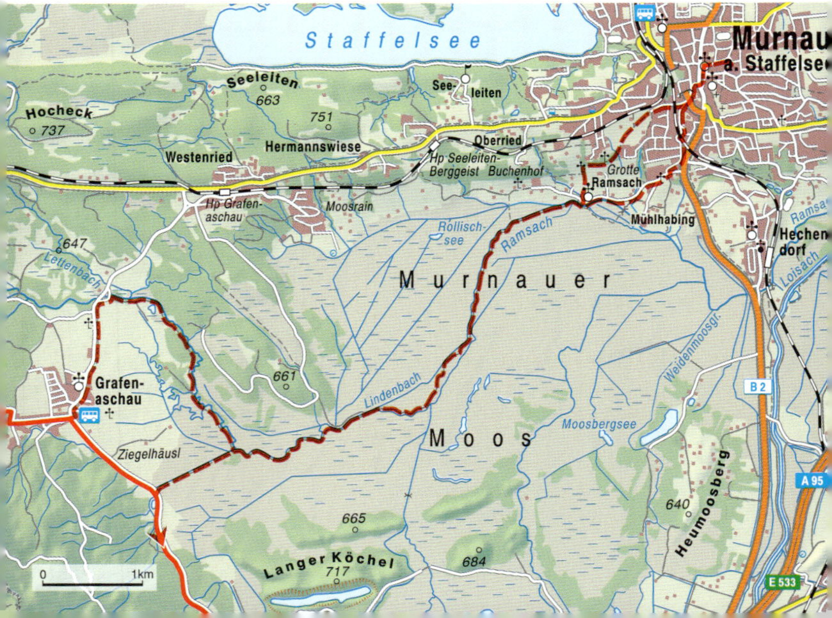

wärmsten Badeseen in Bayern. Direkt unterhalb von Murnau, in einer »Freizeitmeile« mit Minigolf und Biergärten, kommt man zu einem Badestrand mit Liegewiese. Murnau selbst ist mit seinen 12.000 Einwohnern eine attraktive Kleinstadt und Luftkurort und weist einige Sehenswürdigkeiten auf. Rund um das Rathaus in der Fußgängerzone finden sich denkmalgeschützte Häuser mit schönen Fassaden und Wandmalereien. Der Verlauf der Einkaufs- und Fußgängerzone entspricht der alten Römerstraße, die von Augsburg nach Italien führte. Das neugotische Rathaus ist geschmückt mit Fresken und einer Drachen-Darstellung, die auch das Ortswappen bildet. In der Mitte der Marktstraße steht die Mariensäule (17. Jahrhundert). Besonders sehenswert ist das Schlossmuseum mit seinen Gemäldesammlungen, vor allem die Bilder von Gabriele Münter sind umfangreich vertreten. In ihren Werken und in denen von Kandinsky, Macke und Marc spiegelt sich die Wirkung der Landschaft des »Blauen Landes« um Murnau auf die Menschen.

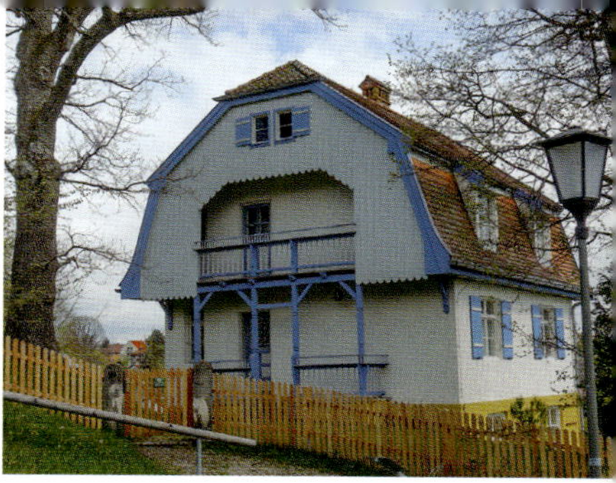

Das Münter-Haus in Murnau.

i **Oberammergau:** *Das Ammertal war schon in römischer und keltischer Epoche ein alter Handelsweg und Siedlungsraum, aber erst mit Gründung des Klosters Ettal kam der richtige Aufschwung. Durch das Kloster Rottenbuch gefördert, entwickelte sich die Bildschnitzerkunst als wichtiges Gewerbe ab dem 16. Jahrhundert. Die Pest der Jahre 1632/33 wütete schlimm in der Region: Daraufhin gelobten die Oberammergauer, alle zehn Jahre die Passion vom Leiden und Sterben Christi aufzuführen. Laienschauspieler lassen sich lange vorher Haare und Bart wachsen, zuletzt prägte der Regisseur Christian Stückl die Inszenierungen entscheidend. Die sechsstündigen Aufführungen zeigen die letzten fünf Tage im Leben Christi. 1748 kam im Ort ein Künstler zur Welt, der die Lüftlmalerei entscheidend prägte, nämlich Franz Seraph Zwinck (Pilatus-Haus in der Ludwig-Thoma-Straße 10). Heute ist Oberammergau einer der bekanntesten Touristenorte Oberbayerns und rund um die Pfarrkirche verkauft man viele Holzschnitzereien. Das Innere von St. Peter und Paul aus dem 12. Jahrhundert besteht lediglich aus Stille, ein angenehmer Kontrast zum Bayern-Trubel draußen. Der Architekt Joseph Schmuzer, Matthäus Günther als Freskenbildner und Franz Xaver Schmädl als Holzbildhauer haben vollendetes Rokoko erschaffen. Von Mai bis Oktober kann man übrigens örtlichen Künstlern im Pilatus-Haus im Projekt »Lebende Werkstatt« bei der Arbeit zusehen. Von April bis Oktober zeigt das Heimatmuseum dienstags bis sonntags in einer modernen Ausstellung Aspekte der Holzbildhauerei und erklärt, wie es zur Lüftlmalerei kam.*

10 Eschenlohe – Herzogstandhaus

5.30 Std.
↑1320 ↓385

Zum Herzogstand

Der heutige Maximiliansweg verläuft auf der Route des Deutschen Alpenvereins weiter nördlich als die Reise Maximilians im Sommer des Jahr 1858. Während der König damals nach Garmisch, Partenkirchen und Mittenwald ritt, wo man die Werkstätten der Geigenbauer besichtigte, starten wir von Eschenlohe aus durch die Bayerischen Voralpen. Dennoch sei ein Blick Bodenstedts auf den höchsten Berg Deutschlands erlaubt: »Was die Blicke zuerst und zuletzt dort fesselt, ist das gewaltige Wettersteingebirge mit seinen schroffen Spitzen, Zinken und Zacken, aus welchen die Zugspitze mit dem Höllenthalferner als höchster Gipfel, neuntausend und einige Fuß hoch, emporragt. Man kann diese phantastisch geschwungenen und zerrissenen Höhenzüge, die mit reichem Geschnörkel verzierten Initialen der baierischen Kalkalpen im Westen nennen, wie die Berge am Königssee die Initialen der östlichen Alpenwelt bilden.«

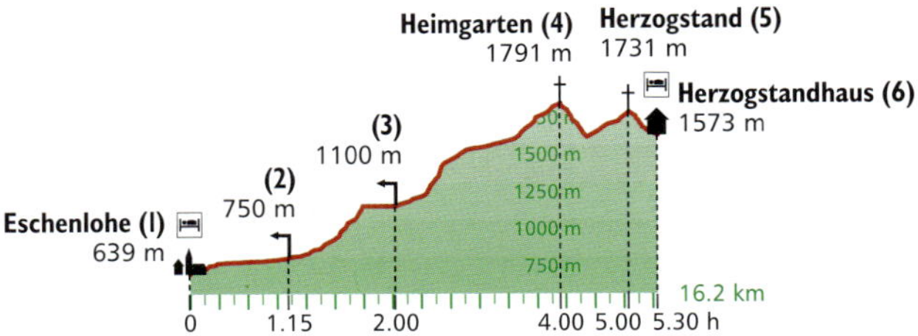

Ausgangspunkt: Eschenlohe, 639 m.
Anforderungen: Zunächst sanft ansteigende, breite Sandstraße. Zum Heimgarten hin knackiger Anstieg. Das Stück vom Heimgarten bis zum Herzogstand verläuft auf einem Gratweg, der gut begehbar ist und an kurzen Passagen Seilsicherungen aufweist. Bei Glätte etwas heikel! Bei Schlechtwetter am besten auf der Variante die Eschenlaine entlang nach Einsiedl.
Einkehr: Heimgartenhaus.
Unterkunft: Herzogstandhaus, ganzjährig bewirtschaftet mit Ausnahme der Monate November und Dezember, 65 Schlafplätze, davon einige in Zimmern, Übernachtung nur nach Voranmeldung, Tel. +49/8851/234, www.berggasthaus-herzogstand.de, s.zauner@berggasthaus-herzogstand.de.
Verkehrsmittel: Herzogstand-Seilbahn, Tel. +49/8858/236; Bushaltestellen in Walchensee-Ort, Urfeld und am Kesselberg; Bahnhof der Deutschen Bahn in Kochel.
Information: www.zwei-seen-land.de; Tourist-Info Kochel am See, Bahnhofstraße 23, 82431 Kochel am See, Tel. +49/8851/338, info@kochel.de; Tourist-Info Walchensee, Ringstraße 1, 82432 Walchensee, Tel. +49/8858/411, info@walchensee.de.

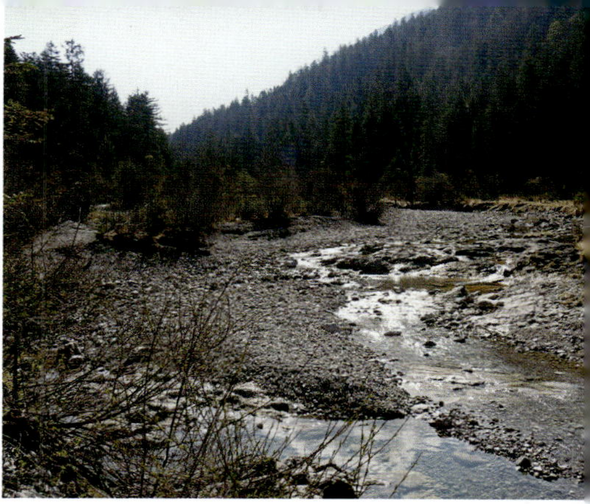

An der Eschenlaine.

In **Eschenlohe (1)**, 639 m, überqueren wir die Loisach und auf einer Asphaltstraße gelangen wir in den Wald und ins Tal der Eschenlaine. Wir passieren einen Wanderparkplatz und halten uns geradeaus. Anderthalb Kilometer weiter zweigt **Weg 404 (2)** links ab, 750 m, mit Verweis auf den Heimgarten. Auf dieser Forststraße wandert man über die Hirschau in das Judental bis zu einer Lichtung. Die neue Wegführung schickt uns nach links in das **Erzlaine-Tälchen (3)**, 1100 m, und wir folgen der Sandstraße bis zu einem Knick nach rechts. Danach bleiben wir geradeaus auf dem alten Viehweg, der schließlich an einer großen Lichtung endet. Hier geht es über die querende Forststraße (links geht es hinunter nach Ohlstadt) und man folgt dem Forstweg, der über die Hohe Filz halb rechts ansteigt. Dieser erreicht über ein paar Kehren östlich unter dem Rauheck den Kamm, 1537 m. Auf dem steinigen Gratweg gelangt man auf den **Heimgarten (4)**, 1791 m, mit seinem Gipfelkreuz. Hier kann man auf den Bänken der Heimgartenhütte weite Blicke über den Walchensee mit seiner beinah »karibischen« tiefblauen Farbe genießen. Von hier aus sieht man sehr gut ins Karwendel und in die Stubaier Alpen mit ihren Dreitausendern. Auch der Wei-

i ***Tradition und Brauchtum:*** *Unser Ausgangsort* ***Eschenlohe*** *ist, wie viele andere Orte in den Alpen, stolz auf seine Tradition und sein Brauchtum. Der Ort blickt auf eine reichhaltige Geschichte zurück und auf eine verkehrsgünstige Lage an der alten Römerstraße seit 200 nach Christus. Der Jahreslauf wird im Ort begleitet von zahlreichen in der Historie wurzelnden Sitten und Gebräuchen. Auf das Winteraustreiben gehen die »Barkdara« zurück. Es handelt sich hierbei um Burschen, die am Tag vor Heilige Drei Könige mit urigen Lauten zur Spende in einen Sack aufrufen. Die »Schellenrührer« hingegen sind in der Faschingszeit unterwegs. Besondere Erlebnisse sind die Bergmessen auf den umliegenden Gipfeln und die Fronleichnamsprozession. An Mariä Himmelfahrt findet die Kräuterweihe statt. Buben tragen eine geschmückte Königskerze (auch Wuler oder Wetterkerze genannt), um die ganz bestimmte Frauenkräuter gebunden werden, wie z. B. das Johanniskraut oder der Mooskolben, zur Weihe in die Kirche. Die Kräuterbüschel werden im Speicher aufgehängt und sollen vor Blitzschlag schützen.*

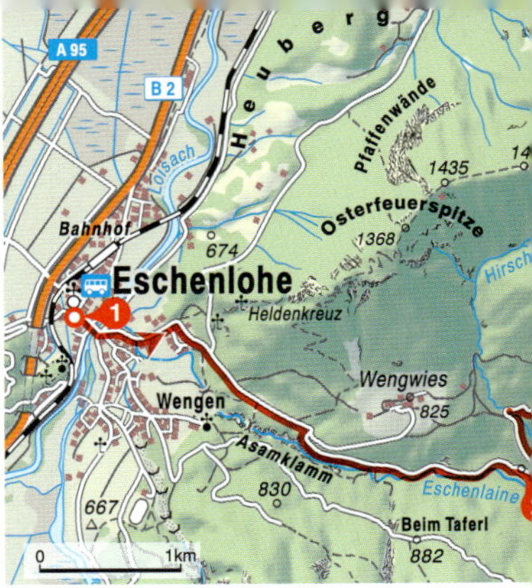

terweg ist gut zu sehen: Mit scharfem Blick kommt sogar der Aussichtspavillon auf dem Herzogstand ins »Visier«. Auf diesem schmalen Grat gehen wir weiter. Nicht abschrecken lassen, der Steig ist gut mit Stahlseilen gesichert, und er sieht schmaler aus, als er ist. Beim Rundblick erkennt man den Kochelsee mit seinem großen Kraftwerk und die Moorgebiete östlich und westlich der Loisach. In einer guten Stunde erreichen wir den **Herzogstand (5)** mit seinem Aussichtspavillon, 1731 m, und von hier sind es nur noch ein paar Kehren abwärts auf einem nun nicht mehr ausgesetzten Weg zum **Herzogstandhaus (6)**, 1573 m. Wem es bis zur Einkehr noch zu lang ist, der macht noch eine Mini-Gipfeltour auf den Fahrenbergkopf, 1627 m, mit seiner kleinen Kapelle und genießt von hier noch einen spätnachmittäglichen Blick auf den Walchensee.

i ***Das Walchensee-Kraftwerk:*** *Das 1924 fertiggestellte Kraftwerk nutzt die 200 Meter Höhenunterschied zwischen Kochel- und Walchensee zur Stromgewinnung. Durch einen 1200 Meter langen Stollen fließt das Wasser in das sogenannte »Wasserschloss«, einen Ausgleichsbehälter. Von hier aus stürzen die Wassermassen durch sechs etwa 450 Meter lange und zwei Meter dicke Rohre hinab zum Kraftwerk, wo riesige Turbinen angetrieben werden, die wiederum mit Generatoren verbunden sind. »Wohin mit all dem Strom«, äußerten sich Politiker skeptisch zu den Plänen Oskar von Millers, der auch das Deutsche Museum begründete. Eine andere Befürchtung war, der auf dem Grund des Walchensees einer Sage nach lebende Riesenwaller (Wels) könnte sich erschrecken und den See zum Überlaufen bringen. Heute betreibt der Energieriese EON das Kraftwerk und informiert in einem Besucherzentrum über Energiegewinnung aus Wasserkraft.*

Varianten: Auf älteren Karten ist noch der frühere Wegverlauf eingezeichnet. Wer den Linksabzweig Richtung Wank quasi links liegen lässt und sich im Wald der Eschenlaine immer geradeaus hält, erreicht nach einem steileren Anstieg den Sattel der **Ohlstädter Alm**, 1423 m. Von hier aus geht es nach links hinauf zum Heimgarten. Auch bei Schlechtwetter beziehungsweise bei einer Talübernachtung kann dieser Weg in Frage kommen. Wandert man vom Sattel der Ohlstädter Alm nach rechts, so führt der Weg in knapp zwei Stunden am Rotwandkopf vorbei und am Deiningbach entlang hinunter zum Ort **Walchensee**.

Vom Heimgarten zum Herzogstand: Der Gratweg ist als dünne Linie erkennbar.

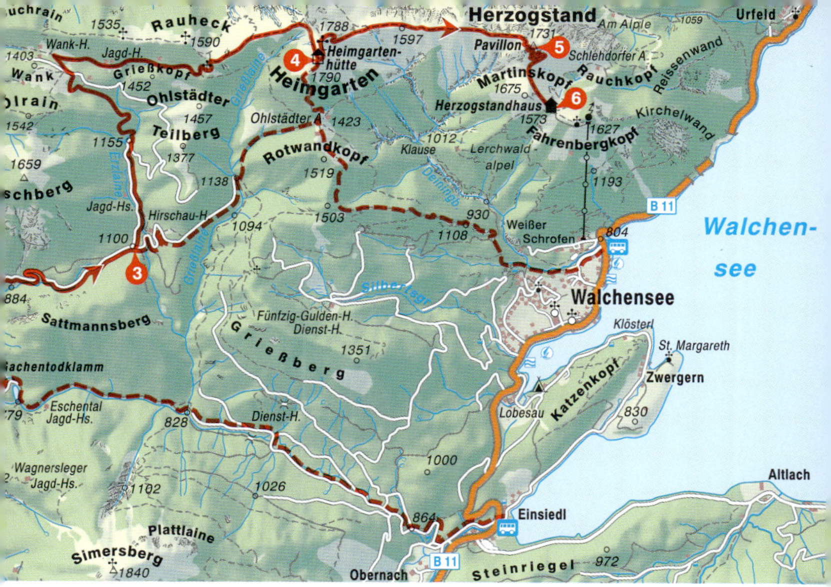

Bei sehr schlechtem Wetter ist man gut beraten, wenn man von Eschenlohe aus einfach im Tal der Eschenlaine auf dem Wanderweg »9« bleibt, der auch von vielen Bikern genutzt wird. Bei moderatem An- und Absteig passiert man die Gachentodklamm und den kleinen »Juchzer«-See und erreicht in etwa drei Stunden das Südwestufer des Walchensees in **Einsiedl**.

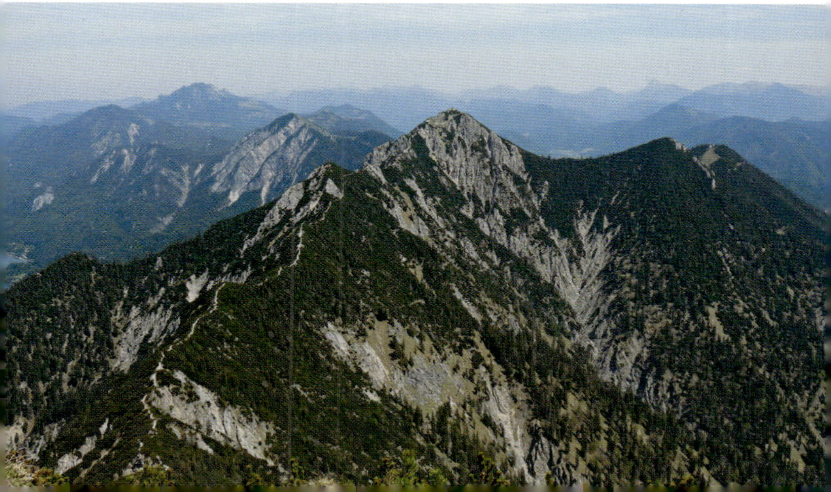

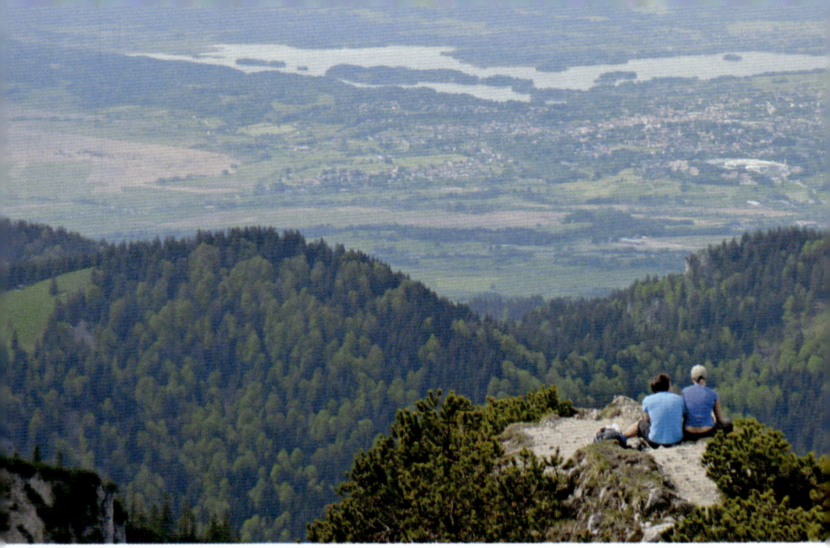

Weite Blicke ins Blaue Land – einfach schauen und genießen.

i **Die Bayerischen Voralpen** gehören zu den Nördlichen Kalkalpen und reichen am Krottenkopf im Estergebirge bis auf eine Höhe von 2086 Metern. Die Loisach im Westen und der Inn im Osten begrenzen den etwa 80 km langen und 20 bis 30 km breiten Gebirgsstock. Nordöstlich des Estergebirges liegt die Gruppe um Herzogstand, 1731 m, und Heimgarten, 1791 m. Der östliche Teil der Voralpen wird als »Mangfallgebirge« bezeichnet, welches die Tegernseer Berge beinhaltet. Hierzu gehört auch das Hintere Sonnwendjoch, das allerdings schon auf österreichischem Staatsgebiet liegt. Zwischen Estergebirge im Westen und Mangfallgebirge im Osten liegt nördlich die langgestreckte Benediktenwand, 1801 m. In diesen typischen »Münchner Hausbergen« hat man nach Süden einen prächtigen Blick auf den Hauptkamm der Alpen, nach Norden blickt man auf das »Blaue Land« mit der zauberhaften Seenplatte von Kochelsee und Walchensee. Müßig zu erwähnen, dass durch die Nähe zu München hier an den Wochenenden und an Feiertagen besonders viele Wanderer unterwegs sind, was zusätzlich durch viele Seilbahnen unterstützt wird.

Der **Herzogstand**, 1731 m, ist einer »der« bayerischen Parade-Aussichtsberge und wegen der Seilbahn vor allem an sonnigen Wochenenden stark frequentiert. Seinen Namen erhielt der Herzogstand im Jahr 1535 von den Bayernherzögen Wilhelm und Ludwig. Maximilian II. errichtete im Jahre 1857 unterhalb des heutigen Herzogstandhauses ein Jagdhaus. König Ludwig II. ließ 1865 das »Königshaus« erbauen. Die Herzogstandbahn führt zum Fahrenbergkopf auf 1627 m. Etwas unterhalb liegt das nach einem Brand 1992 neu erbaute Herzogstandhaus in 1575 m Höhe.

7.30 Std.
↑1030 ↓1280

Herzogstandhaus – Tutzinger Hütte

11

Zur Benediktenwand

Bereits Maximilian II. hatte unterhalb des Herzogstandgipfels ein Jagdhaus erbauen lassen. Sein Sohn Ludwig erbaute im Jahr 1865 das Königshaus an der heutigen Stelle und war dort mindestens 22-mal. 1886 übernahm das Land Bayern und später dann der Alpenverein das Haus. Seit 1992 betreibt die Familie Zauner das nach einem Großbrand wiederaufgebaute Herzogstandhaus mit teilweise komfortablen, großen Schlafräumen in privater Regie.

Ausgangspunkt: Herzogstandhaus, 1573 m.
Anforderungen: Konditionell fordernde Etappe mit einigem Rauf und Runter. Zunächst angenehmer Abstieg, zwischen Staffelalm und Tutzinger Hütte leicht wurzelige Wege, bei Nässe unangenehm.
Einkehr: Jocher-Alm, Staffelalm.
Unterkunft: Tutzinger Hütte (DAV), Tel. +49/175/1641690 (nur Tel., keine SMS), 16 Räume mit 91 Schlafgelegenheiten, durchgehend bewirtschaftet von Mitte April bis Anfang November; www.tutzinger-huette.de (Online-Buchungssystem).
Verkehrsmittel: Bahnhöfe der Deutschen Bahn in Benediktbeuern und Kochel, Oberbayernbus von Kochel zum Walchensee mit Haltestelle am Kesselberg.

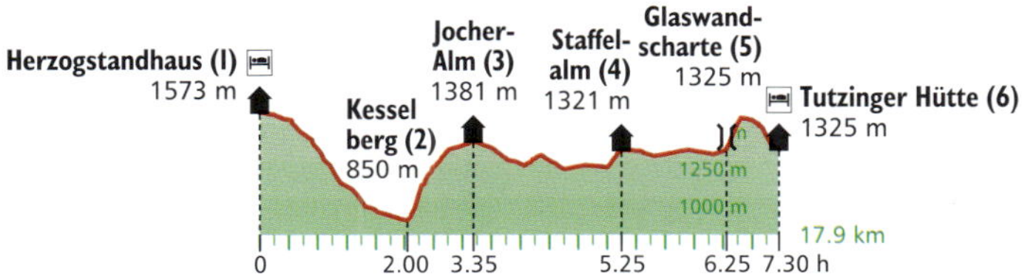

Wunderschönes Gelände im Bereich der Staffelalm.

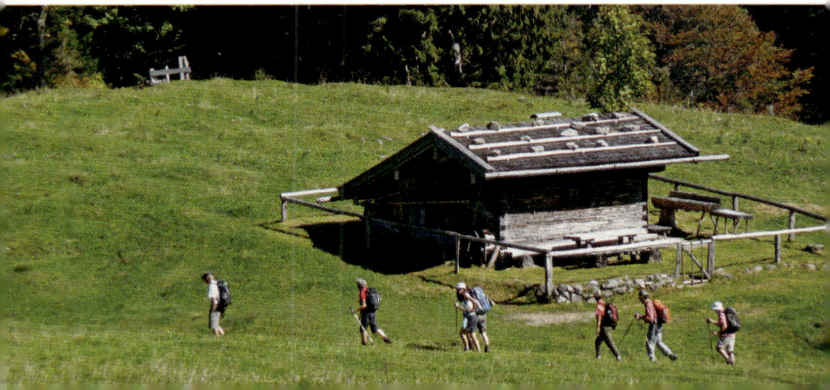

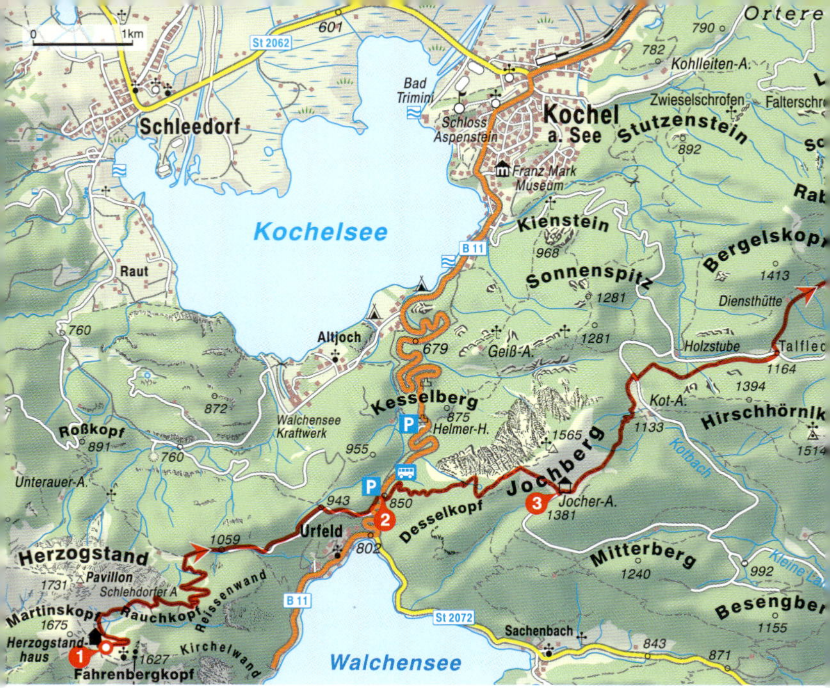

0
1km
St 2062
601
Ortere
790
782
Kohlleiten-A.
Zwieselschrofen
Falterschr
Bad
Trimini
Schloss
Aspenstein
Kochel
a. See
Stutzenstein
892
Schleedorf
Franz Marc
Museum
Kochelsee
Kienstein
968
Bergelskopf
Raut
B 11
Sonnenspitz
1281
1413
Diensthütte
760
Altjoch
679
Geiß-A.
1281
Holzstube
Talflec
1164
872
Kesselberg
875
Helmer-H.
1394
Kot-A.
Hirschhörnlk
Roßkopf
891
Walchensee
Kraftwerk
1565
1133
760
955
Kotbach
1514
Unterauer-A.
943
850
Jochberg
Desselkopf
Jocher-A.
1381
Urfeld
802
1059
Herzogstand
Pavillon
1731
Schlehdorfer A
Mitterberg
1240
992
B 11
Reissenwand
St 2072
Besengber
Martinskopf
Rauchkopf
1675
1155
Sachenbach
Herzogstand-
haus
843
871
1627
Kirchelwand
Fahrenbergkopf
Walchensee

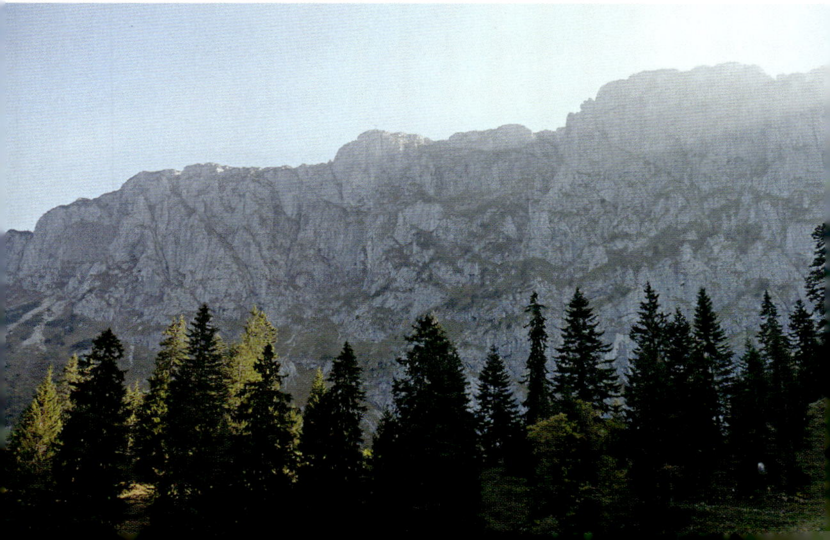

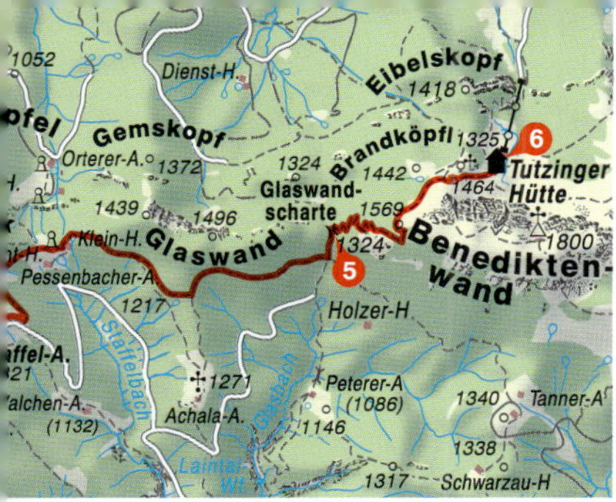

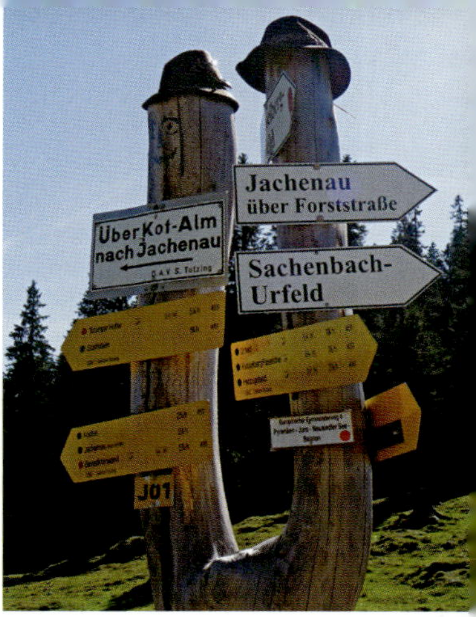

Wegweiser mit Kopfbedeckung.

Dieses recht lange Teilstück des Maximiliansweges führt durch ein sehr reizvolles Stück der Bayerischen Voralpen, mit einigem Auf und Ab und mit oft wechselnden Blickrichtungen. Eine gewisse Abkürzung und Knie-Entlastung könnte der Abstieg mit der Seilbahn mit kurzer Buspassage zum Kesselberg bieten. Wir wandern vom **Herzogstandhaus (1)**, 1573 m, konsequent auf dem breiten Fahrweg in östlicher Richtung hinunter. Die Orientierung ist einfach. Zunächst durch offenes Almgelände, dann durch den Wald erreichen wir auf dem Reitweg die oberhalb von Urfeld gelegene **Senke am Kesselberg (2)**, 850 m. Hier treffen wir auf die vielbefahrene Passstraße, einen Wanderparkplatz und die Bushaltestelle. Gleich gegenüber steht ein Wegweiser und hier setzt der Wanderweg neu an. Von den großzügig angegebenen Gehzeiten lassen wir uns nicht irritieren. Nach einem für den Maximiliansweg beinahe typischen Aufstieg von 500 Höhenmetern auf einem populären und daher breit ausgetretenen Weg gelangen wir in anderthalb Stunden zur **Jocher-Alm (3)**, 1381 m, wo sich eine Rast anbietet. In der bisherigen Gehrichtung marschieren wir nur bis zum Ende des umzäunten Gastronomie-Bereichs weiter, halten uns gleich am Zaun der Jocher-Alm links und queren eine große, durchfeuchtete Wiesenfläche, bevor wir wieder in den Wald kommen. Im Wald geht es steiler hinunter zur Kotalm, 1133 m, an der wir links vorbeigehen. In einer Wiesensenke (Talfleck, 1164 m) folgen wir der Straße zur Kochler Alm, 1173 m. Hier folgt ein sehr hübsches Stück mit Gebirgsbächen und schmalen Wegen. Nach einem kurzen, steilen Anstieg erwartet uns die **Staffelalm (4)**, 1321 m, mit einer bestechenden Lage und tollem Rundumblick. Der Maler Franz Marc war öfter Gast auf der Staffelalm, insbesondere im Sommer 1905, und bedankte sich für seine Einkehr bei Geldmangel mit Wandgemälden. Vor ein paar Jahren wurden die Malereien wieder freigelegt und können gerne im Inneren der Alm besichtigt werden.

Blick auf die Benediktenwand.

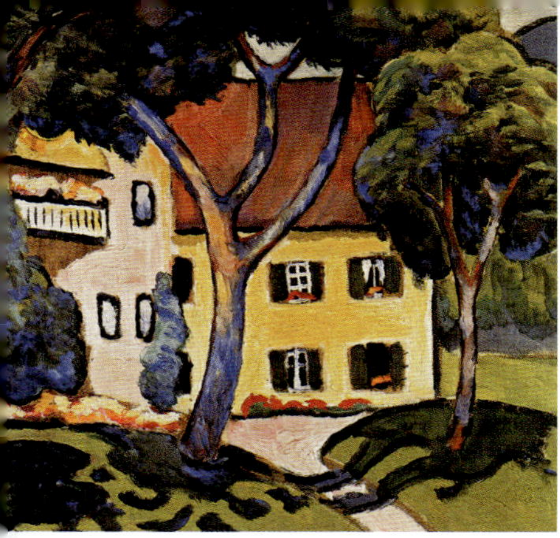

Das »Staudacherhaus« – Gemälde von August Macke.

In etwa höhengleich verläuft der Weg um den Rabenkopf, anschließend quert er die Südseite der Glaswand, 1496 m, und trifft auf eine breite Forstpiste. Dieser folgen wir leicht bergab, links von uns befindet sich der Hang. Nach etwa dreihundert Metern zweigt ein schmaler, von der Jachenau kommender Weg von der Forstpiste ab, er führt nach links steil und entlang größerer Geröllbrocken bis zur **Glaswandscharte (5)**, 1324 m, in den Wald hinauf. Oben auf dem bewaldeten Sattel angelangt, könnte man nach Benediktbeuern nördlich absteigen. Wir halten uns jedoch rechts und steigen in kurzen Kehren auf dem schmalen Bergpfad hinauf. Nach etwa einer halben Stunde verzweigt sich der Weg. Nach rechts geht es weiter hinauf zum Gipfel der Benediktenwand, 1800 m, die Konditionsbolzen bei guten Bedingungen auch noch »mitnehmen«. Wir halten uns hier links und erreichen in einer weiteren knappen halben Stunde mit leichtem Abstieg die komfortabel ausgestattete und toll gelegene **Tutzinger Hütte (6)**, 1325 m, unser heutiges Ziel. Die erste Hütte stand schon 1908 hier. Aber im Jahr 2000 musste die alte Hütte abgerissen und völlig neu errichtet werden. Daher lernt man hier eine der innovativsten Berghütten in Deutschland kennen. Die Wirtsleute bieten auf der Hütte modernen Komfort, die Hütte hat ein ökologisches Energiekonzept und nimmt am Projekt »So schmecken die Berge« teil. Im Jahr 2006 hat die Tutzinger Hütte für die umweltfreundliche Führung das Umweltgütesiegel des Deutschen Alpenvereins erhalten.

***i* Das »Blaue Land«:**

Anfang des 20. Jahrhunderts inspirierte die grandiose Seenlandschaft rund um Kochel-, Walchen- und Staffelsee zahlreiche bedeutende Künstler. In vielen Werken spiegeln sich Begriffe wider wie »Malerwinkel« oder »Blaues Land«. Am Walchensee malte Lovis Corinth etwa 60 seiner Bilder. In der Gegend um den Kochelsee fand Franz Marc zusammen mit einigen bekannten Kollegen der Künstlergruppe »Der Blaue Reiter« wie Wassily Kandinsky oder Gabriele Münter unzählige Motive für viele weltbekannte Werke. Ihm zu Ehren befindet sich das Franz-Marc-Museum heute in Kochel am See, dessen Bedeutung weit über Bayern hinausreicht.

Fast karibisches Feeling – Blick auf Walchensee und Karwendel.

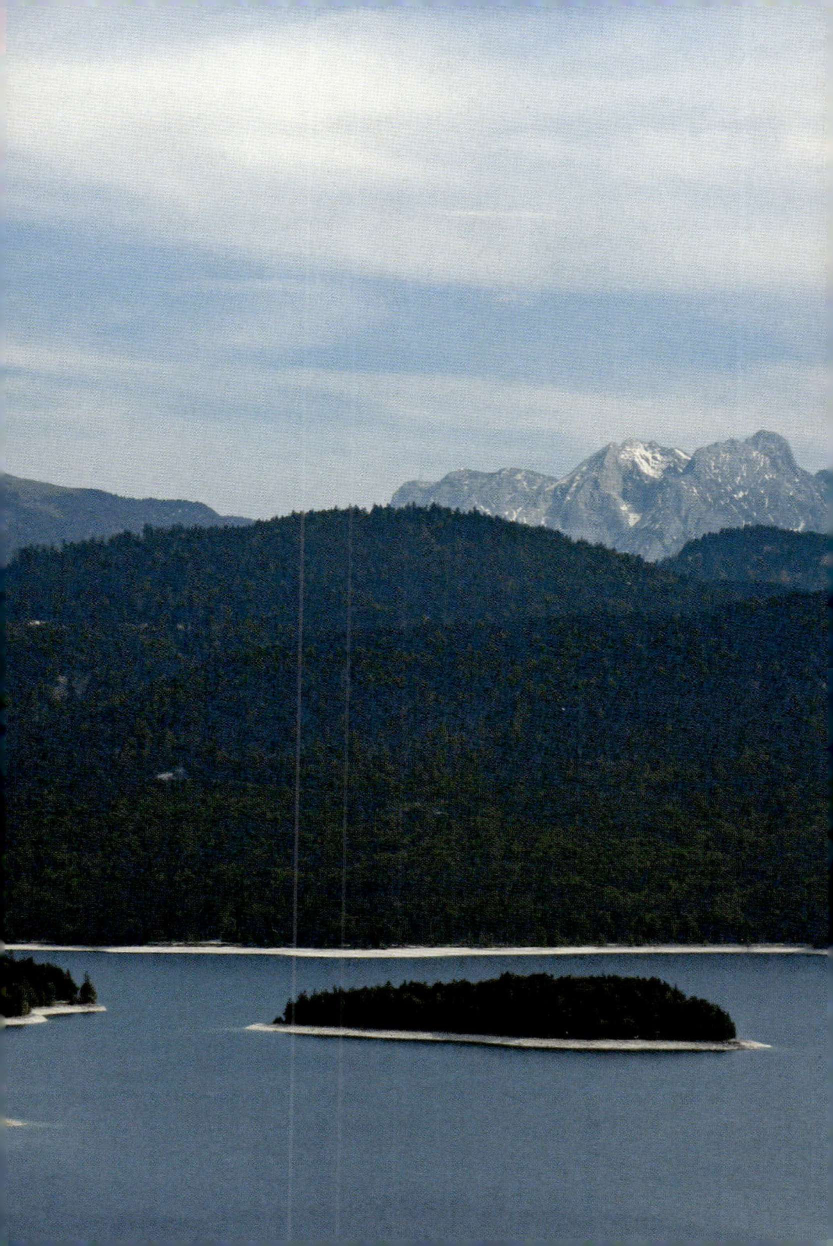

12 Tutzinger Hütte – Lenggries

5.15 Std.

↑460 ↓1105

Über die Benediktenwand

Zwar verlief die königliche Route nicht über die Benediktenwand, sondern durch das Risstal. Eine Hütteninfrastruktur gab es nicht. Doch man wusste sich bezüglich der Mahlzeiten zu helfen. Denn als der Tross um König Maximilian die Berghütten erreichte, war der königliche Mundkoch vorausgeeilt, »um auf einem schnell improvisirten Herde, der fast aussah wie die Bergaltäre, auf welchen die Parzen ihr Feueropfer dem Lichtgotte brachten, das Dinner zu bereiten.« Ein Kuhstall bildete den Rahmen für die königliche Tafel, für die die Tür ausgehebelt wurde, und der Boden wurde mit Heu überstreut. Auch die Kuh erschien, die »nicht wenig erstaunt schien, ihren Platz besetzt zu finden«, so Bodenstedt.

Ausgangspunkt: Tutzinger Hütte, 1325 m.
Anforderungen: Alpiner Charakter. Trittsicherheit und Schwindelfreiheit auf der reizvollen Variante über die Gipfel nötig (kurze Passagen mit Leitern und Seilsicherungen), der Normalweg umgeht diese Abschnitte. Gute »Abstiegskondition« vom Brauneck nach Lenggries notwendig.
Einkehr: Brauneckhaus.
Unterkunft: Hotels und Pensionen in Lenggries. Eine Alternative zur Talübernachtung in Lenggries: Brauneck-Gipfelhaus (DAV), rund 80 Schlafplätze in verschiedenen Räumen, mobile Sauna, ganzjährig geöffnet, Tel. +49/8042/8786. Rund ums Brauneck weitere private Hütten: Florianshütte, Kotalm (www.kotalm.com, Tel. +49/8042/2595).
Verkehrsmittel: Haltestelle der Bayerischen Regiobahn in Lenggries; Regionalbusse in Lenggries.
Information: Gästeinformation Lenggries, Rathausplatz 2, 83661 Lenggries, Tel. +49/8042/5008800, www.lenggries.de, info@lenggries.de.
Tipp: Kabinenbahn vom Brauneck nach Lenggries als Abkürzer. Kein Betrieb in der 3. und 4. Aprilwoche wegen Revision! www.brauneck-bergbahn.de

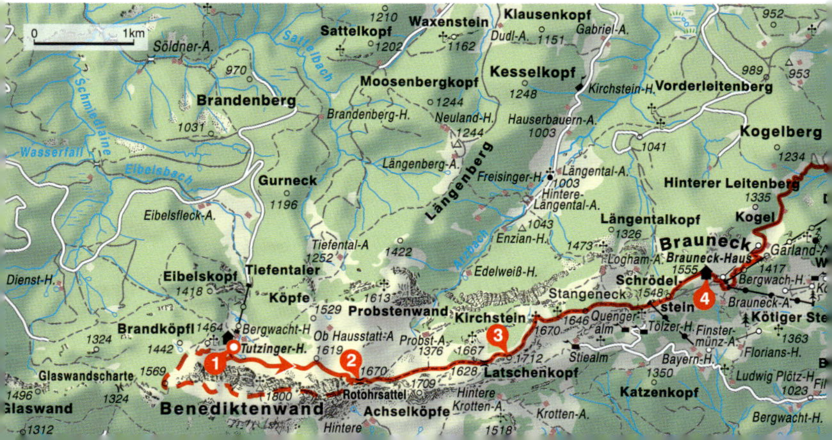

Eins vorweg – diese Etappe gehört zu den landschaftlichen Höhepunkten des Maximiliansweges. Eine so lange Kammüberschreitung gibt es selten in den Voralpen, und mit etwas Glück sehen wir Steinböcke.

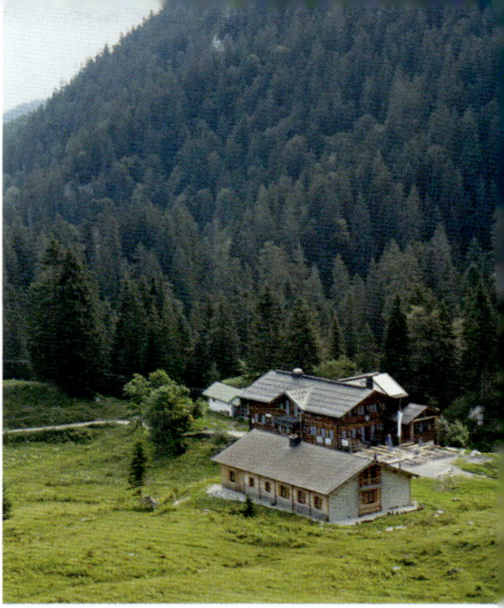

Die Tutzinger Hütte (neu errichtet 2001) mit ihrem Nebengebäude aus dem Jahr 2010.

Wir starten von der **Tutzinger Hütte (1)**, 1325 m, die umweltfreundlich mit Sonnenenergie und von einem Blockheizkraftwerk versorgt wird. Von der Hütte aus steigt der Weg zunächst sanft an. Direkt vor uns liegt der mächtige Fels aus Wettersteinkalk der 1801 Meter hohen Benediktenwand. Nach starken Wintern können hier an der Nordseite noch kleinere Schneefelder liegen. Zunächst geht es von der Tutzinger Hütte in Richtung Wandfuß und dort nach links leicht bergauf zum **Rotohrsattel (2)**, 1670 m. Dort gelangen wir an den gesicherten Stellen vorbei, die wir bei der Gipfelvariante herunterkommen. Wir bleiben aber auf unserem Weg, der sich in leichtem Auf und Ab durch die Latschen windet und kommen zu einer Verzweigung. Rechts hinauf geht es auf schmalem Bergpfad und mit Seilsicherungen über die Achselköpfe weiter, eine Variante für Bergwanderer mit alpiner Erfahrung und Trittsicherheit. Wir halten uns links und erreichen nach zwei Stunden den **Latschenkopf (3)**, 1712 m. Weite Ausblicke belohnen uns, zu unseren Füßen liegen links und rechts grüne Tallandschaften, vor uns führt der Weg durch die abwechslungsreiche Gratzone mit Latschen und kleineren Nebengipfeln, die zur Erkundung herausfordern. Der Gegenverkehr auf unserem Pfad wird langsam stärker – man sieht auch an der Ausrüstung der Wanderer, dass die Bergbahn nicht mehr weit ist. In den Latschen heißt es aufpassen, denn die Hinweisschilder zum Brauneck sind etwas zugewachsen. Wenn man zu weit vom Kamm Richtung Südseite geht, erreicht man das Ziel

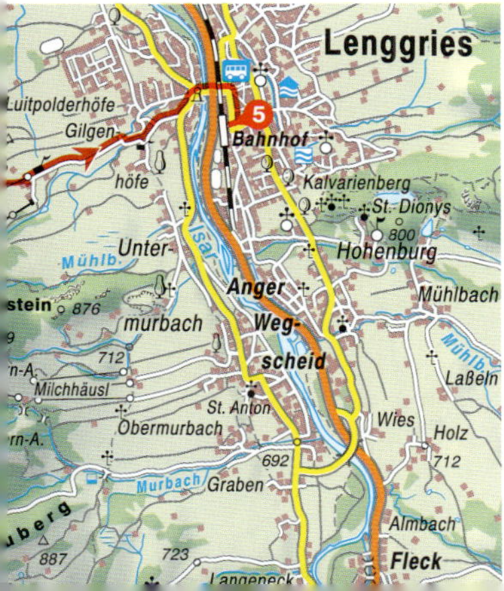

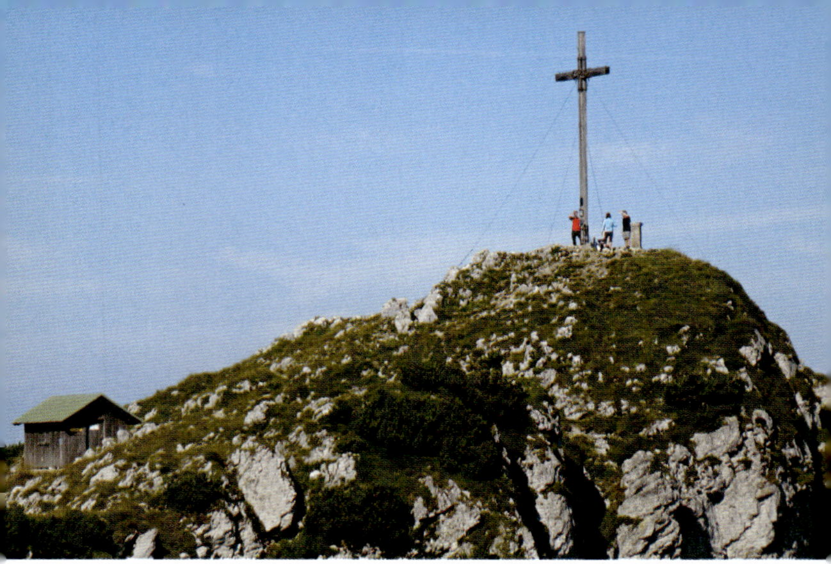

Gipfel der Benediktenwand – links des Gipfels ist die kleine Schutzhütte zu sehen.

über die Stiealm und die Quengerhütte auf teils geteerten Zufahrtsstraßen. Schließlich ist das Gipfelkreuz des **Braunecks (4)**, 1555 m, erreicht. Direkt unterhalb liegt das Brauneckhaus mit seiner Aussichtsterrasse hoch über dem Isartal. Hier starten die Gleitschirmflieger und nutzen die Thermik, im Winter beginnt hier die Skipiste. Wir steigen ab Richtung Garlandalm und gelangen über eine Schotterpiste abwärts zum großen Parkplatz der Seilbahn. Von hier aus sind auch die Isarbrücke und das Ortszentrum von **Lenggries (5)**, 679 m, nicht mehr weit.

Variante über den Gipfel der Benediktenwand (mittel, zusätzlicher Zeitbedarf eineinhalb Stunden):
Vermutlich war es ein Mönch aus dem Kloster von Benediktbeuern, der im Jahr 1348 zum ersten Mal die Benediktenwand bestiegen hatte. Waren Abenteuerlust oder religiöse Gründe entscheidend? Schon seit jeher wird markanten Bergen eine spirituelle Bedeutung beigemessen, was durch den weiten und erhabenen Blick vom Gipfel der Wand belegt wird.
Die Route über den Gipfel sollte man nur bei trockenen Verhältnissen unternehmen. Der Aufstieg über die Westseite ist zwar einfach und wanderbar, doch der Abstieg an der Ostseite kann bei Nässe äußerst unangenehm werden. Zunächst geht es aber von der **Tutzinger Hütte** Richtung Wand und am Abzweig rechts und mäßig steil hinauf. Diesen Weg sind wir von der Staffelalm

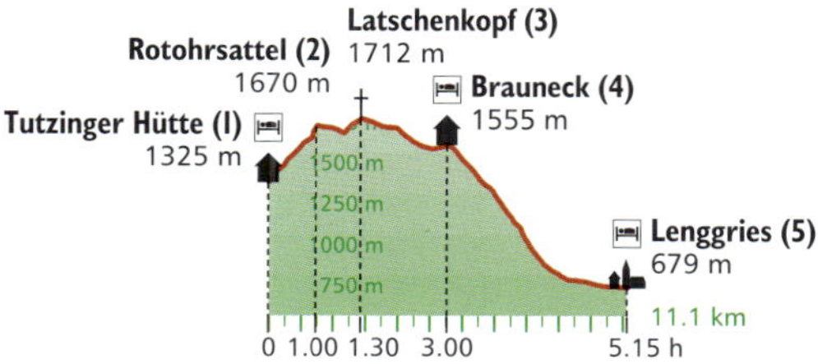

aus am Vortag gekommen. Nach einer halben Stunde erreichen wir die **Verzweigung zum Gipfel**, 1560 m, und halten uns links. Nach einer weiteren halben Stunde erreichen wir nach Wanderung durch die Latschen den höchsten Punkt. Der Gipfel der **Benediktenwand**, 1800 m, ist einer der »Klassiker« der Münchner Hausberge und sicher auch ein Höhepunkt des Maximilianswegs. Vorsicht – der Abzweig zum eigentlichen Gipfel auf dem Plateau war in der Latschenzone zuletzt nicht ausgeschildert, am besten visiert man aus den Latschen heraus den höchsten Punkt an. Vom Gipfel aus tun sich traumhafte weite Blicke auf in Richtung Alpenhauptkamm und zur anderen Seite auf das Fünf-Seen-Land. Knapp unterhalb des Gipfels befindet sich eine Biwak-Hütte. Von oben kommend, setzen wir nach links unseren Weg fort (Wegweiser).

»Gastro-Meile«: Almwirtschaften unterhalb des Gipfelkamms.

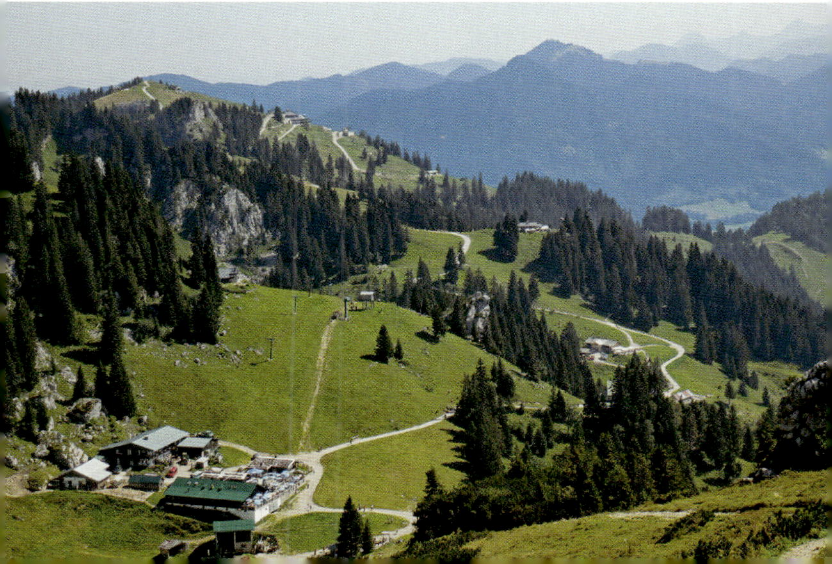

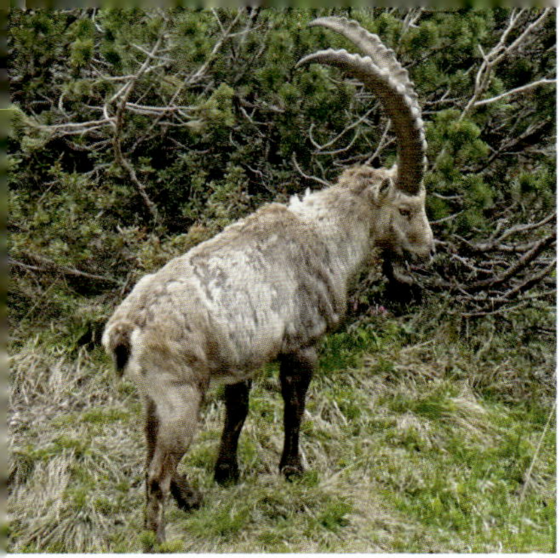

»Freundlicher« Steinbock im Latschendickicht.

Durch welliges Terrain geht es nun tendenziell abwärts mit kleineren Auf- und Abstiegen durch Kalkgestein und Latschen. Schließlich erreichen wir eine Serie von kabelgesicherten Passagen. Diese sind auch mit großem Gepäck gut zu meistern, da man stets einen Tritt findet. Wie bereits erwähnt, kann dieses Stück allerdings bei Feuchtigkeit oder Nebel heikel sein. Am **Rotohrsattel**, 1670 m, treffen wir auf den Hauptverbindungsweg zwischen Tutzinger Hütte und Brauneck und folgen der Beschilderung nach rechts beziehungsweise Osten.

i ***Steinböcke in Bayern:*** *Eigentlich ist der angestammte Lebensraum von Steinböcken in den Zentralalpen. In den 1960er-Jahren wurde ein einzelner verirrter Bock an der Benediktenwand zum Stammvater einer Herde bayerischer Steinböcke. Drei Geißen hatte man ihm eigens aus St. Gallen eingeflogen. Heute liegt die Population an der Benediktenwand bei etwa 70 Tieren. Während der letzten Eiszeit lebten Steinböcke in großer Zahl auch im Tiefland. 17.000 Jahre alte Felszeichnungen in der berühmten Lascaux-Höhle im heutigen Frankreich bezeugen das. Nach der Eiszeit zogen sich die Tiere in die hohen Gebirge der Zentralalpen zurück. Hier hatten Raubtiere kaum eine Chance gegen die geschickten Kletterer, nur der Mensch verfolgte sie. Im Mittelalter sagte man den Steinböcken wegen ihrer Kletterkünste übernatürliche Kräfte nach und die Jagd auf Steinböcke war ein beliebtes Jagdsportvergnügen am Hofe. Heute schätzt man den Bestand im gesamten Alpenraum auf bis zu 80.000 Tiere. Die Kolonie an der Benediktenwand ist allerdings durch Inzucht bedroht, sodass mit »Importen« aus der Schweiz aufgefrischt werden soll. Die bayerischen Steinböcke werden kaum bejagt und sind sehr zahm. An der Benediktenwand machen sie sich sogar nützlich. Das Gebiet um die Probstalm, ein paar hundert Meter unterhalb der Gipfel, ist wegen seiner Flora besonders schutzwürdig. Die Steinböcke beweiden die Wiesen und wirken damit einer Verbuschung der wertvollen Flächen entgegen. Dennoch ist nach Expertenmeinung keines der vier bayerischen Steinbockvorkommen auf Dauer gesichert. Generell fühlen sich die Tiere an sonnenexponierten Südwesthängen am wohlsten, mehrere strenge Winter hintereinander würden den Bestand gefährden. Durch die Klimaerwärmung werden auch die bayerischen Gebirge ein zunehmend freundlicher Lebensraum für Steinböcke, zumal hier auch keine Raubtiere leben.*

6.00 Std.

↑900 ↓850

Lenggries – Tegernsee

13

Von der Isar zum Tegernsee

»Die Berge am Tegernsee, von denen der höchste, der Wallberg, zu dessen Füßen Rottach liegt, etwa sechstausend Fuß hoch aufsteigt, standen alle in Nebel gehüllt, der bis auf die waldigen Hügel herabfiel. Wir ritten von Rottach nach der Kaiserklause, einen Weg so reich an Abwechslung landschaftlicher Reize, dass wir uns trotz des Regens erfreuen konnten.«
Die bei Bodenstedt so gelobte Kaiserklause ist aktuell als »die Valepp« bekannt. Oberhalb des Tegern- und des Spitzingsees gelegen, bieten sich zahlreiche Wander- und Einkehrmöglichkeiten zu allen Jahreszeiten. In der Valepp trafen früher die verschiedensten gesellschaftlichen Schichten aufeinander. Hier verkehrten viele Maler in ihrer Sommerfrische, aber auch Prinzen und Grafen, Sennerinnen und Holzknechte.

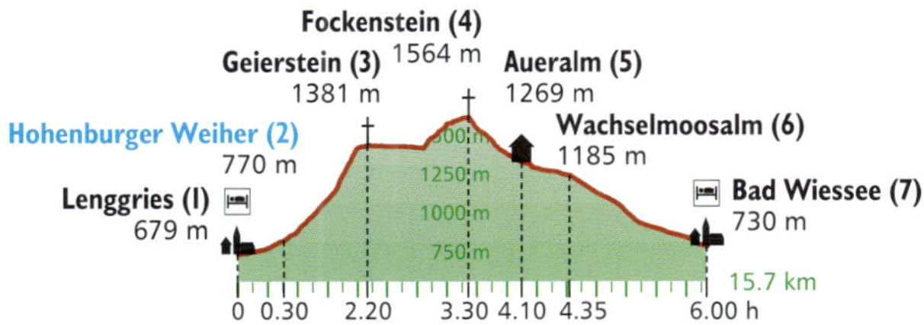

Zum Maximiliansweg gehört auch eine Schiffspassage.

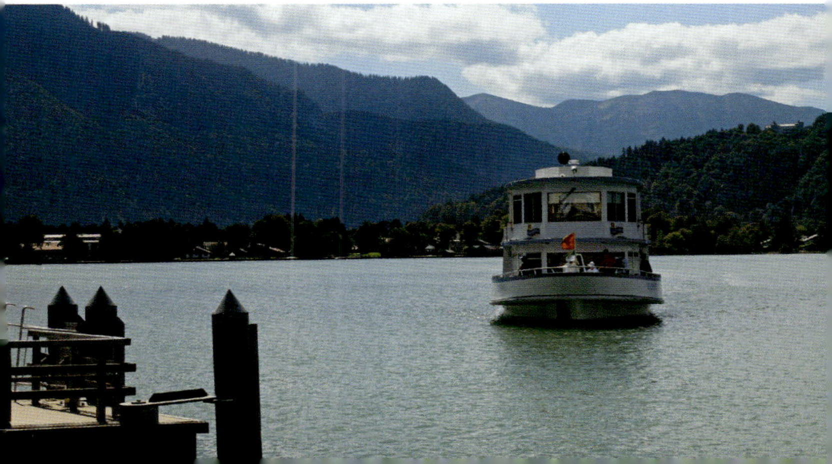

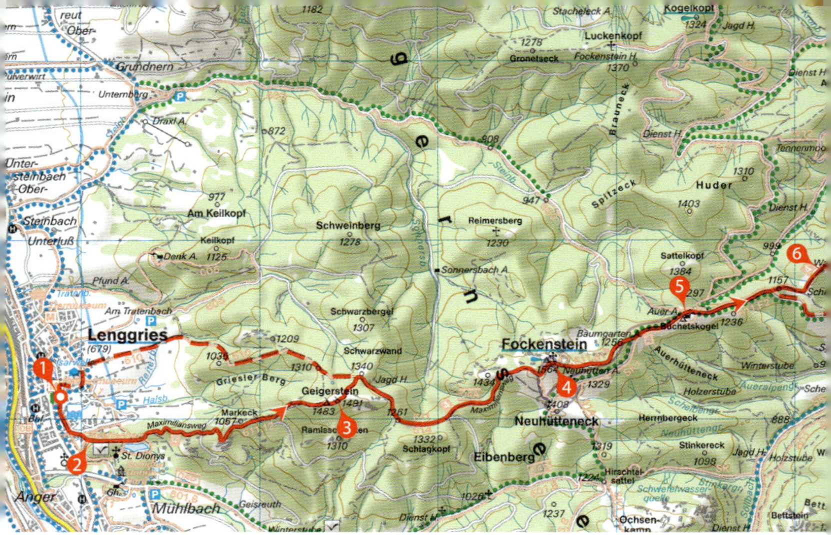

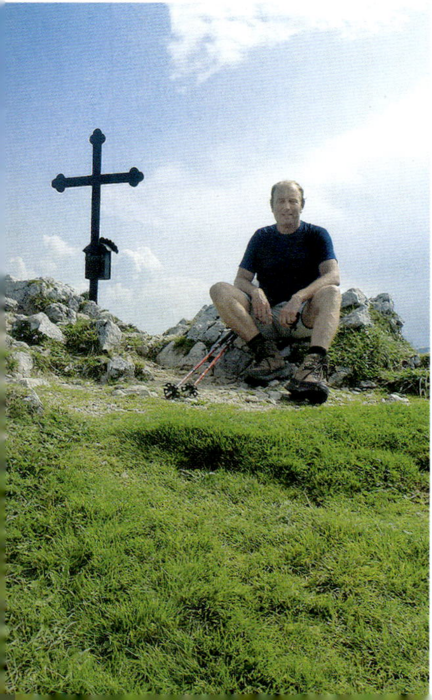

Ausgangspunkt: Lenggries, 679 m.

Anforderungen: Konditionell fordernde Etappe mit strammer Steigung zu Beginn. Bei Nässe unangenehm durch wurzelbewachsene Wege.

Variante bei Schlechtwetter: Wanderweg »601« durch das Hirschbachtal über den Hirschtalsattel ins Söllbachtal. Von dort weiter über den Weg »601« (Radwege 37 und 41) oder durch das Söllbachtal hinunter nach Bad Wiessee (5 Std.).

Einkehr: Auf der Aueralm (montags Ruhetag).

Unterkunft: Zwischen Lenggries und dem Tegernsee keine Übernachtungsmöglichkeit; gehobene Hotellerie in Bad Wiessee; Pensionen in Tegernsee-Ort.

Verkehrsmittel: In Lenggries und in Tegernsee-Ort Bahnhöfe der Bayerischen Regiobahn. In Bad Wiessee Regionalbusse.

Information: Tourist-Information Tegernsee, Hauptstraße 2, 83684 Tegernsee, Tel. +49/8022/927380, www.tegernsee.com, info@tegernsee.com.

Auf dem Gipfel des Fockensteins.

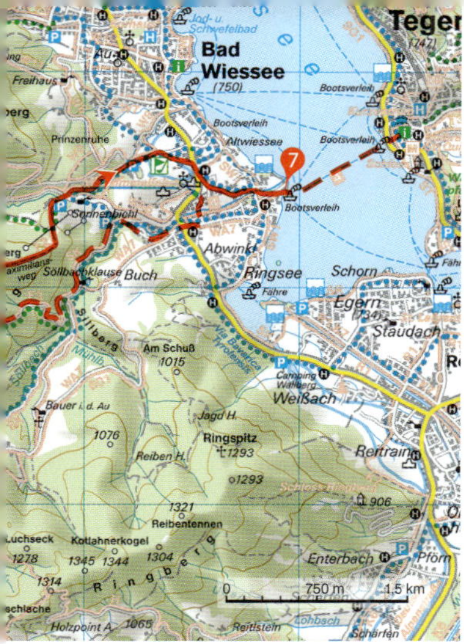

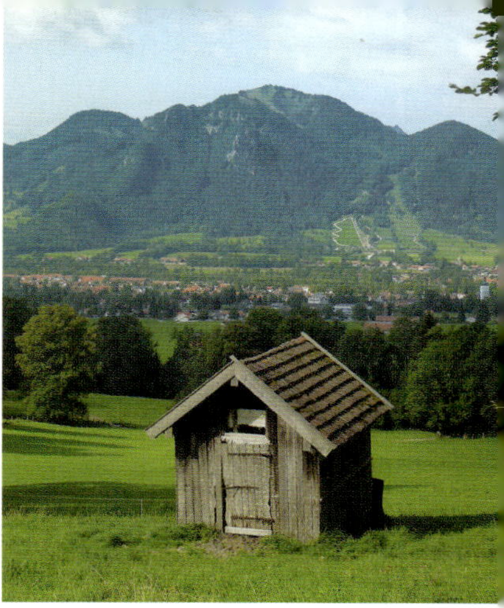

Blick zurück auf Lenggries (Weg 610).

Vom Ortszentrum von **Lenggries (1)**, 679 m, gehen wir vom Rathaus durch die Geierstein- und die Goethestraße zu den spärlichen Ruinen der historischen Hohenburg. Dort ist heute ein Internat mit Gymnasium angesiedelt. Kurz vor dem Schulgelände steht die kleine Kapelle St. Dionys, hier setzen die Wanderwege zum Geierstein an. Auf einem breiten Waldweg passiert man zunächst den idyllisch und schattig gelegenen **Hohenburger Weiher (2)**, 770 m.

Dort folgt man der Beschilderung zum Geierstein (Weg 611), der auf manchen Wegweisern auch »Geigerstein« genannt wird, und dann den roten Markierungen. Auf dem Westgrat des Geiersteins erreichen wir auf dem wurzeligen Waldweg zunächst über eine Felsbarriere das Markeck, 1057 m, einen kleinen Aussichtspunkt mit Blick in das Isartal. Teils steil und manchmal etwas unübersichtlich geht es auf einem schmalen Bergpfad hinauf zum **Geierstein (3)**, 1491 m, der den Gegenpol zum ungleich populäreren Brauneck auf der anderen Talseite bildet. Endlich ist der Blick frei und wir überschauen das Isartal mit seinen Kiesbänken und Lenggries. Über ein paar kleine Felsstufen geht es zunächst wieder steil hinunter.

Nach 150 Höhenmetern Abstieg treffen wir auf den von links bzw. von Lenggries heraufziehenden Weg 610. Nach halbrechts in südöstlicher Richtung steigen wir weiter ab bis zu einer großen Weggabelung. Hier folgen wir der breiten, nahezu höhengleich verlaufenden Forststraße in Richtung 11 Uhr beziehungsweise direkt nach Osten. Der Abzweig von der Gabelung nach rechts den Waldbuckel hinauf ist eine Sackgasse. Nach 5 Minuten verzweigt sich der Weg: Rechts geht es hinunter ins Hirschtal, was

man wegen des Verlusts an Höhenmetern vermeiden sollte. Wir halten uns links und folgen der Ausschilderung zum Fockenstein, der nach 20 Minuten auf dem Forstweg in Sicht kommt. Zunächst umgehen wir noch ein sumpfiges Wiesenstück nach links und erreichen kurz darauf den Gipfel des **Fockensteins (4)**, 1564 m.
Vom Fockenstein folgen wir dem steinigen Weg über den Ostgrat und gelangen auf schmalem Pfad durch ein Waldstück zur **Aueralm (5)**, 1269 m. Diese liegt an einer Fahrstraße, der wir etwa einen Kilometer lang folgen. An der Verzweigung geht es geradeaus und leicht hinauf zur **Wachselmoosalm (6)**, 1185 m, in oft durchfeuchtetem Gelände. Wir halten uns an die Beschilderungen »Sonnenbichl« und »Waxlmoos«. Weiter geht es auf dem Rücken bis hin zum Zwergelberg, 1113 m. Nun sind wir schon im Skigebiet: Hier gehen wir steil hinunter zum Skihang, folgen dem Zeiselbach und sind kurz darauf schon im Ortsbereich von **Bad Wiessee (7)**, 730 m, einem bekannten Kurort mit Spielkasino.

Matschfreie Variante: Folgt man 1 km nach der Aueralm der Ausschilderung »Bad Wiessee« bergab nach rechts (Weg 603), anstatt geradeaus zur Wachselmoosalm zu gehen, hat man einen typischen »Forst-Talhatscher« zu gehen und vom Ortsteil Abwinkl ein längeres Teerstück bis zum Schiffsanleger zurückzulegen.

Variante über den Fockenstein zur Aueralm (ohne Geierstein):
Etwas weniger anstrengend als der Weg über den Geierstein ist die Route auf dem Weg 610. Vom Bahnhof Lenggries aus folgen wir der Beschilderung »Geierstein 2 Std.« und »Alpenwelle« und gelangen über eine kleine

i **Der Tegernsee:** *Als einer der beliebtesten Seen Bayerns zog er bereits im 19. Jahrhundert viele teils adlige Urlauber und auch Künstler an. Hochpreisige Hotels, Luxusrestaurants und viele Prominente prägen heute das Image des Tegernsees. Ab Beginn des 20. Jahhunderts ließen sich Dichter wie Ludwig Thoma und Ludwig Ganghofer hier nieder. Unabhängig von Showbusiness und Geldadel aus Geschäfts- und Sportwelt kommen viele Urlauber hierher, nicht zuletzt wegen der Nähe zu München und der hervorragenden Verkehrsanbindung. Nicht zuletzt die Bayerische Regiobahn bringt an sonnigen Tagen unzählige Wanderer und Spaziergänger an den Tegernsee, der sich harmonisch in die an drei Seiten sanft aufsteigenden Berge einfügt. Ein Badesee ist der Tegernsee nur im Hochsommer, denn er wird nicht wärmer als 20 Grad. Im Gegensatz zum Schliersee leidet der Tegernsee auch an enormen Verkehrsproblemen, denn die Ringstraße ist vor allem an Wochenenden chronisch überlastet, sodass Radeln eher eine Strapaze ist. Daher empfiehlt sich auch für die Maximilianswanderer die Überfahrt über den See, der Genuss der Landschaft und dann wieder ab in die Berge ...*

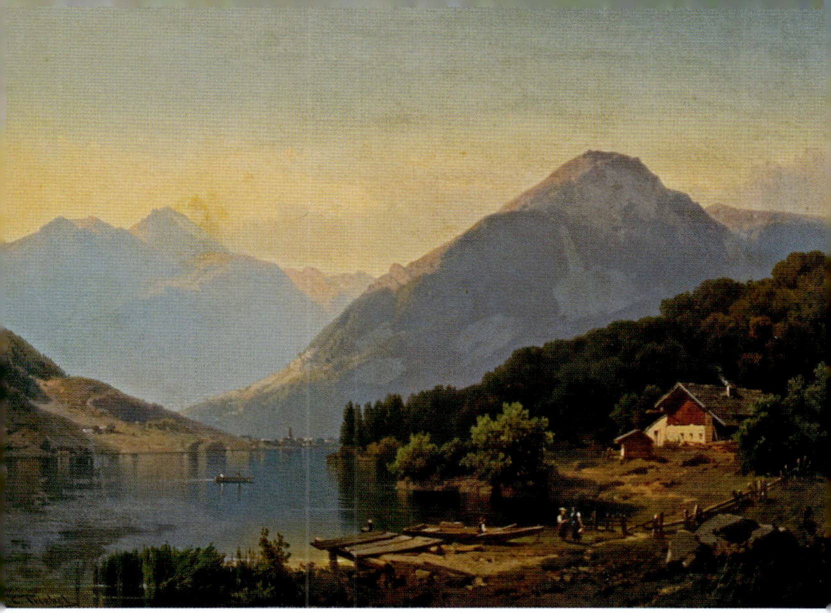

Der idyllische Tegernsee – Gemälde von Carl Triebel.

Schotterstraße an den Waldrand (ca. 30 Min.). Hier geht es steiler bergauf, der Weg ist oft wurzelig. Nach etwa einer Stunde vom Waldrand aus führt der Weg höhengleich etwa 100 Höhenmeter unterhalb des Geiersteins entlang (beschilderte Rechtsabzweigung zum Gipfel). Wir treffen etwa 15 Min. ab dem Gipfelhinweis »Geierstein« auf eine Forststraßenkreuzung. Hier halblinks in östliche Richtung. Nach weiteren 5 Min. links ab und der Beschilderung »Fockenstein« folgen. Ab hier wie vorherige Beschreibung. Den Fockenstein muss man nicht zwingend besteigen, er kann nach rechts bzw. südöstlich über die Neuhüttenalm umgangen werden.

In Bad Wiessee kuren viele Senioren im heilsamen Jod- und Schwefelwasser. Dabei kam der Ort duch Zufall zu seinem Status als Heilbad, denn im Mittelalter wurde Erdöl gefunden. Einige Jahrhunderte lang bohrte man vergeblich danach, letztlich stieß man 1909 auf die Vorkommen an Jod und Schwefel und Bad Wiessee machte sich bereit für viele Kurgäste. Recht hübsch gestaltet ist die dortige Uferpromenade mit ihrem Braille-Garten mit botanischen Erklärungen in Blindenschrift. Hier befindet sich auch die Schiffsanlegestelle für unsere Überfahrt auf dem Tegernsee. Alternativ könnte man straßenbegleitend auf Asphalt den Tegernsee umrunden.

14 Tegernsee – Schliersee – Fischbachau

6.00 Std.

↑900 ↓860

Genussetappe von See zu See

»Wir konnten diesmal bei dem schlechten Wetter von all den Herrlichkeiten nicht viel genießen, doch waren sie uns schon von früher wohl bekannt, und ein gutes Mahl, durch belebende Unterhaltung gewürzt, tröstete uns über das schlechte Wetter hinweg. Später klarte sich der Himmel noch auf, und zwar in einer Weise, die Dauer versprach und hielt, so dass wir, unsere Reise fortsetzend, auf dem Ritte nach Fischbach herrliche Ausblicke in die frischgewaschene Bergwelt hatten und vom Joch eines Berges aus, dessen Name mir entfallen, den Schliersee in wundervoller Abendbeleuchtung unter uns sahen.« Die Reisegruppe des Königs übernachtete diesmal im Haus des Revierförsters, doch zunächst spielten dessen »schmucke Töchter« auf und »sangen dem Könige zum Klange der Zither ihre schönsten Gebirgslieder vor, in Herzenstönen, die noch lange in uns nachtönten.«

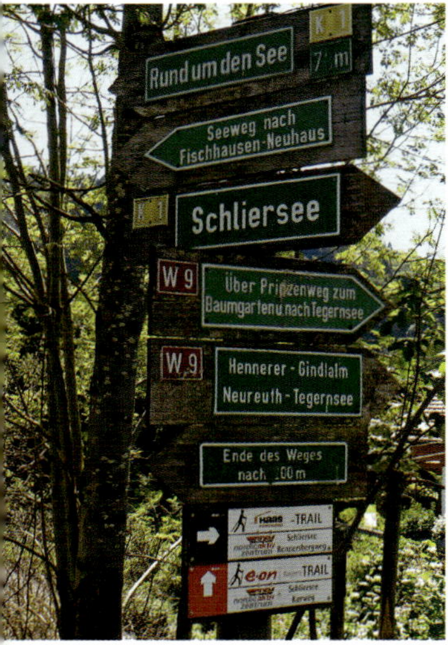

Am Tegernsee bieten sich zahlreiche Wanderoptionen.

Gleich zwei attraktive Seen liegen diesmal an unserer Etappe. Im Idealfall können wir sogar morgens und mittags ein erfrischendes Bad nehmen, vielleicht reizt uns auch eine Ruderpartie auf dem Schliersee. Die beiden Seen sind ungleiche Brüder: Während sich der Tegernsee mondän gibt und als Wohn- und Tummelplatz vieler Prominenter gilt, kommt der Schliersee bäuerlicher und ursprünglicher daher. Die Siedlungsgeschichte des Tegernsees begann mit der Benediktinerabtei, die die Huosi-Herzöge schon im Jahr 746 begründeten. Nach der Säkularisation wurde sie zum königlichen Schloss, was auch der Startschuss für den Tourismus wurde. Der Hofadel folgte, daraufhin kamen Literaten und Maler. Ludwig Thoma lebte hier, ebenso der norwegische Künstler Olaf Gulbransson, der Opernsänger Slezak und andere namhafte Persönlichkeiten. Das ehemalige Wittelsbacherschloss wird heute von einem Gymnasium und der Tegernseer Brauerei genutzt. Nebenan liegt das Olaf-Gulbransson-Museum, das Zeichnungen und Gemälde des Künstlers ausstellt. Er hatte Thomas »Lausbubengeschichten« illustriert.

Ausgangspunkt: Tegernsee, 730 m.
Anforderungen: Leichte Etappe mit zwei mäßigen Anstiegen auf komfortablen Wegen. Durch Schliersee Asphalt.
Einkehr: Auf der Neureuth, Gindelalm, in Schliersee.
Unterkunft: Pensionen am Schliersee, in Fischbachau und Birkenstein; eine urige Unterkunft direkt am Weg ist die Gindelalm: Familie Köpferl, Gindelalm Nr. 2, 83734 Hausham, Tel. +49/173/9439384, +49/8026/58277, www.gindelalm.de.
Verkehrsmittel: Bahnhöfe der Bayerischen Regiobahn in Tegernsee, Schliersee, Fischhausen und Hammer/Fischbachau, www.brb.de.
Information: Gäste-Information Schliersee, Rathausstraße 1, 83727 Schliersee, Tel. +49/8026/60090, www.schliersee.de, tourismus@schliersee.de; Touristinformation Fischbachau, Kirchplatz 10, 83730 Fischbachau, Tel. +49/8028/876, info@fischbachau.de, www.fischbachau.de.

Tipp: Wer Mitte Oktober an den Tegernsee kommt, kann das »Tegernseer Bergfilmfestival« besuchen. In mehreren über den Ort verteilten Sälen zeigen Alpenverein und Bayerisches Fernsehen Dokumentar- und Spielfilme.

Der Schliersee ist ebenfalls umrahmt von Bergen. Mitten im See liegt eine kleine Insel mit Biergarten, die man auf einem zweistündigen Bootsausflug erkunden kann. Die Kirche St. Martin im Ort Schliersee ist nicht nur wegen ihrer spätgotischen Fresken bekannt: Auf dem Friedhof findet man das Grab des Wildschützen Jennerwein, eines bekannten oberbayerischen »Helden«. Er wurde 1877 auf dem Peißenberg erschossen. Am südlichen Ufer des Schliersees liegt als eine weitere Attraktion das Bauernhof- und Wintersportmuseum von Markus Wasmeier. Hier kann man eine alte Schmiede, eine Brennerei und einen Klostergarten anschauen.

Lauschiges Plätzchen in Gmund am Tegernsee.

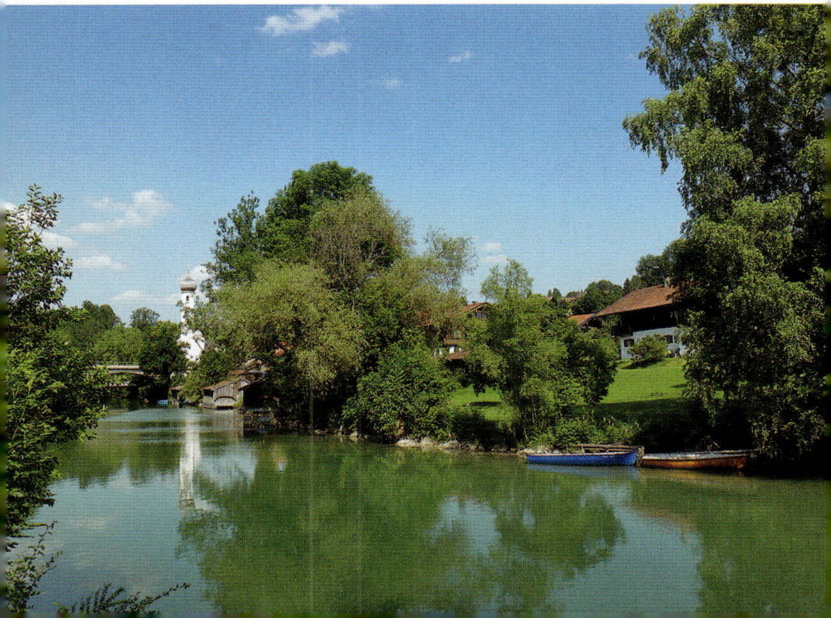

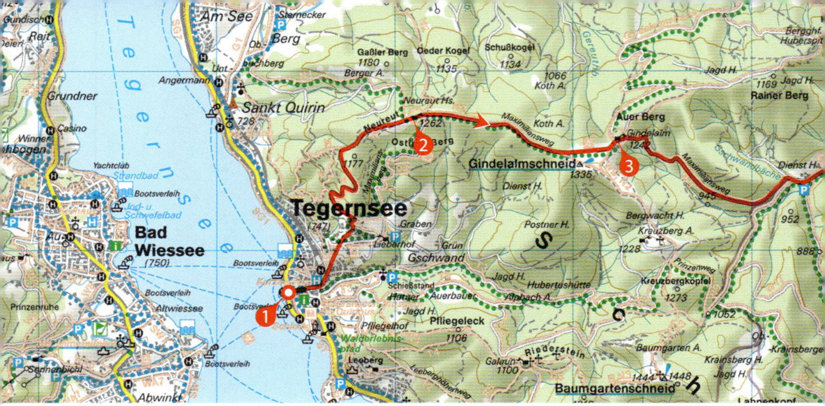

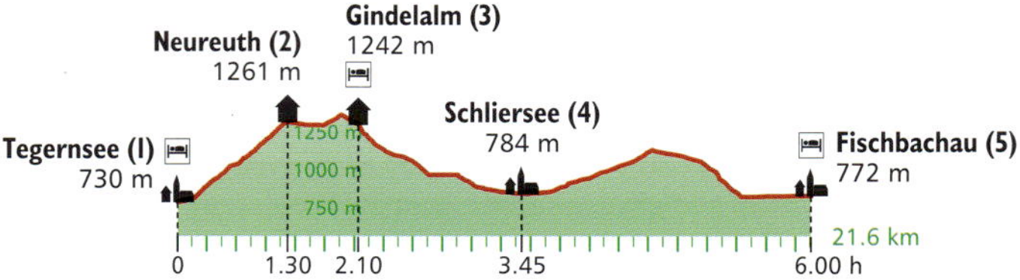

Durch die Rosen- und Bahnhofstraße im Zentrum von **Tegernsee (1)**, 730 m, gelangen wir zum höher im Ort gelegenen Bahnhof. Wir gehen rechts an ihm vorbei und auf das Hotel Bayern zu mit seinen zwei Türmen. Kurz darauf zweigen rechts der »Bayernweg« und der »Alte Sommerweg« ab. Mehrere Varianten führen von hier aus zur Neureuth, einer beliebten Ausflugsgaststätte. Zunächst geht es recht steil, aber kurz hinauf, dann wird der Anstieg sanfter. Auf breiten, ausgetrampelten Wegen erreichen wir das **Wirtshaus Neureuth (2)**, 1261 m, in bester Lage, das an schönen Tagen stark frequentiert ist. Von hier aus bieten sich tolle Ausblicke auf den Tegernsee und die Berglandschaft ringsum. Gemächlich und in leichtem Auf und Ab geht es durch den Wald und mit nur wenigen Ausblicken Richtung Osten weiter zur **Gindelalm (3)**, 1242 m, einer Brotzeitstation

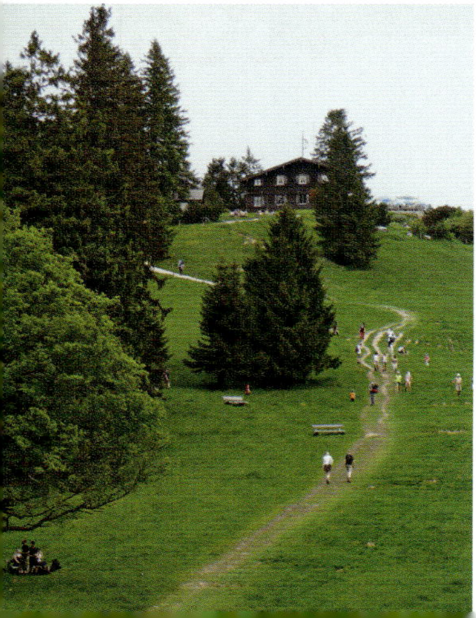

Auf dem Weg zur Neureuth.

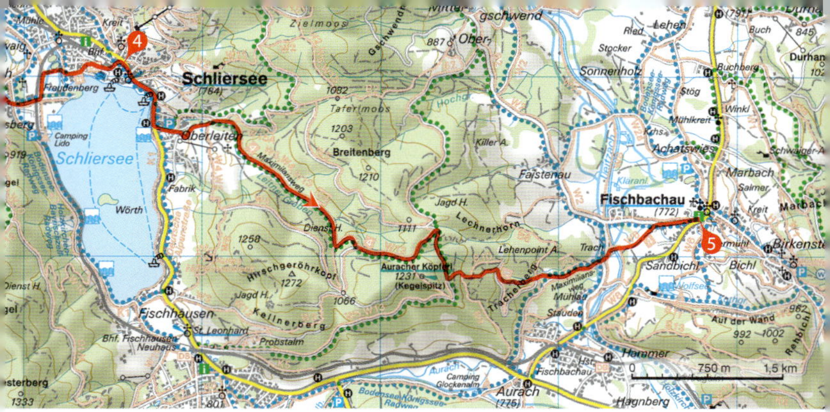

aus eigentlich drei Almhütten, die gerne auch von Mountainbikern angesteuert werden. Von hier wählen wir nicht die Teerstraße hinunter nach Schliersee, sondern knapp rechts davon den Pfad in den Wald, der durch das hübsche Schilchental zum Gasthaus Hennererhof führt. Dann geht es auf Asphalt nach **Schliersee (4)**, 784 m. Am Ortseingang ist die Wegführung leicht unübersichtlich: Am besten hält man sich an der Bushaltestelle am Bach rechts, überquert die Bahn und geht gleich nach der Bahnbrücke nach links Richtung Eisstockschießplatz. Von dort kommt man schnell am Gelände des Segelclubs vorbei und gelangt auf die schön gestaltete Uferpromenade mit

Ansicht vom Schliersee mit dem gleichnamigen Ort.

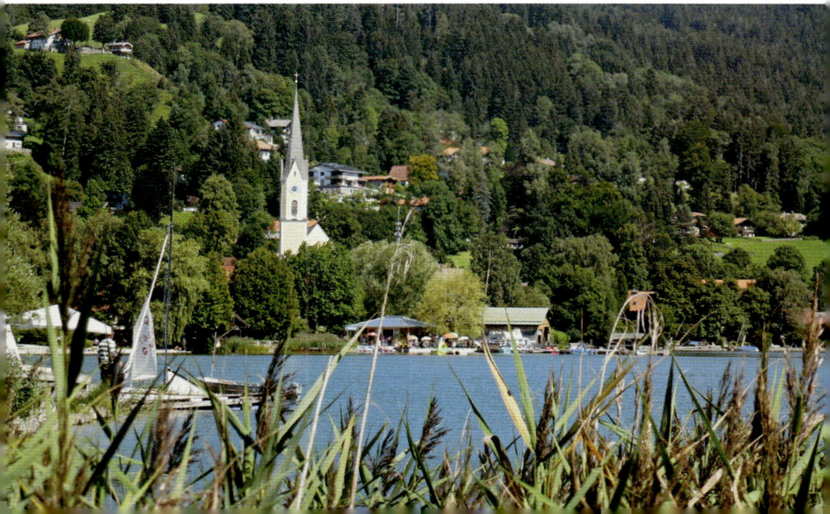

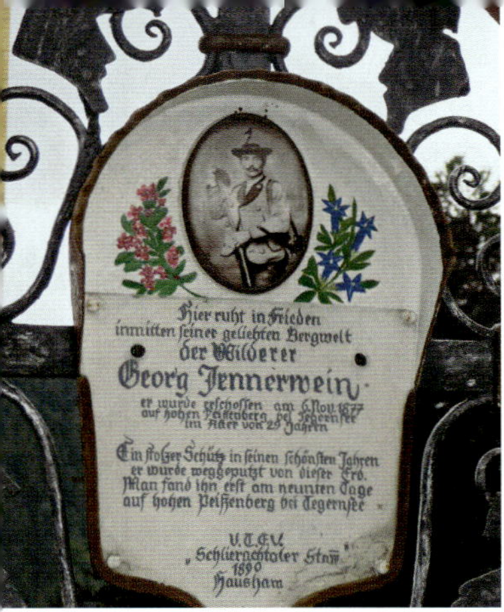

Das Jennerwein-Grab in Schliersee.

dem Wellnesszentrum »Vital Welt« – hier kann man bei bester Aussicht saunieren und relaxen. Weiter entlang an der belebten Hauptstraße des Ortes treffen wir am anderen, südlichen Ortsende am linken Straßenrand auf Wander-Wegweiser. Diesen folgen wir nach links von der Hauptstraße weg und gelangen zur Mündung des Leitner Grabens. Ein leichter Anstieg auf Forststraßen bestimmt nun den weiteren Wegverlauf, zunächst längere Zeit dem Bach folgend. Das leichte Bergaufgehen auf dem Forstweg birgt eine gewisse Monotonie. Einen Reiz hat diese Etappe im Winter, dann ergibt das gefrorene Wasser viele hübsche Muster und Figuren. Wir umgehen nach anderthalb Stunden das Auracher Köpferl auf der im Wegverlauf linken, also nördlichen Seite. Wir verlassen die Forststraße abermals nach links abwärts und folgen den roten Markierungen hinunter über den Tracher Berg. Bei der Lehenpointalm treffen wir wieder auf eine Forstpiste. Hier geht es zum Weiler Trach, über die Leitzach und schließlich nach **Fischbachau (5)**, 772 m.

i **Der Wildschütz Jennerwein:** *Das Gebiet zwischen Tegernsee und Schliersee ist auch wegen einer Figur bekannt, nämlich wegen des bayerischen »Rebells« Wildschütz Jennerwein. Aus ärmlichen Verhältnissen stammend, musste Georg Jennerwein als Zwölfjähriger erleben, wie sein Vater von königlichen Jägern als Wilderer erschossen wurde. Nach dem Deutsch-Französischen Krieg 1870/71 nahm er Gelegenheitsarbeiten als Holzknecht an, was für den Lebensunterhalt jedoch kaum ausreichte. Er begann zu wildern und jagte unerlaubt in königlichen Wäldern um den Schliersee, im Grenzgebiet zwischen Bayern und Tirol. Gejagt von königlich-bayerischen Forstbeamten, wurde seine Leiche am 15. November 1877 im Wald am Bergkamm nördlich der Bodenschneid in den Schlierseer Bergen, der auch den Namen »Peißenberg« trägt, gefunden. Die Begleitumstände waren eigenartig: Die rechte große Zehe steckte im Abzug seines Gewehres und der Unterkiefer war zerschmettert. Ein Teil der Wange mit dem rechten Schnurrbart hing in den Ästen einer Fichte. Im Rücken befand sich eine Schussverletzung. Vermutlich wurde Jennerwein von seinem langjährigen Begleiter Pföderl erschossen. Dieser wird in einer Verfilmung von Oscar-Preisträger Christof Waltz gespielt, den Jennerwein spielt Fritz Karl. Der Satiriker und Krimiautor Jörg Maurer nennt seinen Kommissar als Hauptfigur ebenfalls »Jennerwein«, die Krimis spielen allerdings in Garmisch-Partenkirchen.*

5.30 Std.

↑1205 ↓780

Fischbachau – Mitteralm 15

Über den Wendelstein

Von Bayrischzell aus startete die Reisegesellschaft zur Besteigung des Wendelsteins. Dort diente der alte Schulze als Bergführer, der »wegen seines schlechten Gehörs nur verstand, was man ihm förmlich ins Ohr hineinschrie« und der stark dialektgefärbt sprach, sodass »der Altmeister baierischer Dialektpoesie, Franz von Kobell, ein paarmal dolmetschend beispringen musste, um ein reines Verständnis zwischen König und Schulze zu ermöglichen«. Zunächst ging es flott bergauf, »aber je höher wir kamen, desto mehr wuchsen die Schwierigkeiten, die man für nicht schwindelfreie Steiger auch wohl Fährlichkeiten nennen kann, auf schmalen, an steilen Felswänden hinlaufenden Pfaden, bald im Zickzack aufsteigend, bald über scharfe Kanten und Felsvorsprünge führend, den Blick in die schauerliche Tiefe des jähen Abhangs ziehend.«

Ausgangspunkt: Fischbachau, 772 m.
Anforderungen: Gute Kondition für den sportlichen Aufstieg auf zunächst breitem, gut begehbarem Wanderweg, dann schmalerer Bergpfad.
Einkehr: Birkenstein, Kesselalm, Durhamer Alm, Wendelsteinhaus.
Unterkunft: Pensionen in Birkenstein. Mitteralm, ganzjährig geöffnet, 55 Übernachtungsplätze, davon zwei Zweier-Lager, Tel. +49/8034/2760, toni@mitteralm-wendelstein.de, Montag Ruhetag, Sonntag ab 17 Uhr geschlossen. Die gemütliche Mitteralm, die der Sektion Bergbund des DAV gehört, ist eine recht musikalische Hütte. Auf der Website finden sich immer Termine für Musikveranstaltungen. Wegen der Nähe zum Ort Brannenburg steigen auch abends immer noch örtliche Wanderer auf oder ab.
Verkehrsmittel: Bayerische Regiobahn von München über Holzkirchen nach Fischbachau, www.brb.de, Tel. +49/8024/997171; Regionalbusse. Seilbahn von Osterhofen zum Wendelsteinhaus; Wendelstein-Zahnradbahn vom Wendelstein nach Brannenburg, Tel. +49/8034/308110, Haltestelle direkt bei der Mitteralm (Mittelstation).
Information: Tourist-Information Brannenburg, Rosenheimer Str. 5, 83098 Brannenburg, Tel. +49/8034/4515, info@brannenburg.de; www.brannenburg.de.

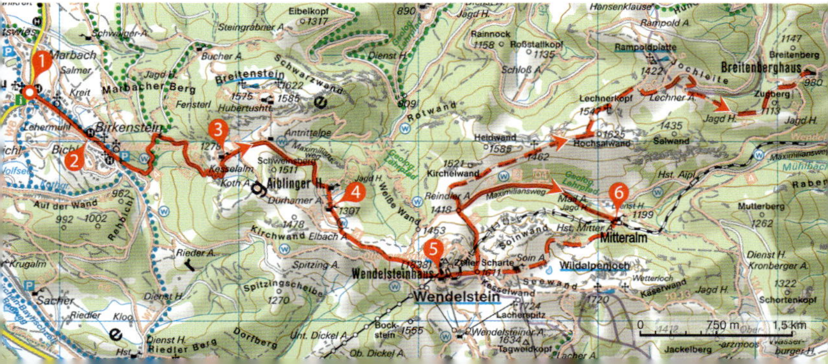

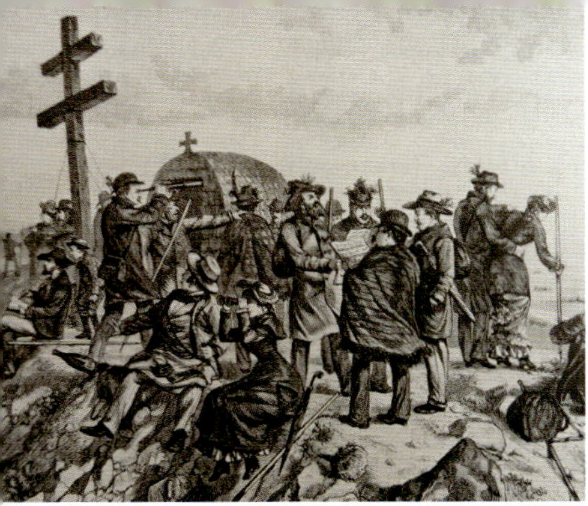

Gipfelstürmer auf dem Wendelstein.

Von **Fischbachau (1)**, 772 m, aus folgen wir der Straße zur Wallfahrtskirche im Ortsteil **Birkenstein (2)**, 853 m. Die Kirche ist ein Zentrum einer beinah archaisch anmutenden Marienverehrung. Viele Tafeln weisen auf Rettungen Verunglückter und Heilungen von Kranken durch die Jungfrau Maria hin.

Vom Wanderparkplatz in Fischbachau-Birkenstein folgen wir dem Wegweiser »Wendelstein über Kesselalm, Aiblinger Hütte, Durhamer Almen 3 h«. In etwa einer Stunde gelangen wir auf einem breiten Forstweg meist entlang eines Baches zur **Kesselalm (3)**, 1275 m. Der Weg ist mal mehr, mal weniger steil und führt vorwiegend durch den Wald. Kurz vor der Kesselalm wird das Gelände freier. Knapp 10 Minuten oberhalb der Kesselalm erreichen wir die Station der Materialseilbahn zum Breitenstein. Zum Wendelstein geht es zunächst durch das Weidegatter, dann weiter auf einem recht breiten Weg kurz bergauf, dann etwas steiler bergab. Etwa 20 Minuten nach dem Weidegatter

i *Auf dem an sonnigen Wochenenden stark besuchten* ***Wendelstein*** *gibt es eine Vielzahl interessanter Betätigungsmöglichkeiten, von daher ist ein früher Aufbruch zu empfehlen. Beispielsweise kann man über einen Treppenweg den eigentlichen Gipfel erkunden (Zeitbedarf eine halbe Stunde). Schön ist auch der Rundgang über den »Panorama-Rundweg« mit Ausblicken auf die Feilnbacher Filze, das Inntal und Rosenheim (mindestens eine Stunde). Auch die 400 Meter tief begehbare Wendelstein-Eishöhle mit ihren Tropfsteinen und vielen Informationen zu Höhlenkunde lohnt einen Besuch (anderthalb Stunden). Eine Vielzahl technischer Einrichtungen befindet sich auf dem Berg, so ein Observatorium und ein Sendemast des Bayerischen Rundfunks. Hier ist auch die Bergstation und der Endpunkt der Zahnradbahn, die den Gipfel mit Brannenburg verbindet. In einer ingenieurtechnischen Meisterleistung unter Otto von Steinbeis sprengten über 800 Arbeiter aus Kroatien und Dalmatien die Trasse in den Berg. Bereits 1912 nahm die Wendelstein-Bahn ihren Betrieb auf und befördert seitdem jedes Jahr Zehntausende Besucher auf den Wendelstein. Die Bahn macht stets mit besonderen Aktionen auf sich aufmerksam. Astro-Nächte im Observatorium, Fahrten mit der historischen Zahnradbahn oder Krimilesungen mit Autoren aus der Region umfasst das Programm.*

Abenteuerliche Trassenführung der Zahnradbahn am Wendelstein.

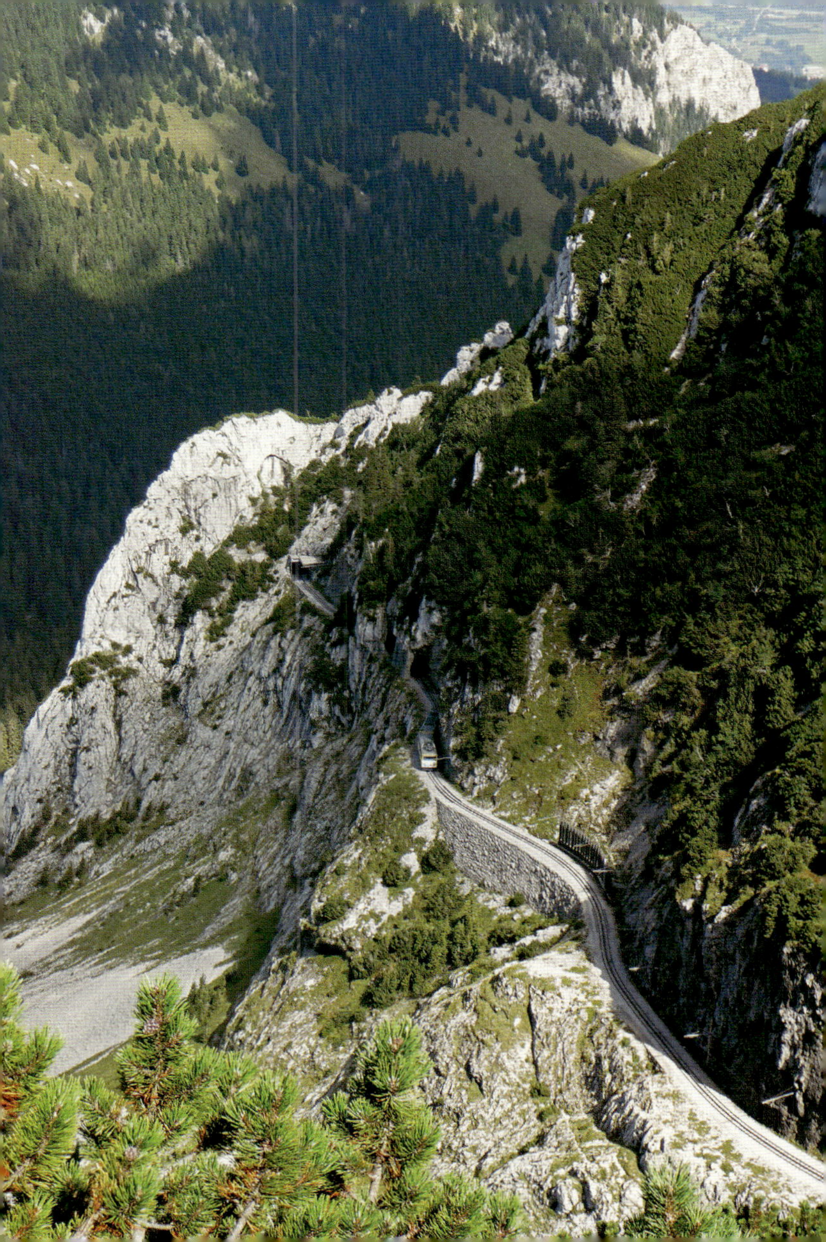

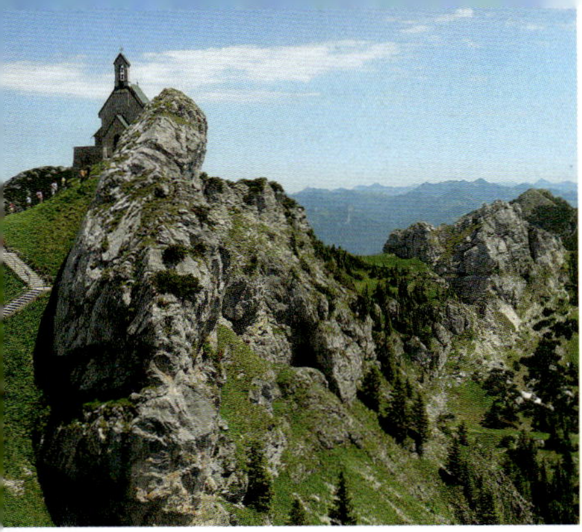

Felsformation mit Kapelle auf dem Wendelstein.

passieren wir die links unterhalb vom Weg gelegene Aiblinger Hütte und die **Durnhamer Alm (4)**, 1315 m. Weitere 10–15 Minuten später endet der breite Wanderweg recht plötzlich an einer Einfahrt. Hier folgen wir dem Wegweiser »Wendelstein, Mitteralm, Brannenburg« rechts bergauf. Die Wegbeschaffenheit ändert sich nun abrupt. Statt auf einer breiten Forststraße wandern wir jetzt einen steilen, schmalen und steinigen Trampelpfad hinauf, der mitten durch eine Blumenwiese führt. Teilweise kann er auch etwas matschig sein. Weiter geht es stetig leicht bergauf auf dem schmalen Pfad zur unbewirtschafteten Elbach-Alm. Von dort führt der mit orangen und roten Punkten markierte, hier der Sonne ausgesetzte Weg weiter bergauf über eine Kuhweide. Etwa anderthalb Stunden nach dem Breitenstein-Abzweig befinden wir uns direkt unterhalb der Steilwand des Wendelsteins. Von hier aus sind es nur noch etwa 30 Minuten bis zum Wendelsteinhaus. Über einen schmalen, felsigen Weg geht es in ein paar Serpentinen bergauf. Der Weg wechselt jetzt von der Nordseite zur Wendelstein-Südseite, kurz darauf führt er unter der Wendelstein-Seilbahn hindurch. Hier merkt man dann auch schon die hohe touristische Erschließung des Wendelsteins. Der Weg ist nun ein Teil des »GEO-Parks Wendelstein, der mit vielen informativen Tafeln über die Entstehung der Region informiert. Vom Wendelsteinhaus, 1724 m, führt ein Weg mit vielen Stufen hinauf zum Gipfel des **Wendelsteins (5)**, 1838 m.
Vom Wendelstein steigen wir zunächst über eine Kombination aus Weg und Treppenstufen in östlicher Richtung ab, wo sich auch der Abzweig zur Eishöhle befindet. Ab der »Zeller Scharte«, 1611 m, wendet sich der nun sehr

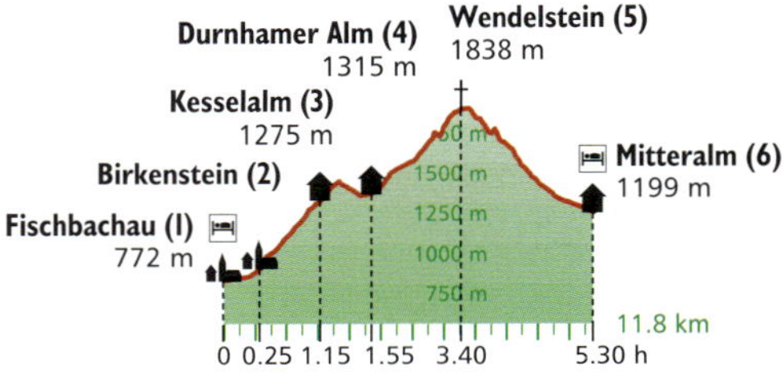

geröllige Bergpfad nach Norden. Unsere nächsten Ziele Mitteralm und Brannenburg sind gut ausgeschildert. Am nördlichen Fuß des Wendelsteins gehen wir nach rechts auf nun bequemem breiterem Zufahrtsweg an der linken Talseite. Nach etwa anderthalb Kilometern zweigt nach rechts ein schmalerer Pfad in den Wald hinein ab. Auf diesem erreichen wir eine halbe Stunde nach Abzweig die **Mitteralm (6)**, 1199 m, die gleichzeitig auch Mittelstation der Zahnradbahn ist. Auch auf dem breiteren Zufahrtsweg an der bergabwärts linken Hangseite erreicht man die Mitteralm. Einfach geradeaus weiter, dann an einer gelichteten Stelle nach rechts über den Bach und 300 Meter hangaufwärts.

Blick auf den Soinsee.

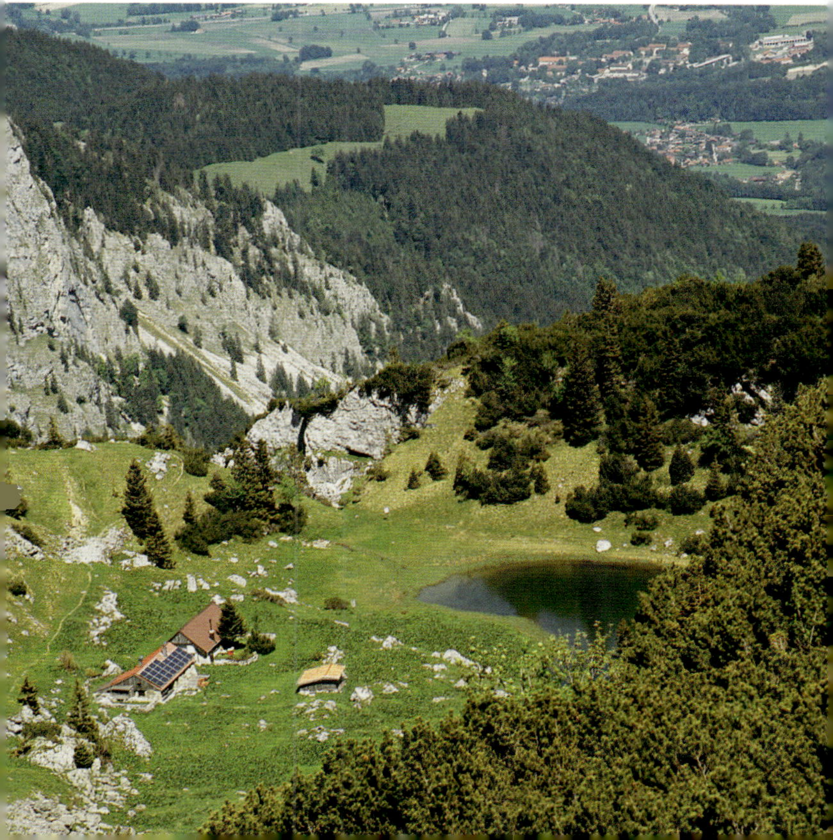

Aufstiegsvariante zum Wendelstein:
Von Fischbachau bzw. Birkenstein aus zieht der Wanderweg Nr. 661 als »Meditationsweg« mit entsprechenden Stationen landschaftlich attraktiv hinauf zur Terrasse des Wendelsteins.

Abstiegsvariante vom Wendelstein über Soinalm zur Mitteralm:
Diese wenig begangene Route führt vorbei am sehr idyllisch gelegenen kleinen Soinsee und der Soinhütte. Hierzu steigt man vom Wendelstein ab bis zur erwähnten **Zeller Scharte**, 1611 m. Von hier zweihundert Meter in südöstlicher Richtung, dann links auf Abzweig steil hangaufwärts. Man umrundet den kleinen steilen »Gupf« der **Kesselwand**, 1721 m, und befindet sich auf einem kleinen Plateau, auf dem seltenere Alpenblumen gedeihen. Rechts würde es zur Lacherspitz, 1724 m, gehen. Wir halten uns aber links und peilen das moderne und große Soinhaus in der Senke an, das den Pioniereinheiten der Bundeswehr gehört, die dort regelmäßig alpine Techniken üben. Das Bundeswehrgrundstück queren wir und kommen zum wunderschön gelegenen Soinsee mit der **Soinhütte**, 1528 m, – ein Postkartenbild. Ab hier geht es zunächst mäßig steil, dann steiler auf schmalem Pfad in Richtung Zahnradbahn und zur **Mitteralm**, 1199 m, unserer Übernachtungsadresse, hinunter (gesamt ab Wendelstein 2 Stunden).

Variante über die Hochsalwand zum Breitenberghaus:
Weniger stark begangen als die Hauptroute zur Mitteralm ist der Weg über die Hochsalwand, sogar für viele Einheimische ein Geheimtipp. Der Weg kann auch bei Überbelegung der Mitteralm durchaus interessant sein, denn auch das von den Naturfreunden betriebene Breitenberghaus ist eine einfache, aber gemütliche Übernachtungsadresse. Auch hierfür steigen wir wie oben beschrieben in östlicher Richtung vom Wendelstein ab und erreichen den kleinen Sattel nördlich des Bergs. Nach rechts würde es leicht hangabwärts auf dem »Hauptweg« Richtung Brannenburg und Mitteralm gehen. Wir halten uns jedoch an der Verzweigung links und gehen leicht bergan in einer Viertelstunde zur **Reindleralm**, 1429 m, die mitten in einem großen, offenen Gelände liegt.
An der Alm halten wir uns rechts, der Weg über die Kuhweide hat hier nur Trampelpfadcharakter. Nach hundert Metern erkennt man aber wieder deutlich die Wegführung des Pfades, die auch von roten Markierungen unterstützt wird. Wir gehen jetzt leicht bergan und tauchen in den Bergwald ein, wo der Pfad etwas wurzeliger wird. Auf dem Kamm öffnet sich kurz der Blick nach Norden, hier passieren wir eine gute halbe Stunde nach der Reindleralm den Abzweig nach links zur Rampoldplatte und zur Lechneralm, den wir anschließend nehmen. Eine Viertelstunde weiter geradeaus erreichen wir den Gipfel der **Hochsalwand**,1625 m, von wo aus wir die Rampoldplatte, 1422 m, und die Lechneralm erkennen können.

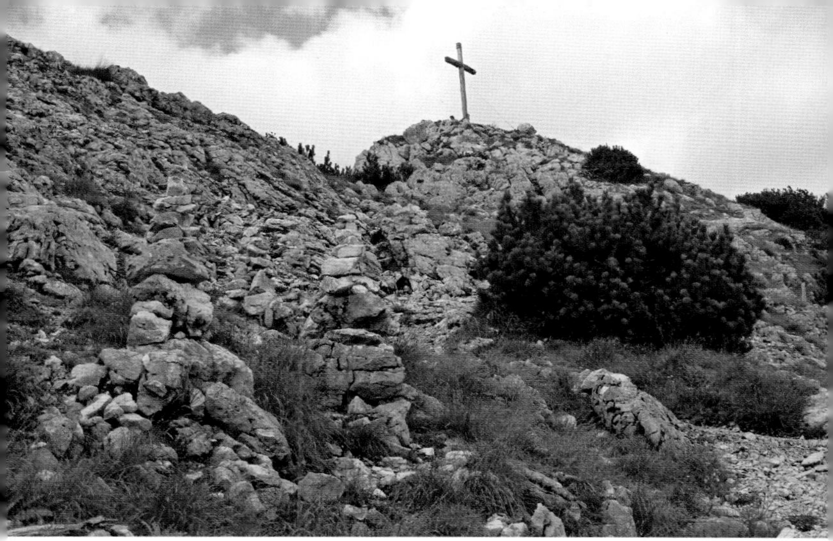

Gipfel der Hochsalwand – eine reizvolle Alternative.

Vom Gipfel aus geht es zurück bis zu besagtem Abzweig. Der Abstieg von hier ist abschnittsweise seilgesichert. Bei trockenen Verhältnissen harmlos, kann sich dieses Stück bei Nässe oder Nebel als durchaus tückisch erweisen. Dann ist der Hauptweg über die Mitteralm die bessere Wahl. Nach den Seilsicherungen geht es wieder nahezu höhengleich über die Lechnerschneid weiter Richtung Rampoldplatte. Bevor wir diese erreichen, steigen wir allerdings zur **Lechneralm**, 1220 m, ab. Nach der Alm geht es auf dem Fahrweg nach links weiter. Hier könnte man auch einfach geradeaus weiter nach Brannenburg absteigen. Eine Viertelstunde nach der Alm zweigt in einer Rechtskurve der Weg zum Breitenberghaus ab. Er führt zunächst über eine durchfeuchtete Kuhweide und dann weiter in den Wald, wo rechter Hand an einer Stelle ein hübsches kleines Hochmoor zu finden ist. Schließlich erreichen wir das **Breitenberghaus**, 1050 m, eine plausible Alternative zur Mitteralm.
Vom Breitenberghaus dort gehen wir auf breitem Schotterweg mit bester Aussicht auf das Inntal etwa 45 Min. bergab, bis wir auf eine Schranke und eine querende Teerstraße treffen. Diese nach rechts und nach 5 Min. an einem auffallenden Haus mit Baumhaus im Garten nach links wieder auf einen Wanderweg. Durch ein kleines Waldstück erreichen wir eine Forellenzucht und folgen ab hier dem schönen Pfad am Kirchbach bis zur Hauptstraße durch Brannenburg auf der Höhe der Bahnhofstraße (20 Min. ab der Forellenzucht). Hier 500 Meter nach rechts bis zum Abzweig zur Innbrücke nach **Nußdorf**.

16 Mitteralm – Hochrieshaus

6.45 Std.

↑1115 ↓745

Durchs Inntal zum Rosenheimer Aussichtsberg

»Der folgende Tag führte über Pang nach Schloss Brannenburg, und dieser Ausflug nebst ähnlichen, welche ihm folgten, gab unserer Reise gewissermaßen ein neues Gepräge, indem wir nun, statt in ländlichen Gasthöfen abzusteigen und mit dem Volke zu verkehren, mehr in aristokratische Regionen kamen. (…) Es war das die ihrem Ursprunge nach italienische, aber schon seit einer Reihe von Jahren in Bayern heimisch gewordene Familie des Marchese Pallavicini, die ihren Sommersitz in einem Theile des Gebirges gegründet hatte, der seiner herrlichen Lage wegen mit am meisten von den Münchner Landschaftsmalern aufgesucht wird. Es war spätnachmittags, am 17. Juli, als wir zuerst das schöne Schloss in Sicht bekamen, welches hoch gelegen und mit dem waldreichen Gebirge im Hintergrunde sich schon von ferne malerisch ausnimmt.« Die historische Reiseroute unterschied sich von der heutigen. Von Brannenburg aus unternahm die Gesellschaft einen Ausflug auf den Riesenkopf, 1337 m, um dann wieder von Brannenburg aus über Neubeuern und Kufstein weiterzureisen. Die Hochries bestieg Maximilian auf seiner Reise nicht. Von der Wanderung zum Gipfel oberhalb Flintsbachs finden sich ein paar sportliche Zeilen in Bodenstedts Buch: »Es gab ein paarmal Anfälle von Schwindel an steilen Stellen und die zarten Füße kamen auf dem Steingeröll schwer von der Stelle. Doch wollte sie (die Marchesa von Brannenburg) nicht zurückbleiben und erreichte, abwechselnd von Sr. Majestät und dem General v.d. Tann gestützt, endlich den Gipfel.«

Die Mitteralm: Übernachtungsstation mit Zahnradbahn-Haltestelle.

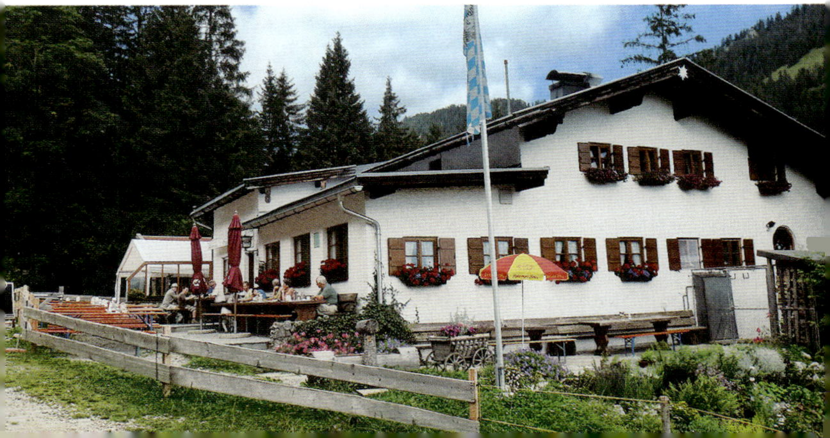

Ausgangspunkt: Mitteralm, 1199 m.
Anforderungen: Zunächst breiter Forst- und Zufahrtsweg, durch das Inntal auf Asphalt, schließlich wieder Bergwanderwege zur Hochries. Der Gegenanstieg am Ende des Wandertages erfordert noch etwas Kondition.
Einkehr: Gaststätte in Sankt Margarethen oberhalb Brannenburgs, Gaststätten in Brannenburg und Nußdorf, Doaglalm, Gasthaus Duft (Duftbräu), Hochries.
Unterkunft: Hochrieshaus, 37 Plätze in Mehrbettzimmern/Lagern, Dusche gegen Gebühr (3,50 €), Tel. +49/8032/8210, www.hochrieshuette.de, info@hochrieshuette.de. Das Hochrieshaus ist wegen der Seilbahn und der vielen Gleitschirmflieger hochfrequentiert und wurde kürzlich modernisiert. Die nur 40 Minuten entfernte Riesenhütte ist wegen nötiger Renovierungsmaßnahmen geschlossen; wann diese stattfinden, ist unbestimmt.
Verkehrsmittel: Wendelstein-Zahnradbahn, Haltestelle direkt bei der Mitteralm (Mittelstation). Bahnstation in Brannenburg (Linie Rosenheim–Innsbruck), Regionalbusse in Brannenburg und Nußdorf, Seilbahn zur Hochries von Grainbach aus.

*i Die **Chiemgauer Alpen** stellen das Gebiet zwischen dem Inn im Westen und Bad Reichenhall im Osten dar. Im Süden bildet die Senke des Walchsees eine natürliche Grenze, an die das Kaisergebirge anschließt. Höchster Gipfel ist das Sonntagshorn, 1961 m, südlich von Ruhpolding. Zwischen der Prien und der Traun gibt es gleich mehrere gut erschlossene Ausflugsberge mit traumhaften Panoramablicken auf den Chiemsee: Kampenwand, 1669 m, Geigelstein, 1813 m, Hochgern, 1748 m, und Hochfelln, 1674 m, laden mit ihrem auch für Wanderer machbaren Gipfelaufbau zur Besteigung ein. Gerade noch dazu gehört im Osten der Hochstaufen, 1771 m. Auch die Chiemgauer zeichnen sich durch ein florierendes Netz von bewirtschafteten Almen aus, die ein beliebtes Ziel für Familien, Seniorenwandergruppen und Mountainbiker sind. Früher war die Holzwirtschaft in dem Gebiet eine wichtige Einnahmequelle. Hiervon zeugen das Holzmuseum in Rosenheim und das Holzknechtmuseum in Ruhpolding.*

Von der **Mitteralm (1)**, 1199 m, aus können wir zunächst zwischen zwei Wegen wählen. Durch das offene Gelände auf der Rückseite der Mitteralm gelangt man auf den breiteren Fahrweg. Er eröffnet einige schöne Blicke auf den Chiemsee und die Wasserfälle in unserem Taleinschnitt. Der zweite Weg beginnt am Waldrand bei der Mitteralm an einer kleinen Sitzgruppe. Der vor kurzem ehrenamtlich restaurierte Pfad führt in einigen Kehren durch das Waldstück und trifft im flacheren Gelände auf den Fahrweg. Wir passieren

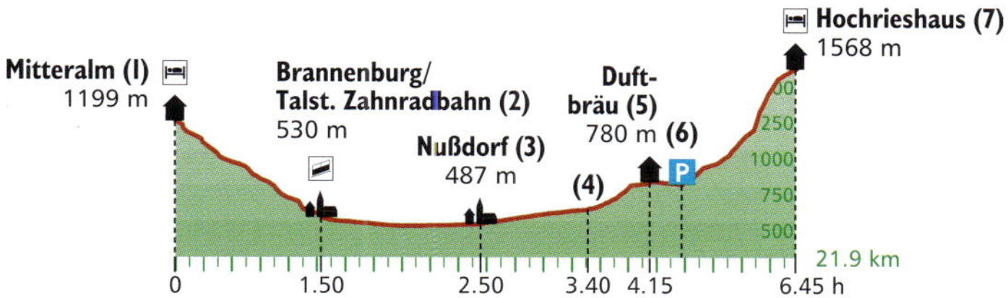

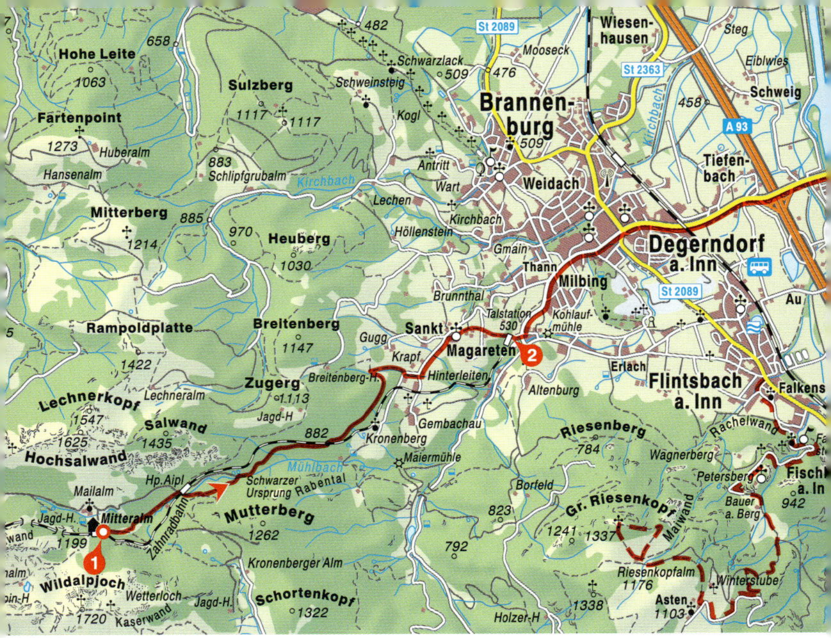

eine Bedarfshaltestelle der Wendelsteinbahn und gelangen am Waldrand auf eine schmale Teerstraße, kurz darauf auf den Wanderparkplatz von St. Margarethen, einem Ortsteil von Brannenburg.

Wir können nun einfach der Hauptstraße hinunter nach Brannenburg folgen. Schöner ist es, an der hübschen Kirche nach rechts über einen kleinen Pfad hinunter zur Talstation der **Wendelsteinbahn (2)**, 530 m, zu gehen. Nun

i ***Künstlerkolonie Brannenburg:*** *Der Ort im Inntal entwickelte sich im 19. Jahrhundert zu einer regelrechten Künstlerkolonie. Den Auftakt machte 1823 der Maler Carl Rottmann; zu den bekannten Namen, die Brannenburg als Sommerfrische wählten, zählen der Impressionist Max Liebermann, Carl Spitzweg und Wilhelm Busch. Letzterer hat sehr treffende Skizzen des Brannenburger Ortsbilds hinterlassen. Auch heute leben viele Maler, Zeichner, Bildhauer und andere Künstler in dem Ort. Eine Initiative hat den »Kulturverführerweg« angelegt, einen reizvollen Rundgang mit vielen Stationen zu Kultur und Geschichte von Brannenburg. Hierbei kommt man auch an der »Biber« vorbei, der eigenartigen Felsformation aus Nagelfluhgestein am Ortsrand. Aus dem Material wurden früher Mühlsteine gewonnen. In der »Biberklause« unterrichteten früher Eremiten die Dorfjugend. Diese betätigt sich heute an der Biber sportlich, nämlich bei Freikletter- und Boulderübungen.*

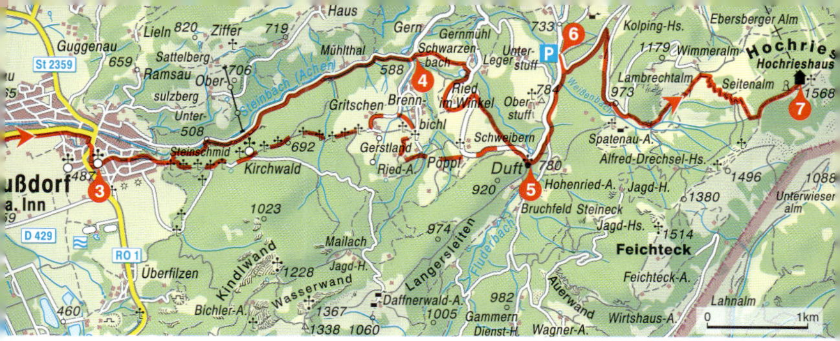

folgt ein längeres Asphaltstück: Über die Sudelfeldstraße erreichen wir den Hauptort, überqueren die Talstraße und überqueren auf der Nußdorfer Straße den Inn.

Variante: An der Talstation der Zahnradbahn setzt ein Rad- und Fußweg an. Auch auf ihm gelangen wir am Thannbach und Kirchbach entlang ins Zentrum, halten uns an der Hauptstraße nach rechts, bis wir auf die Nußdorfer Straße treffen, dann nach links über den Inn.

In **Nußdorf (3)**, 487 m, können wir einfach am Ortseingang dem Verlauf des Steinbachs Richtung Mühlthal folgen. Schöner ist aber ein Abstecher in den Ortskern des Flößerdorfes mit seinen wunderschönen alten Bauernhäusern. Nach etwa hundert Metern die Hauptstraße entlang zweigen wir nach links ab durch die Dorfstraße Richtung Kirche. Hier verläuft der »Mühlenweg« durch einen Teil der Gemeinde, mit interessanten Informationen zur historischen Nutzung der Wasserkraft. Gesäumt wird der Weg von Kunstwerken, denn auch Nußdorf ist ein Künstlerdorf, hier lebt und arbeitet beispielsweise der international agierende Glaskünstler Florian Lechner. Auf dem Mühlenweg gelangen wir entlang schmucker Häuser und gepflegter Gärten zum Waldpark mit einem kleinen Pavillon. Hier queren wir den Steinbach und marschieren entlang der Straße, die so gut wie keinen Verkehr aufweist. Zur Linken

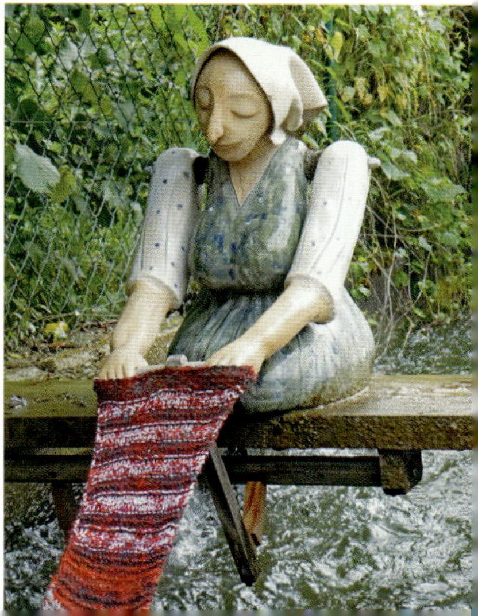

Liebevolles Detail im Künstlerort Nußdorf.

i **Nußdorf** *wurde mehrfach für sein traditionelles Ortsbild ausgezeichnet. Das Dorf legt großen Wert auf Brauchtum und seine Vergangenheit als Flößerort der Innschifffahrt. Der Inn galt lange Zeit als wichtige Verkehrsachse und Städte wie Rosenheim und Wasserburg erlebten eine Zeit der Blüte durch den Handel am Fluss. Auch Bodenstedt erwähnt die Nußdorfer Flößer in seinem Reisebericht: »Um dahin zu gelangen, mussten wir über den Inn setzen, was unter allerlei feierlichen Begrüßungen und Aufzügen der festlich geschmückten Fährleute vor sich ging, wobei besonders die sogenannten Stangenreiter ihre Kämpfe zum Besten gaben, während an beiden Ufern des Inn malerische Gruppen sich bildeten.«*

sehen wir im Ortsteil Mühlthal das große oberschlächtige Wasserrad an der ehemaligen Mühle. Eine Viertelstunde weiter befindet sich das alte **Elektrizitätswerk (4)**, 588 m. Hier folgen wir den Schildern zum Gehöft Schwarzenbach und zum Duftbräu. Oberhalb von Schwarzenbach folgen wir nach rechts der Teerstraße und nehmen eine Viertelstunde später den Abkürzer nach links, der uns zum Duftbräu bringt. Direkt am **Duftbräu (5)**, 780 m, weist ein Schild auf den Weg zur Hochries hin. Dies ist allerdings eine längere Variante, denn der Weg führt über Karkopf und Feichteck ans Ziel. Der zehnminütige Abstecher zu den Katarakten des Bachs jedoch lohnt sich, wir kehren aber wieder zum Duftbräu zurück. Es geht noch etwa einen Kilometer die Teerstraße entlang, bis wir zum **»Spatenau«-Wanderparkplatz (6)**, 760 m, kommen. Hier folgen wir den Hinweisschildern zur Hochries und lassen nach einem abwechselnd über »Abkürzer« und ein Teerstück verlaufenden Aufstieg die Doaglalm

Das Hochrieshaus der DAV-Sektion Rosenheim.

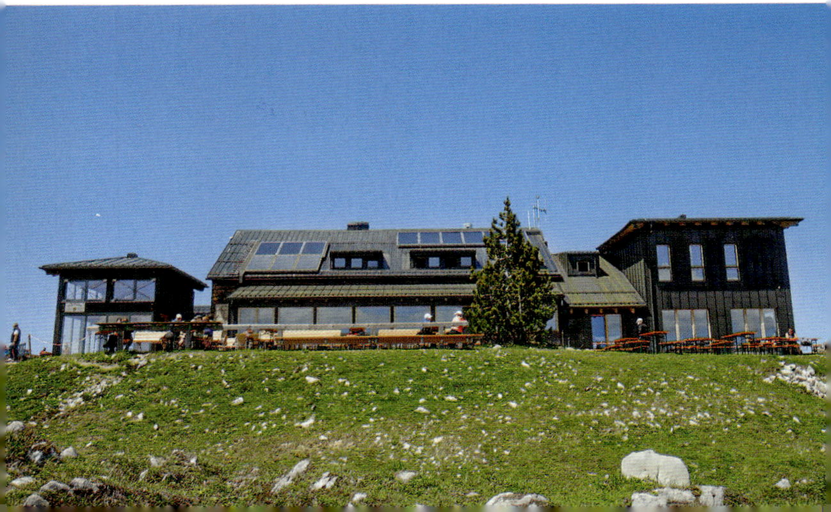

rechts liegen. Das Gelände wird nun offener und der ausgetrampelte Weg ist nicht zu verfehlen. Ein steiler Anstieg bringt uns zu den Seitenalmen und weiter hinauf auf einem von Ehrenamtlichen aufwendig mit Treppenstufen angelegten Weg bis zum Sattel zwischen Hochries und Feichteck. Von hier sind es nur noch ein paar hundert Meter nach links bis zum Hochriesgipfel und dem **Hochrieshaus (7)**, 1568 m.

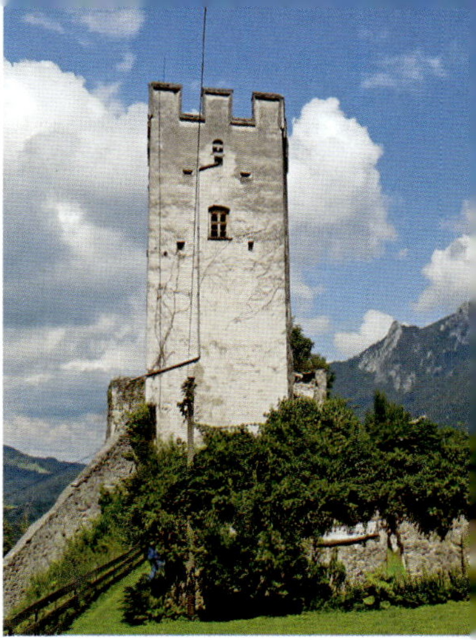

Burgruine Falkenstein bei Flintsbach.

Ausflug zur Asten:
Wer etwas mehr Zeit hat und in Brannenburg einen Tag länger Station macht, kann sich auf die Spuren der königlichen Gesellschaft auf den Riesenkopf begeben. Sehr schön und geschichtsträchtig ist der Aufstieg von **Flintsbach** aus, dem kleineren Nachbarort von Brannenburg. Falls wir mitten in Brannenburg untergebracht sind, umrunden wir zunächst die Biber mit ihrer Nagelfluhformation und überqueren dann den Grießenbach in Richtung des kleinen Sportflugplatzes. Über einen Feldweg erreichen wir den großen Wanderparkplatz – die »Asten« ist eines der beliebtesten Wanderziele im Inntal. Von hier folgen wir dem breiten Weg und gelangen zunächst zur **Burgruine Falkenstein** aus dem 13. Jahrhundert, die auf eine Anlage aus der Bronzezeit zurückgeht. Eine Stunde nach dem Wanderparkplatz erreichen wir nach einem Linksabzweig den kleinen Gipfel des **Petersbergls** mit seinen 876 Metern Höhe. Vom Tal aus sieht man schon von Weitem die Kirche, die aus dem Jahr 1139 stammt. Die Wallfahrtskirche mit dem vom Rosenheimer Bildhauer Josef Hamberger geschaffenen Denkmal sowie die ideal gelegene Ausflugswirtschaft »Berggasthaus Petersberg« sind ein schöner Zwischenstopp. Auf der Rückseite der Kirche setzt ein Weg an, der als »Mini-Klettersteig« mit ein paar Seilen gesichert ist, aber keinerlei Probleme bereitet.
Nach zehn Minuten sind wir wieder auf dem Hauptweg zur Asten, höchstgelegener Bauernhof Deutschlands und ein guter Ort zur Einkehr, und brauchen noch eine Dreiviertelstunde bis dorthin. Den **Großen Riesenkopf** erreicht man auf dem Weg, der bereits vor dem Gasthaus ansetzt. Der Bergwanderpfad passiert nach einem Wegstück durch den Wald die **Riesenkopfalm**. An der Alm nach rechts hinauf, jetzt wird es steil und wurzelig. Doch der Ausblick vom Gipfelkreuz in das Inntal lohnt die Mühe. Zurück geht es steil durch den Wald und wieder zur Riesenkopfalm, von dort ist der Abstieg identisch mit dem Hinweg (insgesamt 4.30 Stunden).

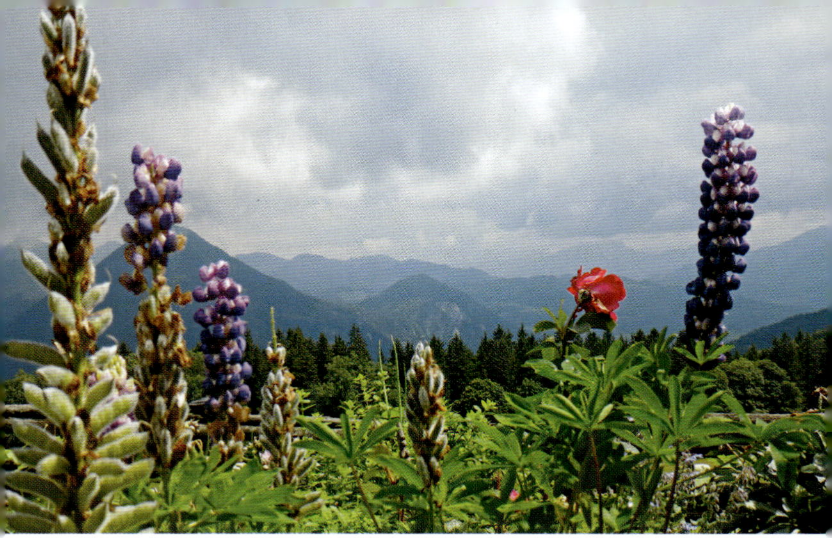

Hübscher Bauerngarten auf der Asten.

Variante zur Hochries: Statt durch das Tal des Steinbachs und Mühlthal kann man auch rechts des Bachs den Weg zur Wallfahrtskirche beziehungsweise Einsiedelei von Kirchwald einschlagen. Von hier verläuft der Weg Nr. 3 über die Weiler Gritschen und Schweibern zum Duftbräu.

i *Aufgrund seiner Verkehrsverbindungen bietet sich das am Inn gelegene* ***Rosenheim*** *als attraktiver Zwischenstopp auf dem Maximiliansweg an. Durch die Innschifffahrt und den Handel entwickelte sich der Ort mit seinen 64.000 Einwohnern bereits im Mittelalter zu einem bedeutenden Umschlagplatz für Waren. Lange konkurrierte die Stadt mit Wasserburg, doch die Lage an der Soleleitung von Traunstein und danach die Eisenbahn brachten schließlich den Ausschlag für eine steile wirtschaftliche Entwicklung und die Rolle einer viel besuchten »Einkaufsstadt«. Diese hält heute an, denn mehrere Firmen wie Ericsson, der den Antennenbauer Kathrein übernommen hat, und der Parketthersteller Hamberger operieren von Rosenheim aus. Herzstück der Stadt ist der Max-Joseph-Platz, geprägt von der traditionellen Inntal-Architektur mit Traufdächern und Arkadengängen. Direkt am Platz liegen das Holztechnische Museum und das Städtische Museum. Das Landesgartenschaugelände lädt zu Spaziergängen ein. Ausstellungen mit überregionaler Bedeutung gibt es im »Lokschuppen« zu sehen, der zu den zwölf besucherstärksten Häusern in Deutschland zählt. Weltweite Bedeutung genießt Rosenheim mit seinen innovativen Studiengängen in Holztechnik.*

6.10 Std.

↑890 ↓990

Hochrieshaus – Sonnenalm 17

Durch das Priental

Die heutige Etappe beginnt mit dem Abstieg in das Priental. Am Hochrieshaus genießen wir noch den grandiosen Blick Richtung Zentralalpen und auf das Rosenheimer Land. Nach Passieren der Burg Hohenaschau und der Querung der Talachse haben wir es mit einem sportlichen Gegenanstieg zu tun.

Friedrich von Bodenstedt: »Am nächsten Morgen, 24. Juli, galt unser Ausflug dem hoch und herrlich gelegenen Schlosse Hohenaschau, welches erst vor kurzem aus dem Besitz des Herrn von Leitner in den des Grafen von Bassenheim übergegangen war. In den großen herrschaftlichen Räumen sah es aus, als ob sie seit Jahrhunderten unbewohnt geblieben wären. Die alte Einrichtung war noch, bis auf die geringfügigsten Einzelheiten herab, vollständig erhalten, nichts Neues hinzugekommen und keine andere Beschädigung an den alten, kostbaren Möbelstoffen zu sehen, als welche der Hauch der Zeit und die Motten verübt hätten.«

Ausgangspunkt: Hochrieshaus, 1568 m.
Anforderungen: Breite Wanderwege, lediglich passable Kondition vonnöten.
Einkehr: Frasdorfer Hütte (ganzjährig geöffnet, kurzer Abstecher), Gaststätten in Aschau, mehrere kleinere Almen auf dem Weg zur Sonnenalm.
Unterkunft: Berggasthaus Sonnenalm, Tel. +49/8052/4411, 70 Betten in Zwei- und Sechsbettzimmern, www.kampenwand.de, info@kampenwand.de; Liftstüberl (am Reitweg, etwa 1 Std. von Hohenaschau aus) mit 30 Betten in 4 Zimmern, Tel. +49/8052/9064429 (11.00–17.00 Uhr) und +49/157/34411978.
Verkehrsmittel: Bahnhof der Deutschen Bahn in Aschau-Ortsmitte, etwa 2 km talabwärts von Hohenaschau; Regionalbusse in Aschau und Frasdorf; Kampenwand-Seilbahn von Hohenaschau aus bis zur Bergstation nahe der Sonnenalm.
Information: Tourist Info Aschau, Kampenwandstraße 38, 83229 Aschau, Tel. +49/8052/904937, www.aschau.de.

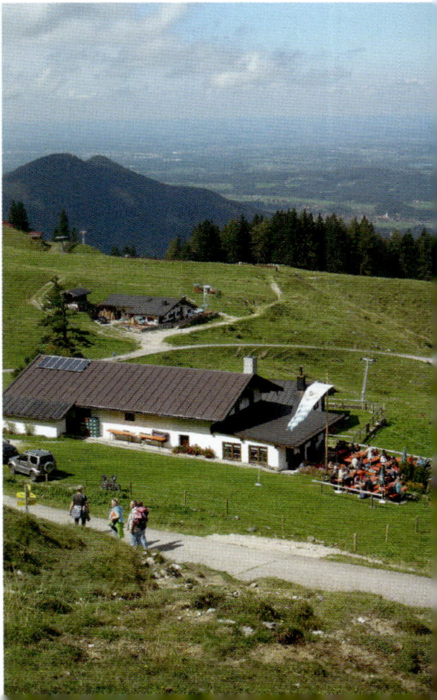

Sonnige Einkehrstationen an der Kampenwand.

i ***Hohenaschau*** *ist heute Bundesbesitz. Die Burg wurde im letzten Drittel des 12. Jahrhunderts als mittelalterliche Ringburg erbaut; während der Renaissance und im Barock wurde die mächtige Anlage wesentlich erweitert. Im 19. Jahrhundert lebte der Großindustrielle Theodor Freiherr von Cramer-Klett in dem Anwesen. Seine Nachfahren halten heute noch großen Grundbesitz im Hochriesgebiet. Von April bis Oktober finden Führungen durch Hohenaschau statt, das inzwischen auch eine Greifvogelwarte mit Flugvorführungen beherbergt. Aschau selbst ist ein beliebter Ferienort mit vielen Zweitwohnsitzen und Ausgangsbasis für reizvolle Tageswanderungen. Die örtliche Kinoinitiative »Filmriss« stellt ihre große mobile Leinwand im Sommer gerne zu Open-Air-Kinoveranstaltungen auf.*

Wir starten am **Hochrieshaus (1)**, 1568 m, über die breite Nordostseite des Berges hinab zu einem Wegkreuz, 1356 m, in der Nähe der Riesenalm (Hinweisschilder). Nach einer flacheren und offenen Passage über Almgelände mit Karstformen wie Dolinen erreichen wir die **Riesenhütte (2)**, 1346 m.
Auf bequemem, breitem Fahrweg geht es weiter bergab, nun durch den Wald. Nach der »Hammerleite« erreichen wir offeneres Almgelände mit einigen schönen Blicken auf den Chiemsee. Rechts zweigt nun im spitzen Winkel ein schmalerer markierter Weg ab (Nr. 217). Er kürzt eine großzügige Schleife ab und führt über eine große offene Fläche zur idyllisch gelegenen **Hofalm (3)**, 970 m. Links unterhalb, nahe am Hauptzufahrtsweg, können wir die Frasdorfer Hütte erkennen, an den Wochenenden ein beliebtes Ziel für

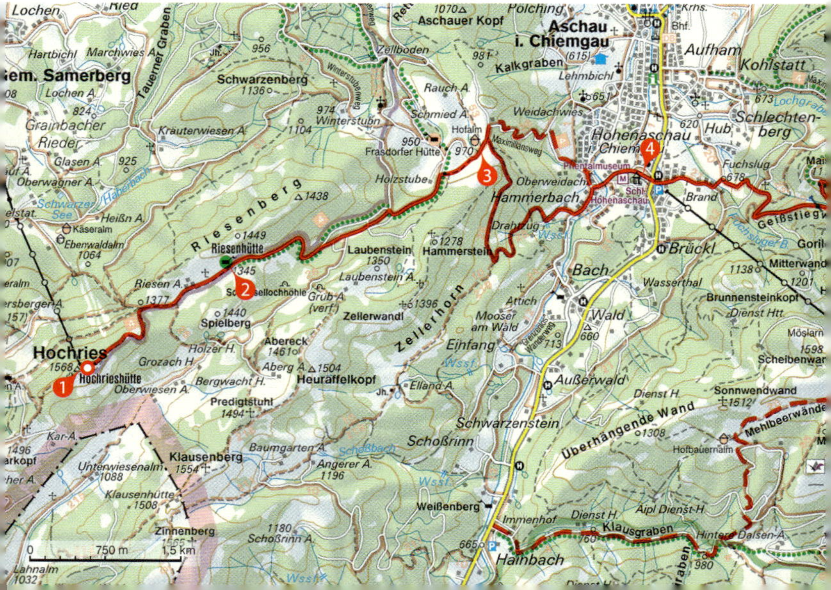

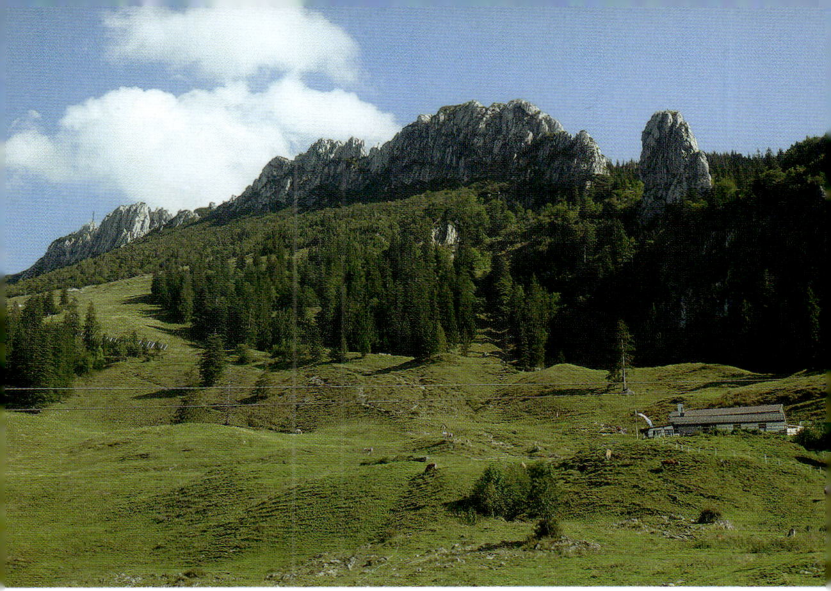

Die 1669 Meter hohe Kampenwand weist ein markantes Profil auf.

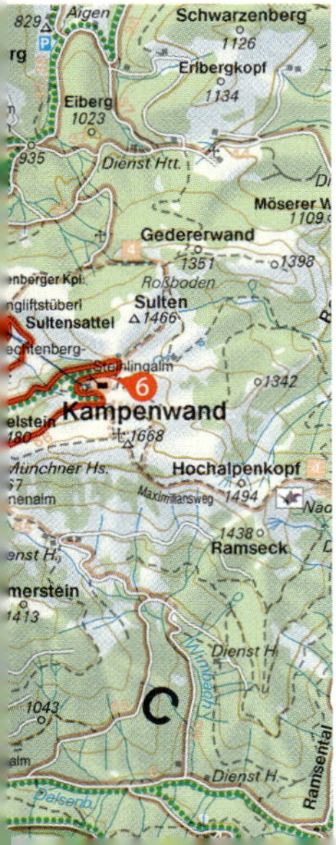

Mountainbiker und Familien mit kleineren Kindern. Etwa 100 Meter hinter der Hofalm haben wir am Waldrand die Wahl zwischen zwei Wegen, die beide nach Aschau hinunterführen.
Links führt der Weg Nr. 217 direkter und mit Schotter- und Kiesauflage über viele Serpentinen ins Tal. Nach rechts warnt ein Schild vor Hindernissen, bei Nässe ist der Weg unangenehm zu gehen. Bei Trockenheit ist die Wegführung aber durchaus attraktiv und das Hindernis besteht aus einer Geröllverblo-

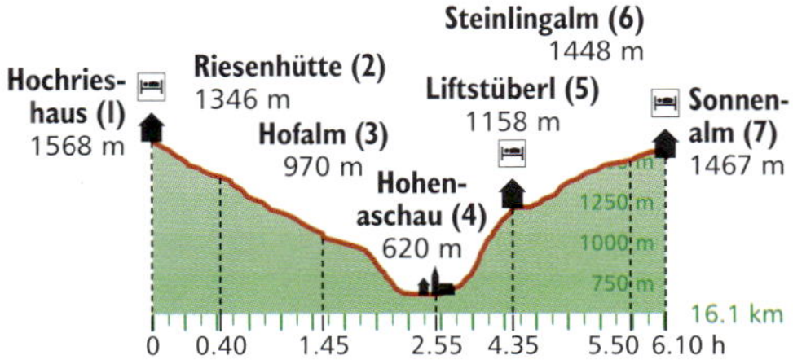

Der Ortsteil ***Hammerbach****, durch den wir Richtung Prien wandern, ist industriegeschichtlich ganz interessant. Pankraz von Freyberg verlagerte im 16. Jahrhundert die Eisenerzverhüttung nach Aschau. Die hier vorhandene Wasserkraft und der Holzreichtum lieferten die Energiebasis für die Herstellung des Eisens, das als Erz zum Teil von der Kampenwand kam. Im 19. Jahrhundert erwies sich die Technik allerdings als nicht mehr rentabel. Doch der Eisenbahnbau unter Baron Cramer-Klett brachte nicht zuletzt durch den wachsenden Fremdenverkehr neue Arbeitsplätze nach Aschau und in das Priental.*

ckung, die man dank guter Markierung leicht überqueren kann. Aus dem Waldstück heraus genießen wir bereits erste Blicke auf die Burg Hohenaschau.

An **Hohenaschau (4)**, 620 m, vorbei gelangen wir zur Talstraße. Links geht es in einer Viertelstunde zum eigentlichen Ortskern von Aschau, wo sich auch Einkaufsmöglichkeiten bieten. Wir überqueren für den Weiterweg die Talstraße gleich gegenüber am ehemaligen Ökonomiegebäude des Schlosses, das schön restauriert wurde. Hier geradeaus und in den Wald. Eine Viertelstunde nach Beginn an der Hauptstraße zweigt der alte Reitweg zur Kampenwand in spitzem Winkel nach links ab. In einigen Kehren und stets bergan steigen wir hinauf und halten uns an die reichhaltigen Beschilderungen (Weg 22). Nach einer halben Stunde queren wir die Skipiste und treffen zwanzig Minuten später auf ein Teersträßchen, dem wir nach rechts folgen. Nach weiteren zwanzig Minuten kommen wir zum **»Liftstüberl« (5)**, 1158 m, einer potenziellen Übernachtungsmöglichkeit. Jetzt können wir einfach der Teerstraße weiter folgen, bis wir an der Gorialm vorbei zur Sonnenalm kommen, unserer Herberge für die Nacht. Schöner ist allerdings der Abzweig am Liftstüberl nach links, zunächst auf einem Wanderpfad, Richtung **Steinlingalm (6)**, 1448 m, die wir nach weiteren zwanzig Minuten erreichen. Der erste Wegabschnitt bietet abseits vom Mountainbikerummel Chiemseeaussicht, die wir auch an der Steinlingalm genießen können. Der abgerundete Gipfel des Sulten lädt zu einem Abstecher ein. Von der Steinlingalm führt ein aussichtsreicher und viel begangener Weg leicht bergan in Richtung **Sonnenalm (7)**, 1467 m, die direkt oberhalb der Bergstation der Kampenwandbahn liegt.

Variante vom Priental zur Sonnenalm: Zunächst von Hohenaschau auf dem »Grenzenlos«-Wanderweg nach Hainbach (ca. 1.15 Std., gegebenenfalls mit dem Taxi oder an Wochentagen mit dem Bus Richtung Sachrang). Ab Hainbach durch den Klausgraben bergauf, nach etwa 50 Min. nach links steiler hinauf. In einer weiteren Stunde erreicht man die Hofbauernalm, eine schön gelegene Einkehr. Von hier durch karstiges Gelände unterhalb der Mehlbeerwände und mit Blick Richtung Kössener Ache zur Sonnenalm (ca. 30 Min.).

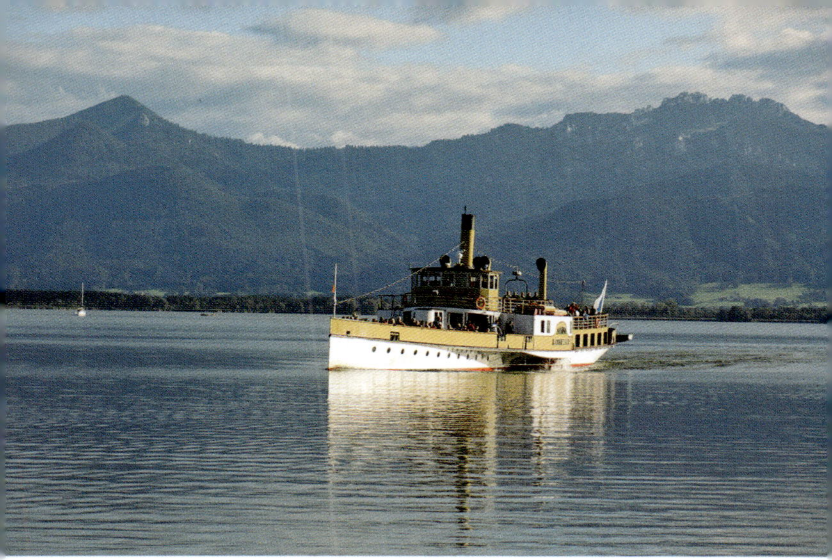

Schaufelraddampfer »Ludwig Fessler« vor der Kampenwand.

Auf Maximilians Spuren: Ausflug zu den Chiemsee-Inseln

Am anderen Morgen, 23. Juli, wurde bei besserem Wetter eine festliche Rundfahrt um den Chiemsee unternommen auf dem einzigen kleinen Dampfboot, welches den wenig belebten regelmäßigen Verkehr zwischen Inseln und Uferland vermittelte. Der Chiemsee, das größe Wasserbecken des Bayerlandes, und daher auch das bayerische Meer genannt, gilt seit Alters mit seiner Umgebung als eine Heimstätte des Friedens und eigenartigen, weil dem Getriebe großer Städte und Handelsstraßen fernliegenden Landlebens, poetisch in seiner Gegenwart wie in seinen Erinnerungen.
Nun, was dem König und seinem Begleiter Friedrich von Bodenstedt schon gefiel, ist heute ein Tummelplatz für viele Ausflügler. Segler, Radler und Spaziergänger sind auf und am Wasser unterwegs und vor allem die Inseln mit ihrer Lage ziehen geradezu magisch an. Falls man vor, nach oder während der Wandertour Zeit findet, sollte man sich diesen Chiemsee-Abstecher gönnen. Die Route sieht man vom Chiemsee aus und das Panorama der Bergkette hat durchaus überwältigenden Charakter.

Um zu den Inseln Frauen- und Herrenchiemsee zu gelangen, gibt es je nach Zeitbudget verschiedene Möglichkeiten. Recht urig ist die Fahrt mit der **Dampfbahn** von Prien-Bahnhof bis Prien-Stock. Fußgänger kommen zügig entlang der Seestraße zum Chiemsee. Wenn man einfach den Gleisen folgt,

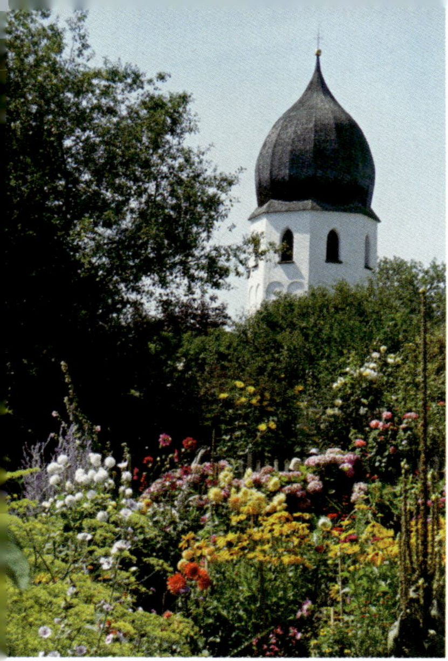

Blütenpracht auf Frauenchiemsee.

geht man parallel zur belebten Seestraße auf einem Fußweg die zwanzig Minuten zum Abfahrtsplatz der Ausflugsschiffe leicht hangabwärts. Sehr schön ist auch der Spazierweg über den Herrenberg, der vom Priener Ortsteil Ernsdorf aufsteigt. Von dort aus genießt man bereits einen schönen Blick auf den See und steigt von dort durch ein kleines Wäldchen mit Waldseilgarten zum See ab. Von der Uferpromenade aus starten die Schiffe der weißen Chiemseeflotte zu den Inseln und den Sommer über auch zu den weiter entfernten Orten am Chiemsee.

Eine schöne Uferwanderung ist der Weg nach Gstadt, wo ebenfalls die Schiffe halten. Hierzu halten wir uns an der Uferpromenade in Prien links und gehen am Prienavera-Bad vorbei. In einer halben Stunde erreichen wir die Prienmündung und die Schafwaschener Bucht, die unterhalb des Ortes Rimsting liegt. Immer auf dem Uferweg haltend, führt der Weg teils durch hohes Schilf, aber meist direkt mit Chiemseeblick am Ufer entlang. Es geht am Badeplatz Urfahrn vorbei und unterwegs gibt es mehrere Stationen zur Vogelbeobachtung. Aus einer schön schattigen Passage heraus erreichen wir die »Ufermeile« von Gstadt nach etwa drei Stunden. Auf der **Fraueninsel**, die in einer halben Stunde umrundet ist, besichtigen wir die Münsterkirche des Frauenklosters, deren größter Teil aus der Zeit um 1000 stammt. Berühmt ist die nach der Gründerin des Klosters benannte Irmengardkapelle mit ihren ro-

i **Prien am Chiemsee:** *Ein guter Ausgangsort für Etappen auf dem Maximiliansweg im Chiemgau ist das am Chiemsee gelegene Prien mit zwei Ortsteilen. Im kleinen Altort in Nähe des Bahnhofs stehen rund um die Pfarrkirche Mariä Himmelfahrt einige elegante Villen aus der Jugendstilzeit. Das Heimatmuseum zeigt Ausstellungen zu Fischerei und Chiemseetrachten. Mit dem »Feurigen Elias«, der Schmalspurbahn mit Dampfbetrieb, gelangt man zum Fährhafen Prien-Stock. An der Hafenpromenade herrscht internationale Atmosphäre, denn der Chiemsee hat sich längst auch durch den Gesundheitstourismus zu Chiemgauer Privatkliniken zu einem Besuchermagneten für Gäste aus dem arabischen Raum gemausert.*

manischen Fresken. Noch heute leben mehrere Schwestern im Kloster, wo man allerlei Meditations- und Literaturkurse und sogar ayurvedische Kochkurse besuchen kann. Freilich schmeckt an diesem Ort auch eine Chiemseerenke in einer der Inselwirtschaften mit ihren schönen Biergärten. Die **Herreninsel** hingegen ist mit ihrer Ausdehnung schon ein eigenes Wanderziel. Hier kann man schon zwei Stunden für die Inselumrundung unterwegs sein, am besten hat man Badesachen dabei. Von der Anlegestelle aus halten wir uns rechts und kommen nach zehn Minuten an der Kreuzkapelle vorbei. Dem Westufer folgend gelangen wir zum Schlosskanal und zurück Richtung Schloss. Auf dem Spazierwegesystem peilen wir nun den Südwesten an, den wir über eine alte Ringwallanlage erreichen. Von hier gehen wir auf dem ufernächsten Weg nach Südosten, zum Rastplatz »Pauls Ruh« am Wasser. Von hier wieder zurück zum Dampfersteg.

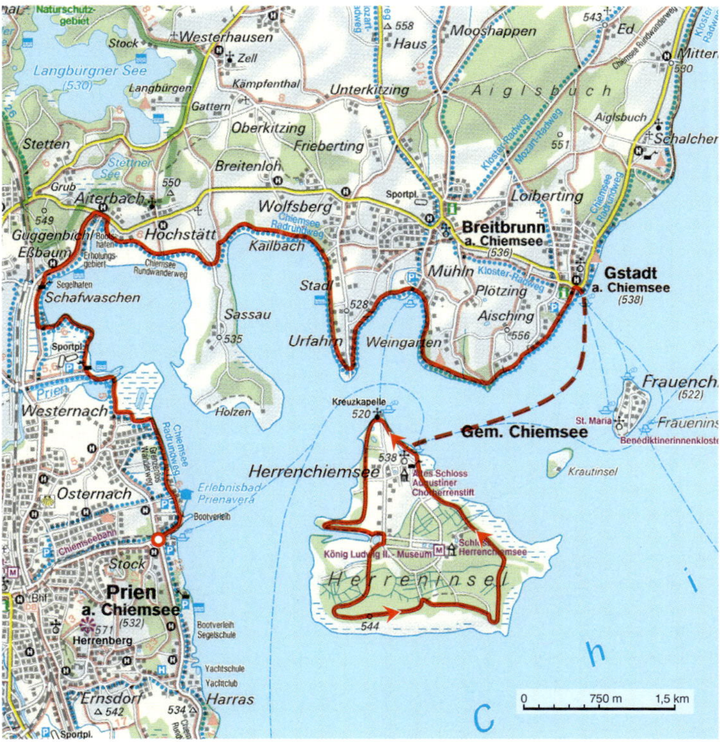

18 Sonnenalm – Hochgernhaus

7.40 Std.

↑1220 ↓1225

I gangad auf d' Kampenwand

»I gangad auf d' Kampenwand, wann i mit meiner Wampen kannt«, so lautet der bekannte Spruch für die Bergwanderer an einem der beliebtesten Ausflugsberge der Bayerischen Alpen. Hier treffen sich Turnschuhtouristen und Kletterer, Mountainbiker und Fernwanderer. Der Seilbahnbetrieb von Hohenaschau aus ist beliebt und der kurze Weg von der Gipfelstation der Bergbahn bis zur Steinlingalm hochfrequentiert von Familien mit kleinen Kindern und den Großeltern, »G'wamperten« und Gehfaulen, die alle gerne die Blicke auf Rosenheimer Land und Chiemsee genießen.

Bei der königlichen Reise regnete es in Strömen, woraus eine Anekdote resultiert. Denn die Reise ging nach Prien, und von dort aus wurde ein Kundschafter ausgesandt. Dieser hatte jedoch so seine Mühe mit den durchnässten Gestalten und er kam »auf uns zugelaufen mit der flehentlichen Frage, ob wir ihm nicht sagen könnten, wann der König käme. ‚Ich bin der König', antwortete dieser. Der Mann sah Se. Majestät ungläubig an und sagte, wir möchten ihn doch nicht zum Besten haben: schon zweimal sei er von Prien ausgeschickt worden, um aufzupassen und zu melden, wann der König einträfe, und jedesmal sei er angeführt worden. (...) Er hat gewiss noch keinen König gesehen und kann sich einen solchen ohne Scepter und Krone nicht denken, bemerkte ich.«

Angesichts der Wetterlage kam die Besteigung der Kampenwand für den König nicht in Frage, die allerdings königlichen Blicke sind uns vorbehalten. Chiemsee, Simssee und die Landkreise Rosenheim und Traunstein breiten sich wie ein blaugrüner Teppich vor dem Auge der Wanderer aus.

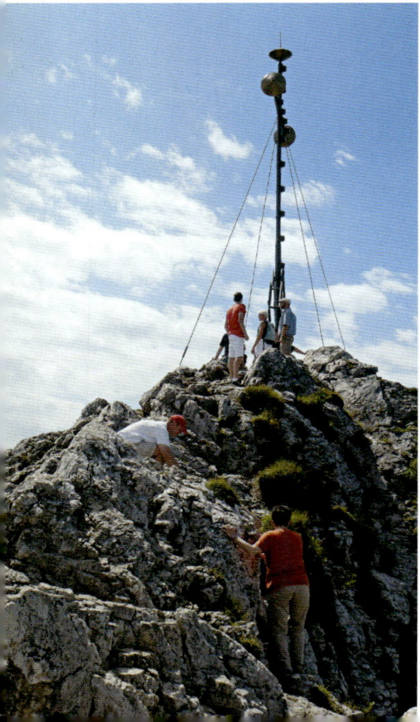

Der Kampenwandgipfel mit dem 36 Zentner schweren Chiemgaukreuz.

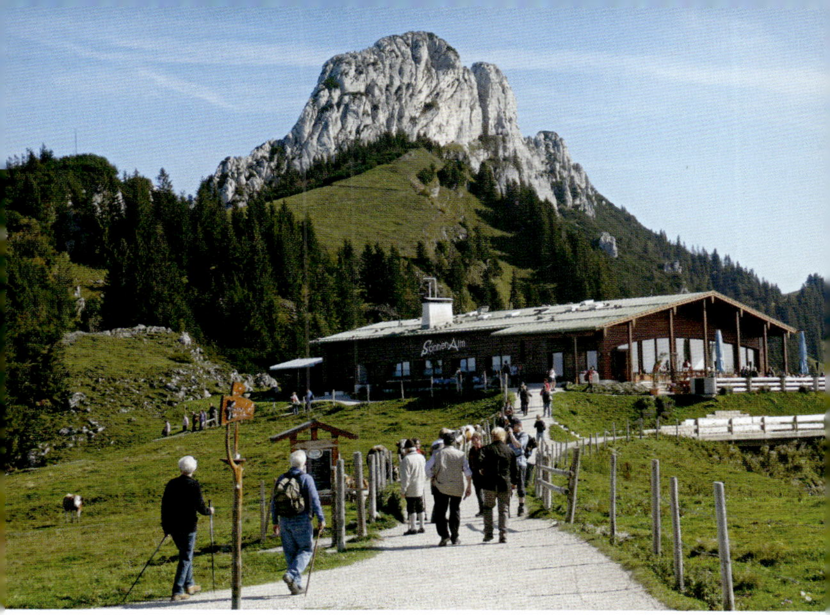

Die Sonnenalm mit dem Westgipfel der Kampenwand.

Ausgangspunkt: Sonnenalm, 1467 m.
Anforderungen: Konditionell mittelschwere Etappe mit gut begehbaren Wanderwegen. Vorsicht bei Nässe, dann kann der Aufstieg zum Kampenwandgipfel sehr rutschig sein. Im Gipfelbereich kurze Seilsicherungen, beim Aufstieg muss man an einer Felsstufe kurz die Hände zu Hilfe nehmen. Bei den Varianten rund um den Gipfelbereich schmale Bergpfade ohne nennenswerte Schwierigkeiten.
Einkehr: Steinlingalm (Mai–Okt. sowie bei Skibetrieb), Piesenhausener Hochalm (Mai–Okt.), Plattenalm (Mai–Okt.), Staffenalm (Mai–Okt.), Hefteralm (kleiner Schlenker beim Abstieg, Mai–Okt.), Gasthäuser in Marquartstein.
Unterkunft: Hochgernhaus (privat), ganzjährig geöffnet, 13 Plätze in Zimmerlagern, 20 Plätze im Schlafsaal/Matratzenlager, Tel. +49/8641/61919 sowie +49/174/9359156 (Moritz Lange) und +49/163/2497558 (Robert Plajer), www.hochgernhaus.de (keine DAV-Hütte).
Verkehrsmittel: Busverbindungen von Marquartstein nach Reit im Winkl, Traunstein und Prien; Hochplatten-Sessellift Tel. +49/8641/7216.
Information: www.hochfelln.de; Tourist-Info Ruhpolding, Postfach 1460, 83321 Ruhpolding, Tel. +49/8663/88060, www.ruhpolding.de, tourismus@ruhpolding.de.

Normalweg mit nördlicher Umgehung der Kampenwand: Von der **Sonnenalm (1)**, 1467 m, marschieren wir auf dem breit ausgebauten Spazierweg leicht bergan, dann hinunter zur **Steinlingalm (2)**, 1448 m. Von der Alm Richtung Gipfel. Etwa 100 Meter oberhalb der Steinlingalm biegen wir nach

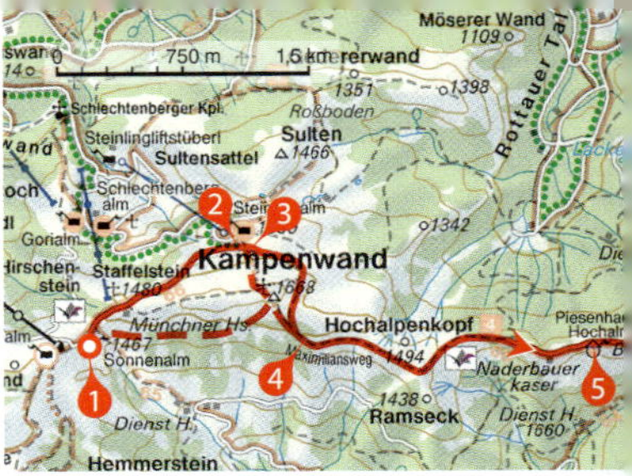

links in Richtung Latschenbewuchs ab und folgen der Beschilderung **»Via Alpina« (3)**, 1550 m. In Richtung Ostgrat steigen wir in eine schmale Scharte, darauf queren wir über Felsen nach rechts und steigen durch eine steile Rinne wieder nach unten in offeneres Gelände. An der grasbewachsenen Kuppe zweigt rechts der Gipfelsteig ab. Wir halten uns hier nach links und stoßen auf dem **Sattel vor dem Raffen (4)**, 1470 m, auf ein Schild »Maximiliansweg/E4«, von hier aus gehen wir nach links weiter Richtung Hochplatte. Meist leicht absteigend geht es auf dem Pfad, der dem Kammverlauf von Raffen und Hochalpenkopf unterhalb folgt, zunächst zur **Piesenhauser Hochalm (5)**, 1360 m. Die Alm liegt attraktiv in offenem Gelände mit toller Aussicht. Folgt man dem ab hier breiter ausgebauten Almweg, so passiert man zunächst die Plattenalm, 1320 m. Von hier ist es ein angenehmer, bewaldeter Abstieg zur Bergstation des Hochplatten-Sessellifts, 1040 m, der durchaus zur Entlastung der Abstiegs-Knie oder zum Ausgleich der vorherigen Brotzeitpause genutzt werden darf. Bereits 100 Meter vor der Bergstation setzt auch der Weg hinab nach Marquartstein an.

Eine schöne Abstiegsvariante ist der angenehme Weg über die im Gebiet gut ausgeschilderte Hefteralm, vor allem, wenn Sie im Tal übernachten und noch Zeit haben. Auf der Almterrasse sitzen Sie am Nachmittag bei regionalen Spezialitäten und können Ponys und ein Backhäusl betrachten.

Blick von der Kampenwand auf den Sulten (links), die markante Gedererwand und den Chiemsee.

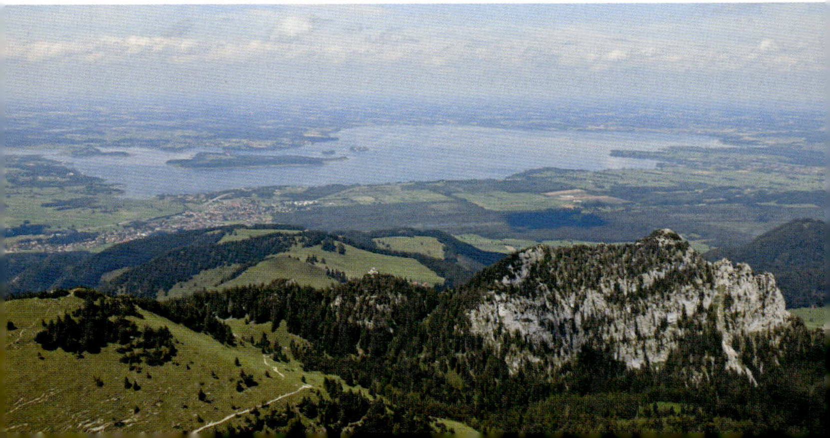

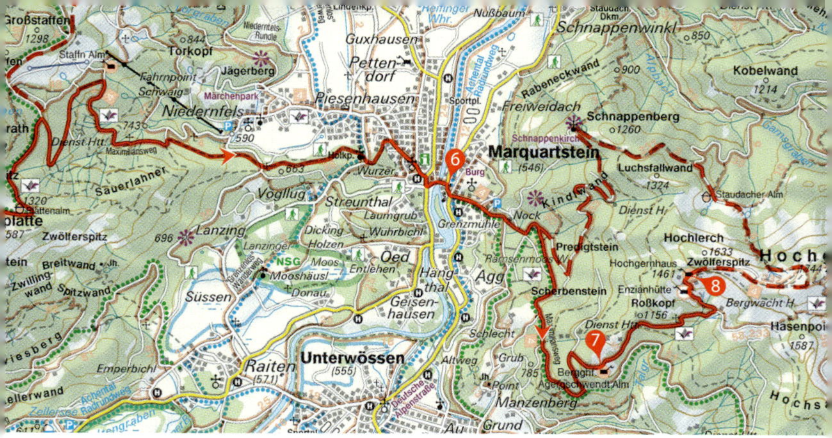

Gipfelabstecher zur Hochplatte, 1587 m: Kurz nach der Piesenhausener Hochalm und einer Wegkreuzung weist ein Schild nach rechts hinauf. Ein schöner, aber auch steiler Aufstieg führt gut 250 Höhenmeter zum Gipfel der Hochplatte. Auf demselben Weg geht es wieder zurück Richtung Piesenhauser Hochalm und weiter nach rechts auf dem Hauptweg. Für den Extra-Abstecher muss man eine Stunde zusätzlich einplanen.

Über die Ortsteile Niedernfels und Piesenhausen erreicht man über kleine Teerstraßen das schmucke Ortszentrum von **Marquartstein (6)**, 546 m, mit Buchhandlung und Cafés. Hier geht es auf der Brücke über die Tiroler Achen, dann rechts und gleich nach links steil aufwärts in einer Viertelstunde zum großen Wanderparkplatz (beschildert). Die Orientierung ist unschwierig, die Wegführung eindeutig. An manchen Stellen zweigen »Abkürzer« als Wanderpfade von der Zufahrts- beziehungsweise Forststraße ab. Diesen kann man ruhig folgen, sie treffen wieder auf den Hauptweg. Weiter hinauf führt der Weg eine Stunde nach dem Wanderparkplatz an der **Agergschwendalm (7)**, 1040 m, mit anziehenden Einkehr-Tischen in aussichtsreicher Lage vorbei. Eine halbe Stunde später erreichen wir an der Berg-

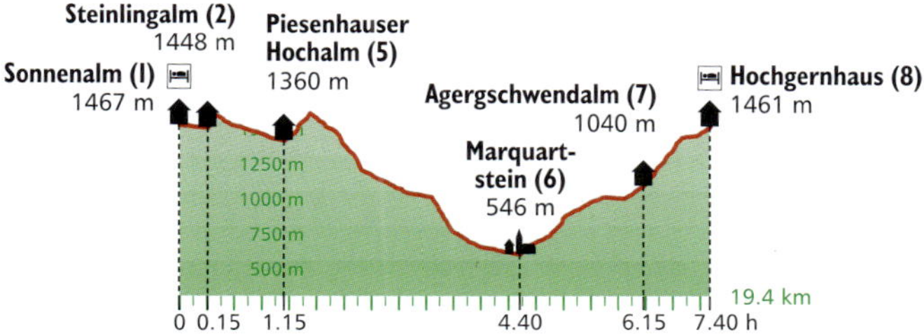

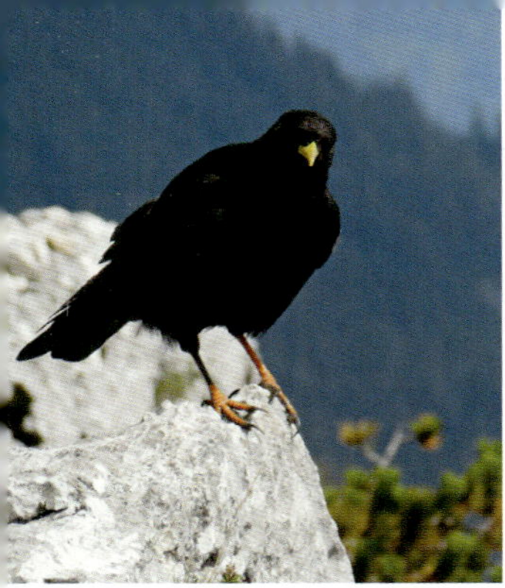

Bergdohle an der Kampenwand.

wachthütte einen Abzweig. Falls man nicht das Hochgernhaus ansteuern sollte, könnte man hier auf einem Pfad an der Gern-Alm vorbei zur Bischofsfellnalm abzweigen. Wir halten uns aber nach links. Allmählich wird das Gelände freier und offener und wir erreichen zwanzig Minuten nach der Bergwachthütte und nach zweistündigem Aufstieg die Enzianhütte und das privat betriebene **Hochgernhaus (8)**, 1461 m. Hier tummeln sich Murmeltiere, die man mit etwas Geduld beobachten kann. Auch für Mountainbiker und Gleitschirmflieger ist das Haus eine beliebte Anlaufstelle.

Variante südliche Umgehung der Kampenwand (kaum markiert!):
Direkt an der **Sonnenalm (1)** beginnt ein schmaler Bergpfad. Geradeaus hinunter führt er ins Tal nach Schleching. Bereits nach zwanzig Metern verzweigt er sich nach links. Dieser zunächst unmarkierte Weg umgeht die Kampenwand in reizvollem Bergwaldgelände und wir sehen ab und zu rotweiße Markierungen. Nach etwa einer Stunde Gehzeit und kleineren Auf- und Abstiegen trifft er südlich der Kampenwand auf den Sattel vor dem **Raffen (4)**. Hier steht wieder ein Schild »Maximiliansweg/E4« und wir gehen weiter in der Verlängerung des bisherigen Weges Richtung Hochplatte.

Variante mit Kampenwandgipfel:
Bis zur Steinlingalm identisch mit Normalweg. Von der **Sonnenalm (1)**, 1467 m, gehen wir auf dem breit ausgebauten Spazierweg leicht bergan, dann hinunter zur **Steinlingalm (2)**, 1448 m. Der Gipfelanstieg zur Kampenwand ist auch ohne Schild leicht zu finden: Einfach bergauf auf dem breit ausgetretenen Weg. Nach einer felsigen Passage und einer steileren Stufe, an der man kurz die Hände zu Hilfe nehmen muss, treffen wir auf die imposanten »Kaisersäle« mit ihren beeindruckenden Dolomitsäulen. Linker Hand geht es zum Gipfelfelsen, der zunächst nordseitig mit Hilfe von Drahtseilen umgangen wird. Den Grat hinauf erreichen wir das riesige Kreuz am Ostgipfel der **Kampenwand**,1664 m. Vom Gipfel der Kampenwand genießt man dann das Panorama des Prientals und des gesamten Chiemsees sowie der gegenüberliegenden Berchtesgadener Alpen, des Kaisergebirges, der Loferer Steinberge, der Hohen Tauern, des Großglockners und des Großvenedigers.
Gleichzeitig kann man das gigantische Gipfelkreuz, das man auch Chiemgaukreuz nennt, bewundern. An verschiedenen Tagen, zu besonderen Anlässen, ist das Chiemgaukreuz nachts beleuchtet. Das 12 Meter hohe Gipfelkreuz wurde 1951 errichtet und wird seit kurzer Zeit mit einer Solar-

anlage für die Beleuchtung betrieben. Für den weiteren Weg gehen wir kurz am Grat zurück, dann rechts wieder an einem Drahtseil hinunter auf eine Stufe. Wir queren den Hang und gelangen durch Latschengebüsch, wo wir auf den Weg der Variante treffen. An dem offeneren Wiesengelände vor dem Raffen treffen wir rechts auf einen schmalen Bergpfad und das Hinweisschild »Maximiliansweg/E4« und von hier aus folgen wir dem Pfad nach links Richtung Hochplatte.

Variante über Schnappenkirche zum Hochgerngipfel:
Wer gerne zweimal auf den Hochgerngipfel steigen will, kann dies im Rahmen eines der schönsten Aufstiege der Chiemgauer Alpen tun. Wer kein Konditionsbolzen ist, hat hierfür vorher entweder den Kampenwandgipfel ausgelassen, den Sessellift nach Marquartstein benutzt, im Tal übernachtet oder alles drei zusammen. Vom großen Wanderparkplatz oberhalb der Burg (s. Normalweg) aus bleiben wir zunächst auf dem linken der beiden bergauf führenden Fahrwege, kommen links an einem Denkmal vorbei und halten uns an der nächsten Verzweigung nach rechts Richtung Schnappenkirche. Ein steiler, aber im Sommer auch schön schattiger Weg führt hoch zur eindrucksvoll gelegenen **Schnappenkirche**, 1099 m. Ein zunächst leicht an-

Von der Schnappenkirche aus bieten sich tolle Blicke auf den Chiemsee und die großen Filzengebiete wie die Kendlmühlfilze.

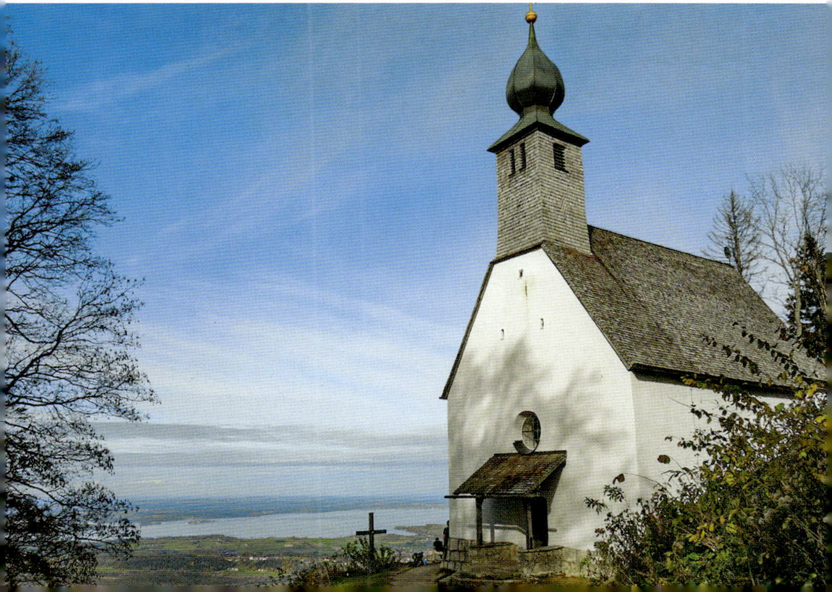

steigender, dann fallender Waldweg bringt uns zum Fahrweg zur **Staudacher Alm**, 1142 m, hier gehen wir nach rechts. Über das Almgelände gelangen wir zu einem steileren Absatz und steigen über diesen in engen schweißtreibenden Kehren an. Bei Nässe ist dieser Weg unangenehm zu gehen, dann empfiehlt sich der Normalweg zum Hochgernhaus. Von der Alm aus konnte man bereits zwei markante Felsen sehen. Durch das von ihnen gebildete Joch hindurch, danach verläuft der Weg nach links und weiter Richtung Gipfel des **Hochgern**. Über den Kamm des Hochgern lassen wir den Weg zum Hochgernhaus rechter Hand liegen und gehen auf weiten Kehren noch eine halbe Stunde bis zum Gipfel.

***i* Die Sage der Steinlingalm**

Vor langer Zeit sind riesige Steinbrocken aus dem Kampenwandmassiv gebrochen und heruntergestürzt, die dann in der Umgebung der heutigen Steinlingalm liegen geblieben sind. Natürlich waren zuerst die Steinbrocken da und die Gebäude wurden dazwischen gebaut. Aber eine Sage schildert ein anderes Geschehen:

»Der Pfarrer von Bernau hatte damals mit einigen Burschen ein arges Kreuz, denn sie kamen nicht mehr regelmäßig zum Sonntagsgottesdienst, im Sommer schon gar nicht. Traurig schaute der Pfarrer über die leeren Kirchenbänke durch das Kirchenfenster zur Kampenwand hinauf. Dort oben gab es eine herrliche Alm, umgeben von saftigen grünen Wiesen, die noch nicht von Steinbrocken umgeben war. Ja, und dort oben auf der Alm, da gab es eine wunderschöne, brave und tüchtige Sennerin. Jetzt kennen wir auch den Grund, warum die Burschen nicht mehr zum Gottesdienst erschienen. Ja, jeden Sonntag waren die Burschen oben bei der Kampenwand. Dort oben war es schön, bei dem Klang der Zither wurde getanzt und an Speisen und Trank wurde auch nicht gespart. Dies ging noch einige Zeit gut, bis der Pfarrer wieder traurig über die leeren Kirchenbänke zur Kampenwand schaute. Da fing er an gegen die Burschen zu schimpfen, so laut mit seiner donnernden Stimme, dass die Eltern der Burschen den Pfarrer erhörten. Für die Burschen kam eine harte Woche, weil die Eltern ihnen hart zusetzten. Doch die Burschen ließen sich nicht bekehren. Am nächsten Sonntag waren sie wieder oben bei der Kampenwand und auf der Alm ging es noch wilder zu als je zuvor. Das Läuten der Kirchenglocken wurde von den Burschen mit Hohngelächter begrüßt, als dann das »Wandeln« ertönte, da ergriff einer der Burschen einen Laib Käse und äffte die heilige Handlung nach. Da half auch die Warnung der schönen Sennerin nichts mehr. Die Burschen waren mit vollem Gelächter bei dem bösen Spiel und empfingen kniend den Segen mit dem Laib Käse. Da brach das Strafgericht Gottes über die Burschen herein. Niemand konnte sich mehr bewegen. Der Himmel hat die Gotteslästerer zu Steinbrocken erstarren lassen. Die schöne Sennerin rannte wie verrückt ins Tal hinab und brach am Kirchentor zusammen. Ihre letzten Worte gaben der Gemeinde die Nachricht über das göttliche Strafgericht.«

(Quelle: Max Ziegmann: Aschau, wie es früher war. Selbstverlag, 1964, gesehen auf der Website der Steinlingalm)

7.10 Std.

↑885 ↓1690

Hochgernhaus – Ruhpolding

19

Aussichtsbalkone über dem Chiemsee

»Der ganze Chiemgau ist eine kleine Welt für sich mit in Jahrtausende zurückreichenden Kulturwurzeln und voll anheimelnder Reize, deren glänzenden Mittelpunkt der See mit seinen traulichen Inseln bildet.« (F. von Bodenstedt) Den Inseln stattet die Reisegesellschaft auch gerne einen Besuch ab, und es »wurde bei besserem Wetter eine festliche Rundfahrt um den Chiemsee unternommen auf dem einzigen kleinen Dampfboot, welches den wenig belebten regelmäßigen Verkehr zwischen Inseln und Festland vermittelte.« Nun, die Nonnen auf der Fraueninsel freuten sich derart über die Gäste, dass sie es mit der örtlichen Führung gehörig übertrieben: »Herzerhebender und feierlicher als der Klosterbesuch bei den Benedictinerinnen gestaltete sich die Rückfahrt über den See nach Prien. Es war ein reiner, frischer Sommerabend, der allen Zauber vereinigte, den eine weitgestreckte Berglandschaft zwischen blitzendem Wasser und klarem Himmel zu bieten vermag.«

Die Insel Frauenchiemsee – wie ein Schiff im »bayerischen Meer«.

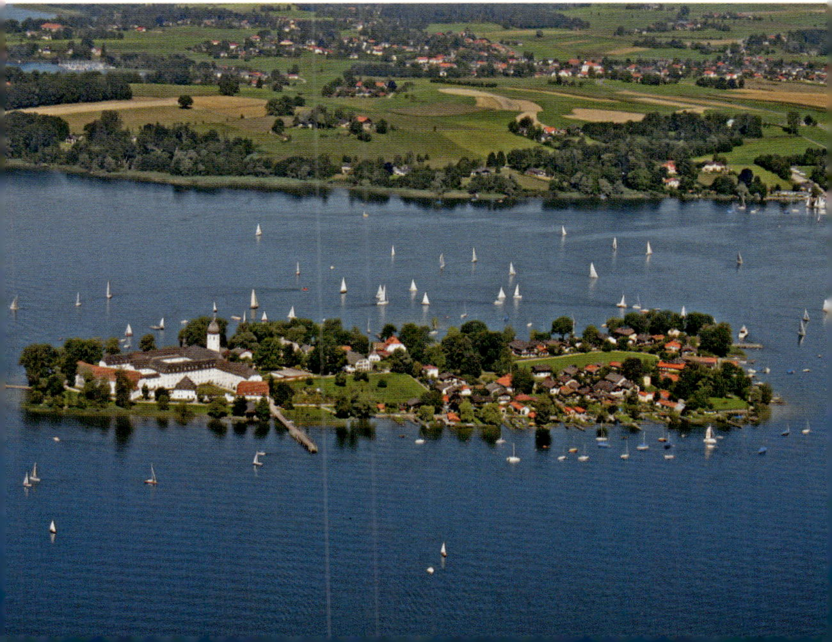

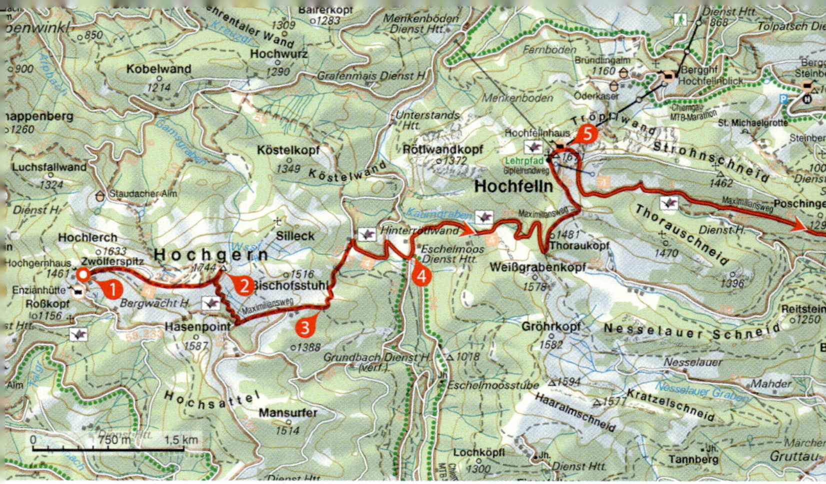

Ausgangspunkt: Hochgernhaus, 1461 m.
Anforderungen: Mittelschwere Etappe mit einigem Auf und Ab auf meist schmaleren Bergpfaden. Der Abstieg vom Hochgern kann bei Feuchtigkeit rutschig werden, ebenso der »wurzelige« Weg zum Hochfellngipfel. Der Abschnitt erfordert gute Kondition, denn mit dem Hochfelln steht ein Gegenanstieg an, zudem wandern wir eine längere Strecke nach Ruhpolding ausschließlich bergab.
Einkehr: Bischofsfellnalm, kurzer Abstecher zur Hinteralm nach Abstieg vom Hochgern, Hochfellnhaus, bei der Variante über den Toraukopf zur Toraualm, Gaststätten in Ruhpolding.
Unterkunft: In Pensionen und Hotels in Ruhpolding und Inzell. Das Hochfellnhaus bietet keine Übernachtungsmöglichkeit!, Tel. +49/8662/8233 und +49/170/3232926.
Verkehrsmittel: Seilbahn vom Hochfelln nach Bergen. Mittelstation auf ca. 1000 m Höhe. Tel. +49/8662/8511; Bahnhof der Südostbayernbahn in Ruhpolding mit Verbindung nach Traunstein (EC-Halt), dort Anschluss Richtung München bzw. Salzburg; in Bergen ebenfalls Busse, zu Fuß halbe Stunde von der Talstation der Seilbahn bis zum Bahnhof.
Information: Tourist-Information Ruhpolding, Bahnhofstraße 8, 83321 Ruhpolding, Tel. +49/8663/88060, www.ruhpolding.de, tourismus@ruhpolding.de; Inzeller Touristik, Rathausplatz 5, 83334 Inzell, Tel. +49/8665/98850, info@inzell.de, www.inzell.de.

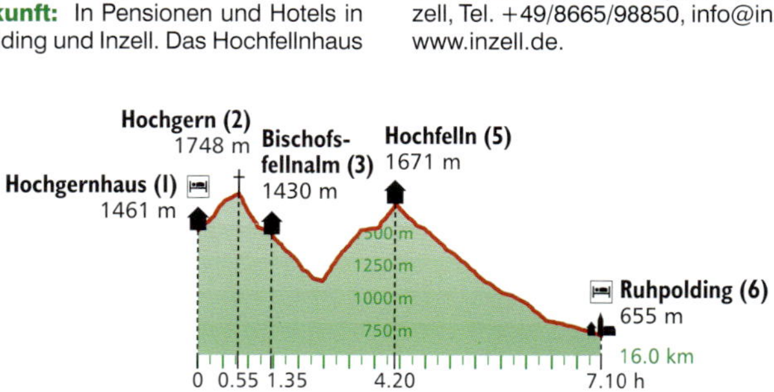

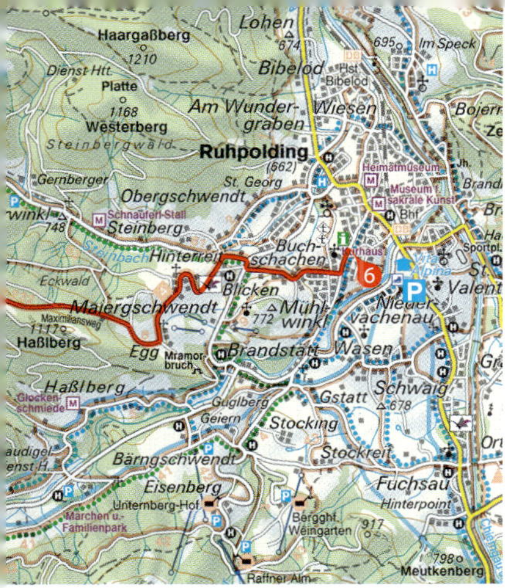

Meist den Chiemsee, das »bayerische Meer« mit Frauen- und Herreninsel sowie der kleinen Krautinsel im Blick, erklimmen wir mit Hochgern und Hochfelln zwei »Nachbarn«, die uns gigantische Ausblicke auf die voralpine Moränenlandschaft im Norden und die Hochgebirgsketten im Süden spendieren. Der Abschnitt erfordert gute Kondition, denn mit dem Hochfelln steht ein Gegenanstieg an, zudem wandern wir eine längere Strecke nach Ruhpolding ausschließlich bergab.

Direkt oberhalb des **Hochgernhauses (1)**, 1461 m, startet der schmale, teils steile Weg zum Gipfel (Schild). Er steigt diagonal an den Südhängen des Hochlerchs nach rechts über dem spärlich bewaldeten Hang an. Bald erreicht man die Kuppe und sieht im freien Gelände den Gipfel des Hochgern. Auf dem kleinen, gut sichtbaren Weg wandern wir auf dem Kamm entlang und passieren den Abzweig mit dem Weg, der von unten von der Staudacher Alm kommt. Nach ein paar weiteren Kehren stehen wir am Gipfelkreuz des **Hochgern (2)**, 1748 m, von wo aus wir eine herrliche Aussicht

Die Bischofsfellnalm unterhalb des Hochgern.

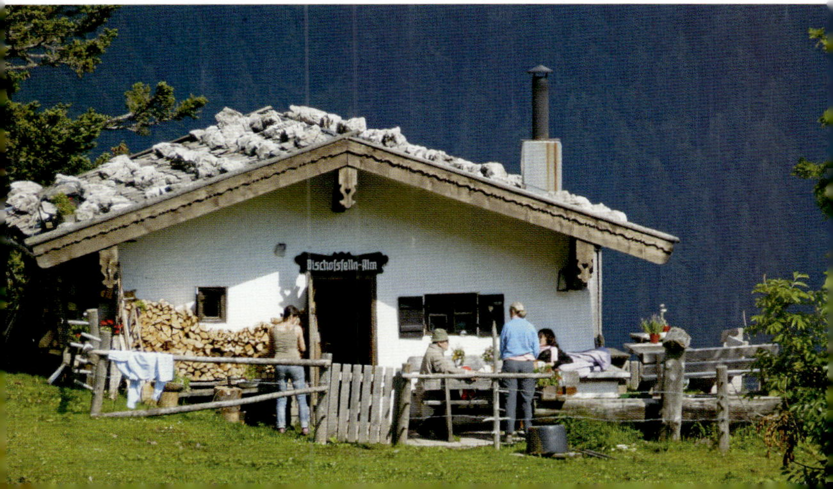

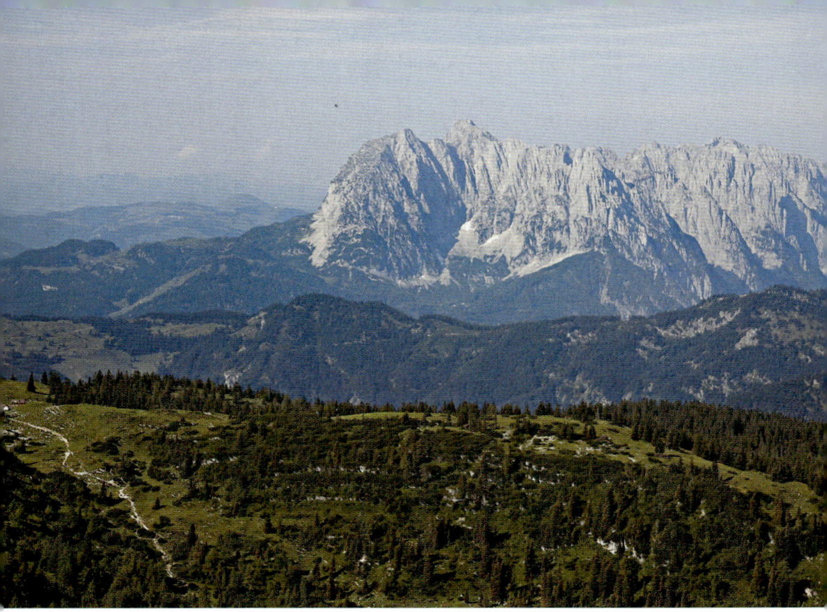

»Gletscherblick« auf das Kaisergebirge.

auf den Chiemsee genießen. Rechts von uns steht die kleine Gipfelkapelle. Wir wenden uns nach links und treffen etwa dreißig Meter vom Gipfelkreuz entfernt auf den Abstiegsweg. Der schmale, von hohem Gras bedrängte Pfad führt in kurzen Kehren den steilen Südhang hinunter, wo wir im Wald nach zwanzig Minuten vom Gipfel auf eine Wegkreuzung treffen. Hier gehen wir nach links und folgen einem unscheinbaren Bergpfad zur urigen **Bischofsfellnalm (3)**, 1430 m, die wir in einer Viertelstunde erreichen. Der Weg verzweigt sich. Der linke Weg führt hinunter zur Hinteralm, 1131 m, einer beliebten Brotzeiteinkehr. Wir halten uns jedoch rechts entlang des Eschelmoosbachs und gehen weiter abwärts. In einer offenen Senke mit Sandstraßen-Zufahrten erreichen wir die **Eschelmoosdiensthütte (4)**, 1073 m. Um zum zweiten »Aussichtsbalkon« zu gelangen, haben wir von hier aus immer noch rund 600 Höhenmeter zu bewältigen. Zunächst durchqueren wir die Senke und wandern ab der Diensthütte auf einem Forstweg, dann folgen wir durch den Bergwald den Markierungen des Wanderwegs. Der Maximiliansweg verläuft hier identisch mit dem Europäischen Fernwanderweg E4 und der Via Alpina. Besonders Letzterer ist auf diesem Abschnitt gut markiert. Vom Weißgraben aus, einem mit Geröll gefüllten Einschnitt, steigt der Weg zu einer Scharte auf einem kleinen Grat an. Links gehen wir unterhalb des Toraukopfs vorbei und wir folgen dem Verlauf des Grats auf einem schmalen Pfad, der unterhalb verläuft und leicht bergan zur Torauschneid zieht. Von hier aus könnten wir nun in einer Wegvariante über die Toraualmen nach Ruhpolding absteigen. Wir halten uns aber nach links und queren auf schmalen Pfaden durch den Latschenbewuchs bergauf. Schließlich wird das Gelände wieder offener und wir befinden uns in der Gipfelregion des **Hochfelln (5)**, 1671 m, mit seiner Gipfelkapelle und dem Hochfellnhaus, wo Jodelkurse angeboten werden. Auch die Hochfelln-Seilbahn hat hier ihre Bergstation und dementsprechend ist hier viel los. Sehr schön und interessant ist der botanische Rundweg im Gipfelbereich. Hier wachsen viele seltene Bergblumen, die wiederum eine große Zahl an Schmetterlingen anziehen.

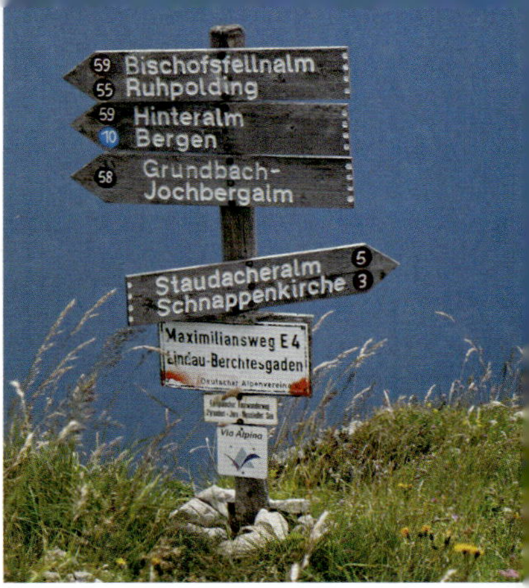

Wegweiser am Gipfel des Hochgern.

Etwa 50 Meter rechter Hand vor der Gipfelstation der Seilbahn beginnt unser Abstieg an einem Wegweiserbaum mit vielen Hinweisschildern. Zunächst auf breitem Weg steigen wir etwa zehn bis fünfzehn Minuten Richtung Strohnschneid ab, dann folgen wir dem Hinweis zur Fellnalm und nehmen den schmaleren Pfad, der nach rechts abzweigt. Wir passieren die in einer Senke gelegene Fellalm und bleiben auf unserem Weg Nummer »63«, zweigen nicht nach rechts auf den Weg »65« ab. Nachdem wir die Hänge der Poschinger Wand verlassen haben, gelangen wir auf einen quer verlaufenden Forstweg. Der Weg geradeaus ist mit »Ruhpolding« ausgeschildert und führt zu einer Teerstraße zwischen Bacherwinkl und Ruhpolding. Der Weg nach rechts über den Weiler Egg, 810 m, ist der schönere. Ihm folgen wir und gelangen über Hinterreit und Nebenstraßen hinein nach **Ruhpolding (6)**, 655 m.

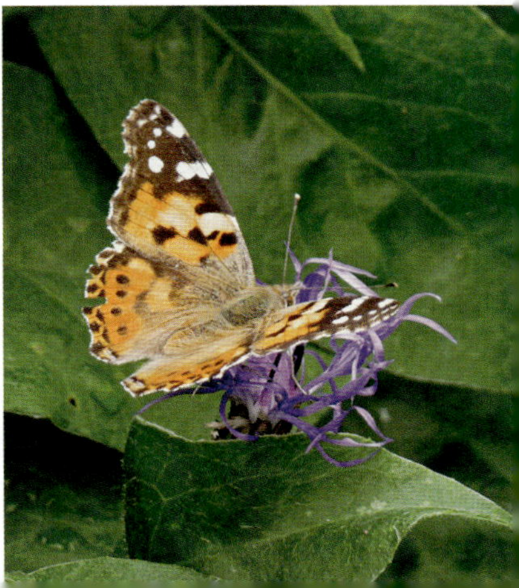

Naturparadies rund um den Hochfellngipfel.

Auf Maximilians Spuren – Abstecher nach Reit im Winkl

Wie eingangs erklärt, verläuft die Route des Deutschen Alpenvereins nur abschnittsweise auf der historischen Reiseroute König Maximilians II. In den Chiemgauer Bergen überschreiten die Wanderer die »erste Reihe« mit der tollen Balkonsituation der Aussichtsberge oberhalb des Chiemsees. Doch auch die weiter südliche »zweite Reihe« hat es in sich und bietet viele landschaftliche Kostbarkeiten. Im Jahr 1858 verlief die »Königsreise« auf dem Weg von Kufstein vermutlich am Walchsee vorbei und durch Kössen nach Reit im Winkl. Der Chronist Friedrich von Bodenstedt berichtet begeistert: »Reut im Winkel gehörte zu den gesangsreichsten Dörfern, und wer nicht singen konnte, der suchte seine Freude, den König im Dorfe zu haben, auf andere Weise auszudrücken; rund umher brannten weithinleuchtende Feuer, und bis tief in die Nacht hinein wurde gejubelt und geschossen.«
Nun, Maximilian gefiel es sehr gut in der schmucken Alpengemeinde, die heute mit einem großen Wanderwegenetz und hervorragenden Langlaufloipen aufwartet. Im Herbst 2011 verlieh das Deutsche Wanderinstitut der Gemeinde ein Gütesiegel für ihren ersten »Premiumwanderweg«, der mit einem sehr abwechslungsreichen Wegverlauf alles bietet, was das Wanderherz begehrt. Zu Recht trägt der Weg den Titel »Gletscherblick«, denn die Aussicht nach Süden reicht weit in den Alpenhauptkamm hinein.

Das Gebiet der Durchkaseralmen oberhalb von Reit im Winkl.

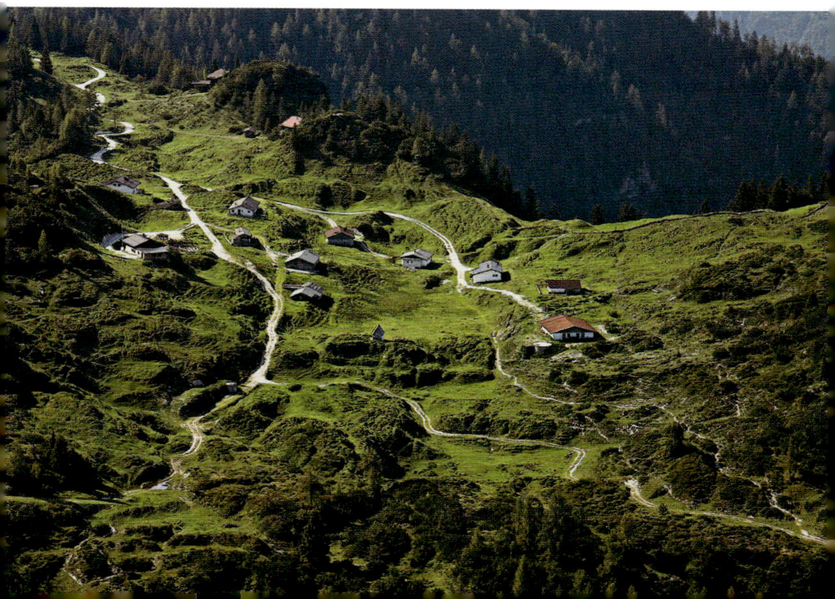

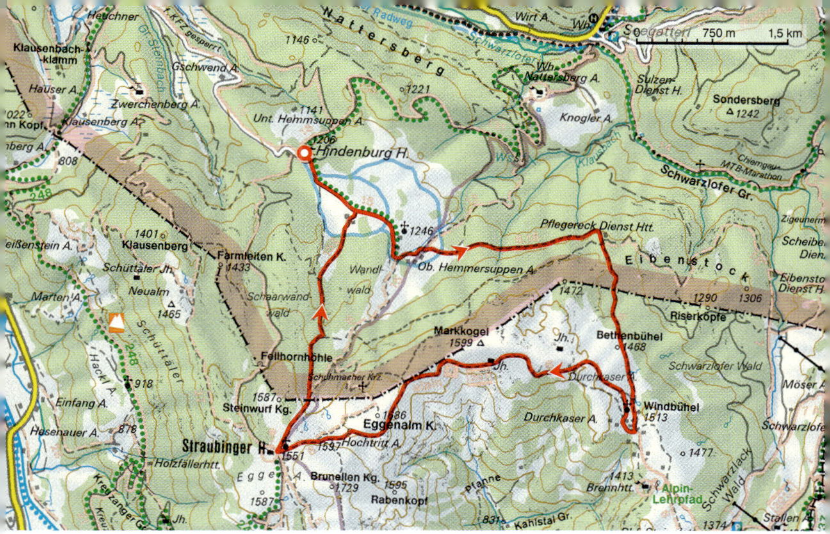

Der Wegverlauf: Zunächst empfiehlt es sich, den Zubringerbus vom Ort **Reit im Winkl** zur **Hindenburghütte**, 1260 m, zu nehmen, denn das untere Wegstück durch den Wald dient lediglich dem Aufbau von Kondition. Von der Hindenburghütte startet man auf einer schmalen Teerstraße zur **Hemmersuppenalm**. Von dort geht es nach links weiter über offenes Almgelände zur **St.-Anna-Kapelle**, die man nach einer halben Stunde erreicht. Auf einem Bergwanderpfad, der mäßig ansteigt und Blicke auf die unten im Tal gelegene Nattersbergalm zulässt, erreichen wir das **Pflegereck**, eine Forsthütte in einer kleinen Lichtung. Von hier geht es zügiger hinauf und die Vegetation wird lichter. Nach der österreichisch-deutschen Grenze gelangt man auf das große Offengelände der **Durchkaseralmen**, 1480 m, wo sich eine kleine Brotzeit anbietet. Von hier geht es in westlicher Richtung durch ein karstiges Gebiet, stets leicht ansteigend zum Lahnerkogel, 1595 m, den wir links umgehen. Unsere Route bietet großartige Aussichten: Man sieht die Steinplatte und das Massiv der Loferer Steinberge. Eine Stunde nach der Durchkaseralm kommen wir zur **Eggenalm**. Von hier aus steigen wir nach links zum Gipfel des Fellhorns an. Das **Fellhorn**, 1764 m, bietet durch seine vorgeschobene Position einen großartigen Rundblick: Im Norden blitzt der Chiemsee und direkt vor uns erheben sich die Wände des Kaisergebirges, was durch den Tiefblick ins Tal noch verstärkt wird. Auf gleichem Weg absteigend, kommen wir links an der Eggenalm vorbei zum fünf Minuten unterhalb gelegenen **Straubinger Haus** des Alpenvereins. Auf dem gut ausgeschilderten Wanderweg 152 gelangen wir in einer Stunde zurück zur Hemmersuppenalm und zur Hindenburghütte und schließen die Runde.

20 Ruhpolding – Bad Reichenhall

8.30 Std.
↑955 ↓1135

Vom Chiemgau ins Berchtesgadener Land

Auf der vorletzten Etappe benötigen wir für den längeren und steilen Schlussaufstieg noch gute Kondition. Dafür starten wir im hübschen Ruhpolding und kommen durch die Eisschnelllauf-»Metropole« Inzell, wo viele Weltrekorde auf der Eisbahn erzielt wurden und werden. Es ist ein Abschnitt, auf dem man zunächst bequem nebeneinander laufen kann, dann aber wieder an den gebirgigen Charakter der Tour erinnert wird. Ein gutes Gefühl, wenn man sich vor dem Abstieg zur ruhigen Kurstadt Bad Reichenhall den tollen Ausblick und die Rast sportlich erkämpft hat.

Ausgangspunkt: Ruhpolding, 655 m.
Anforderungen: Zunächst leichte Etappe mit geteerten Nebenstraßen und breitem Forstweg zwischen Ruhpolding und Inzell. Ab Inzell straßenbegleitender Fußweg. Ab Einsiedl knackiger Anstieg auf Bergwanderweg zur Kohleralm und weiter zur Zwieselalm, dann Abstieg nach Bad Reichenhall.
Einkehr: Gasthäuser in Inzell, Kohleralm, Zwieselalm, Restaurants in Bad Reichenhall. Verpflegungsmöglichkeiten in den Ortschaften.
Unterkunft: Pensionen und Hotels in Inzell und Bad Reichenhall. Keine Übernachtungsmöglichkeit auf der Kohleralm und der Zwieselalm! Bei sehr guter Kondition auch das Reichenhaller Haus / Staufenhaus am Gipfel des Hochstaufen, bew. Mai – Oktober, 6 Zimmerlager und 24 Plätze im Matratzenlager. Tel. +49/8651/5566, andreas.frommelt@sbg.at.
Verkehrsmittel: Bahnhöfe in Ruhpolding und Bad Reichenhall; Bus in Inzell.
Information: Inzeller Touristik, Rathausplatz 5, 83334 Inzell, Tel. +49/8665/98850, info@inzell.de, www.inzell.de; Tourismusinformation Bad Reichenhall, Wittelsbacher Str. 15, Tel. +49/8651/71511-0, www.bad-reichenhall.de.
Hinweis: Die Etappe ist sehr lang! Der Abschnitt von Ruhpolding bis Inzell kann aber mit dem Bus (direkt bzw. mit Umsteigen in Siegsdorf, Infos unter www.rvobus.de, Tel. +49/861/70863-0) überbrückt werden.

Der Weiler Einsiedl mit seiner schmucken Kirche.

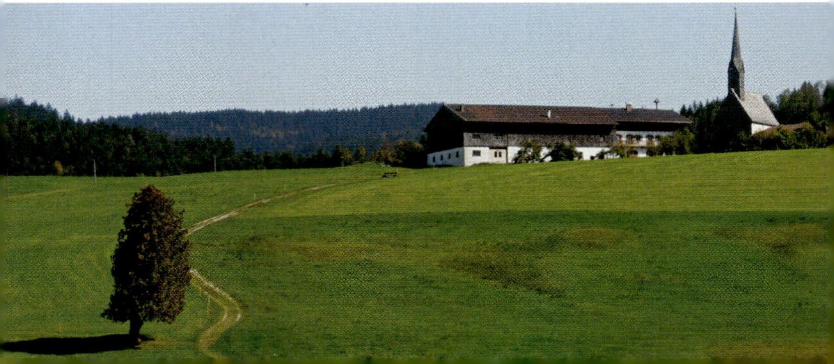

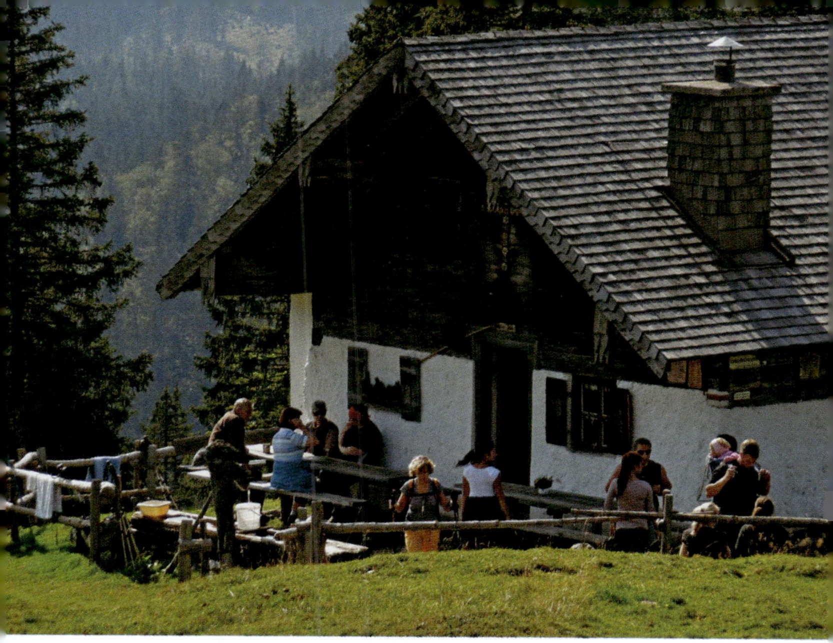

Nach steilem Aufstieg lockt die Raststation Kohleralm.

Der Weg verläuft ab dem **Bahnhof Ruhpolding (1)**, 655 m, zunächst als gemächliche, ebene Wanderung. Wir überqueren erst die Urschlauer Achen und halten uns links Richtung Zell. Nach der Überquerung der Weißen Traun erreichen wir Zell mit seiner hübschen Kirche. Wir folgen der Hauptstraße und verlassen Zell in östlicher Richtung bis auf Höhe des Golfplatzes. Eine

i ***Ruhpolding** erfuhr nach dem Anschluss an die Eisenbahn im Jahr 1875 (Ludwig Thoma verfasste hierüber sein Stück »Die Lokalbahn«) einen steilen Aufstieg als Fremdenverkehrsort. Ein Verschönerungsverein sammelte von Urlaubsgästen fünf Mark zur Anlage einer Allee und es gab eine Kegelbahn und ein Lesezimmer für verregnete Tage. Der Pfarrer und ein Kunstmaler schrieben 1911 den ersten »Führer von Ruhpolding und Umgebung« und 1931 verzeichnete der Ort bereits 31.000 Übernachtungen. Heute bietet der im Zentrum verkehrsberuhigte Ort ganzjährig attraktive Urlaubsmöglichkeiten mit vielen Wanderwegen, Wellnessangeboten, Langlaufloipen und Skipisten. Die Kirche St. Georg von 1754 besticht durch ihre Rokokoausstattung und das Holzknechtmuseum im Ortsteil Laubau zeugt von der Bedeutung der Wald- und Forstwirtschaft in der Region.*

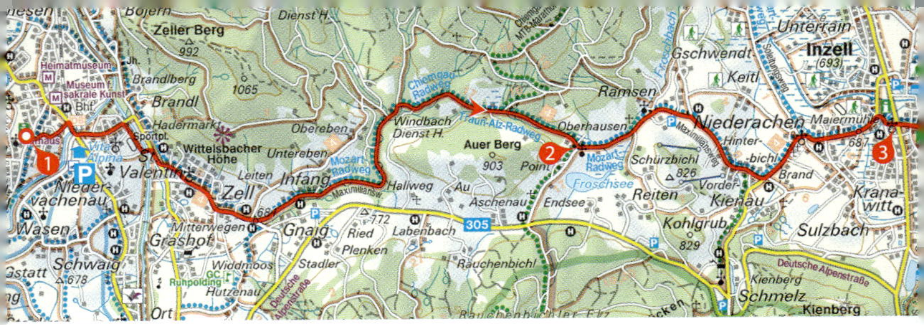

kleine Teerstraße zweigt nach links Richtung Infang ab, hier verlaufen auch verschiedene Fernradwege. Nach mehreren hundert Metern geht die Teerstraße in einen breiten Waldweg über, der sanft ansteigt. Wieder leicht bergab und aus dem Wald heraus kommt man am Weiler Oberhausen vorbei, der am kleinen **Froschsee (2)**, 741 m, liegt. Hier hält man sich links und kommt an der Kesselalm, einer attraktiven Einkehr mit Biergarten und Sommer-Rodelbahn vorbei. Von hier aus erkennt man schon Inzell im Talgrund. Der Hauptstraße im Tal folgen wir nach links und erreichen das Dorfzentrum von **Inzell (3)**, 693 m, mit Kirche und kleinem Platz samt Cafés und Gaststätten. Auf der anderen Seite der Kirche unterqueren wir die Hauptstraße und folgen der Adlgasser Straße auf dem Gehsteig, bis wir nach einer Dreiviertelstunde nach Breitmoos kommen. Von hier geht es nach halb links auf einem hübschen Wiesenweg zum idyllisch gelegenen Weiler **Einsiedl (4)**, 767 m, mit seiner pittoresk postierten kleinen Kirche über dem Tal. Am Waldrand beginnt ein Ziehweg und wir stoßen hier auf die Beschilderung zur Kohleralm. Der Ziehweg wird nun zum Forstweg. Nach 300 Metern zweigt ein Wanderweg rechts ab und führt hinauf zur Kohleralm. Nach einigen Kehren und rund 700 Höhenmeter weiter oben nach schweißtreibendem Aufstieg durch den Wald mit nur wenigen

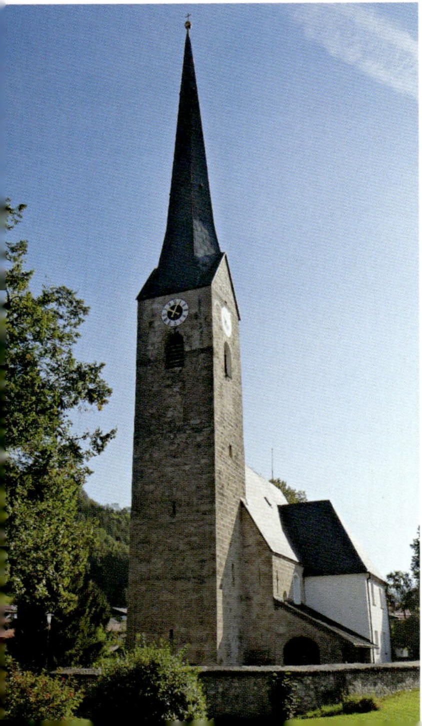

Kirche von Zell bei Ruhpolding.

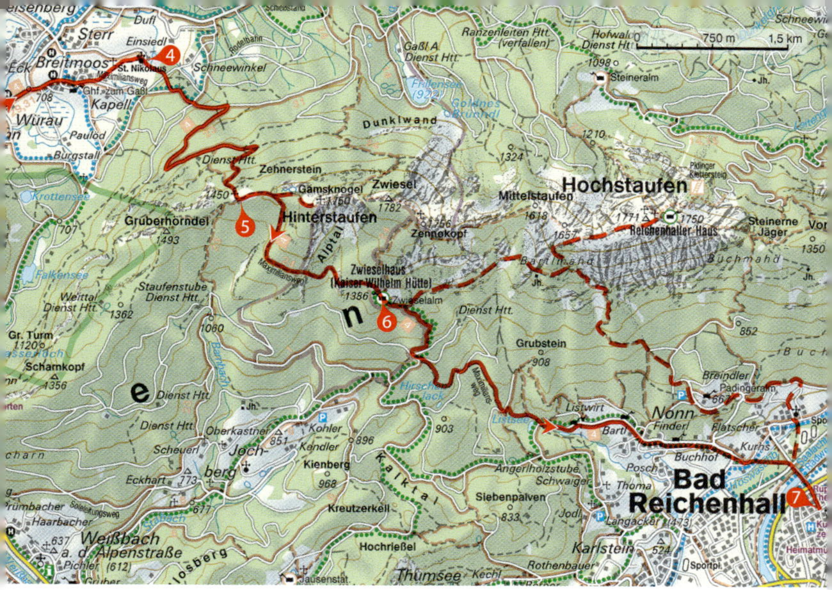

Ausblicken ist das offene Gelände rund um die **Kohleralm (5)**, 1450 m, eine Offenbarung. Hier, zwischen Zehnerstein und Angerstein, ist die Wiese ein idealer Rastplatz, es sei denn, die Einkehr lockt. Nahezu höhengleich und mit teils schönen Ausblicken auf das Reichenhaller Tal verläuft der Weiterweg über einen schmalen, wurzeligen Pfad durch Latschenbewuchs. Nach einer weiteren Stunde erreichen wir die herrlich gelegene **Zwieselalm (6)**, 1386 m, eine schöne Einkehrstation.

Von der Zwieselalm führt der gut markierte Weg durch waldiges Gelände hinunter zum kleinen Listsee, 628 m. Von dort geht es auf Teerstraßen abwärts bis zur Saalach, wo man auf dem Nonner Steg den Fluss überquert. Durch die Parkanlage kommt man zur Kurfürstenstraße und schließlich ins Zentrum von **Bad Reichenhall (7)**, 473 m.

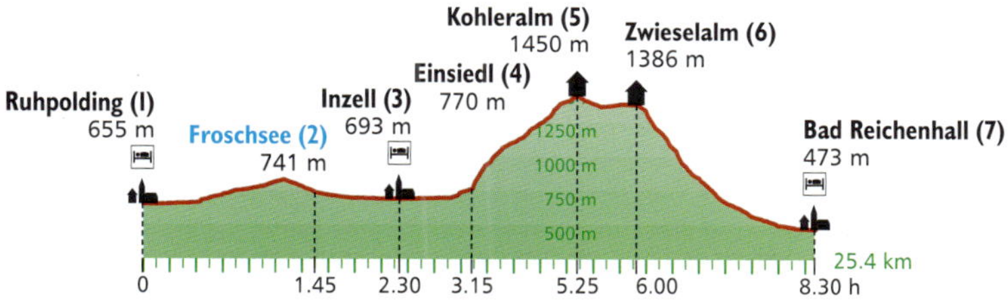

i ***Bad Reichenhall:*** *Die große Kreisstadt mit 17.500 Einwohnern ist eine Kurstadt mit zahlreichen Solequellen und wird wegen des milden Klimas auch oft als »Meran des Nordens« bezeichnet. Der Begriff »Hall« ist ein altes Wort für Salz, »Reichenhall« bedeutet somit in etwa »reiche Salzstadt«. Das Salz bildete lange Zeit die Grundlage für den Wohlstand der Stadt. Das salzhaltige Wasser (Sole) aus dem Untergrund wurde in herzoglichen Sudhäusern zu Salz versotten. Nach wie vor exportiert Reichenhall sein »Markensalz« in alle Welt. Von Reichenhall führte einst die Soleleitung bis nach Rosenheim und der dortigen Saline. Von der ingenieurtechnischen Meisterleistung zeugen heute noch einige original erhaltene Stücke der Leitung an einem Themenwanderweg sowie in verschiedenen Museen wie dem Soleleitungsmuseum bei Grassau oder dem Holztechnischen Museum in Rosenheim. Im Zentrum des ruhigen Ortes mit großer Fußgängerzone und ausgedehnten Grünflächen flaniert man durch den Kurpark mit seinem alten Gradierwerk. Mit der Predigtstuhlbahn, der ältesten Kabinen-Standseilbahn der Welt aus dem Jahr 1928, weist der Ort eine weitere Attraktion auf.*

Variante zum Gamsknogel: Wer nach dem Aufstieg immer noch fit ist, besteigt von der Kohleralm aus noch den Gamsknogel, 1750 m. Er gilt als einer der Top-Aussichtsberge der Region. Alpinistisch ambitionierte Bergwanderer können über den Gamsknogel auch die Überschreitung der Staufenkette in Angriff nehmen, mit dem Hochstaufen als Ziel und eventuell einer Übernachtung im Staufenhaus. Für Normalwanderer allerdings nicht geeignet, absolute Schwindelfreiheit und Trittsicherheit sind vorausgesetzt!

Variante zum Reichenhaller Haus/Staufenhaus (schwer, auf keinen Fall bei Nässe): 200 Meter unterhalb der Zwieselalm nach links bzw. nach Osten auf schmalem Bergpfad (wurzelig, einzelne Beschilderungen E4/Maximiliansweg). Am Südhang der Bartlmahd halten wir uns an der Verzweigung links. Fortan geht es in freierem Gelände auf gerölligem und felsigem Untergrund mit guter Aussicht auf Bad Reichenhall Richtung Reichenhaller Haus. Vom Gipfel des Hochstaufen direkt über dem Haus genießt man einen genialen Rundumblick über die Salzburger und Berchtesgadener Berge, Chiemseeeindrücke inklusive. Der Abstieg erfolgt auf dem Hinweg bis zum Abzweig an der Bartlmahd, von hier führt der Talweg in vielen Serpentinen durch den Wald. Nach einem Wanderparkplatz gelangen wir auf eine Asphaltstraße, der wir nur kurz folgen. Ein Fußweg führt rechts ab Richtung Nonner Kirchl. Von hier geradeaus weiter auf dem Nonner Steg über die Saalach und hinein ins Kurzentrum von Bad Reichenhall.

Oberhalb des Reichenhaller Hauses – weite Blicke auf Chiemseeregion, Salzburger Land und Berchtesgadener Alpen.

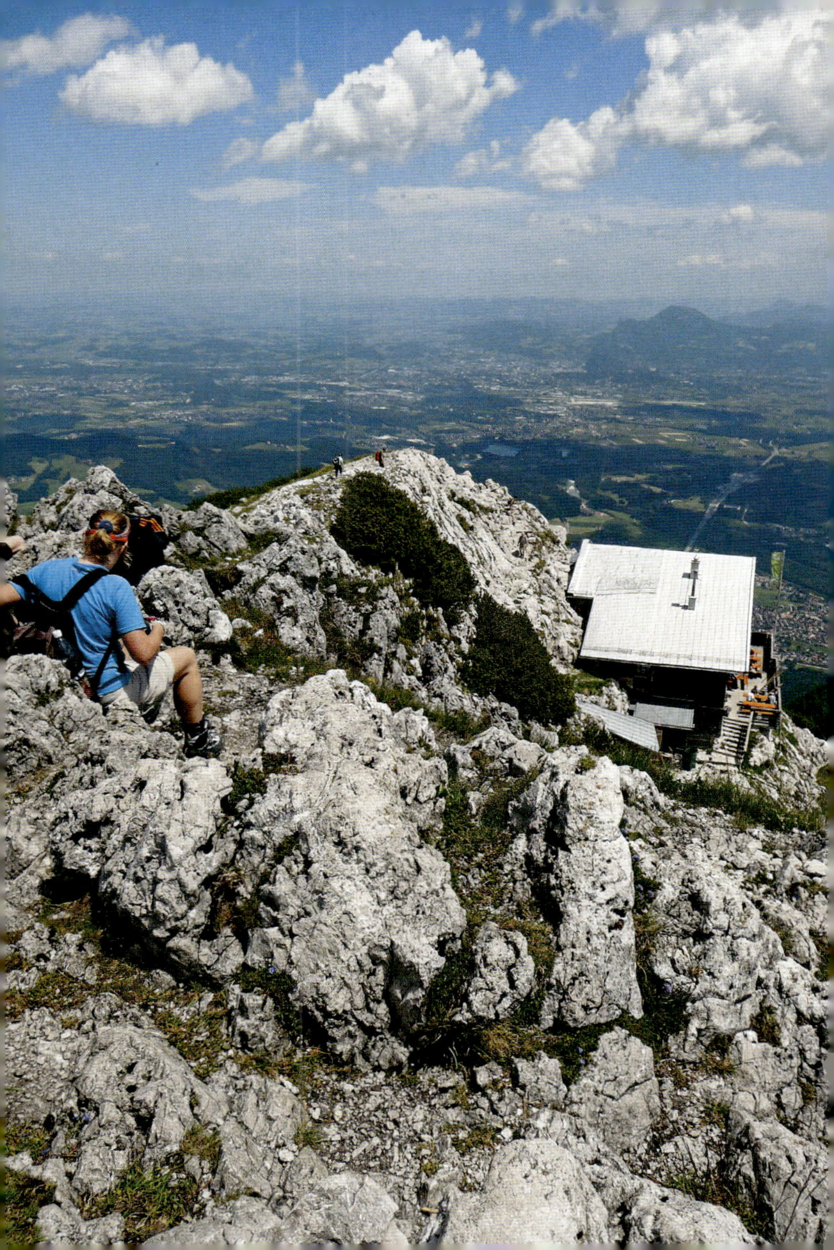

21 Bad Reichenhall–Berchtesgaden

4.30 Std.

↑235 ↓140

»Endspurt« nach Berchtesgaden

»Wenn man die Welt aber vom Pferde angesehen hat, erscheint es doppelt wohlthuend, die Beine auf einige Zeit wieder zum Spaziergange zu strecken.« »Der Wald schien Mittagsruhe zu halten wie alles Gethier darin, aber sein Odem war Balsam und sein Anblick ein Labsal.« »Nun, hier sind wir wenigstens im Trockenen, und ich will mir den letzten Tag unserer Reise durch den Regen nicht verkürzen lassen; mag er kommen, wann er will.«

Die letzte Etappe begann für die Reisegesellschaft noch trocken, doch dann wurde sie von einem Unwetter heimgesucht, »welches an Gewalt und Ausdauer alle bis dahin erlebten Regenstürme noch überbieten zu wollen schien.« Der schwer erkältete von Bodenstedt reiste ab nach München, während Maximilian zum Kaiser von Österreich nach Salzburg abfuhr. Doch die Reise wurde einige Tage später zu Ende gebracht: Es ging über den Königssee nach St. Bartholomä und weiter zur Eiskapelle, wo gejagt wurde.

»Ich habe«, sagte der König unter anderem, »schon manche schöne Reise in ferne Länder gemacht, deren Eindrücke überraschender und gewaltiger auf mich gewirkt haben, aber keine, die mir so andauernd innige Befriedigung gewährt hätte wie diese durch meine heimischen Berge und Wälder, die mir sammt ihren Bewohnern größtentheils von früh auf schon so gut bekannt waren, dass ich kaum etwas Neues sehen konnte, und doch ist mir diesmal Alles in ganz neuem Reiz erschienen, wie ein liebes Buch, in dem man schon oft geblättert und das man nun zum ersten Male gefunden, im Zusammenhange zu lesen, und in traulicher Gesellschaft seine Gedanken darüber auszutauschen. Ich kann nur wünschen, dass unsere fünf Wanderwochen Ihnen gleich freundliche Erinnerungen zurücklassen wie mir.«

Historische Kutsche aus der Zeit Maximilians.

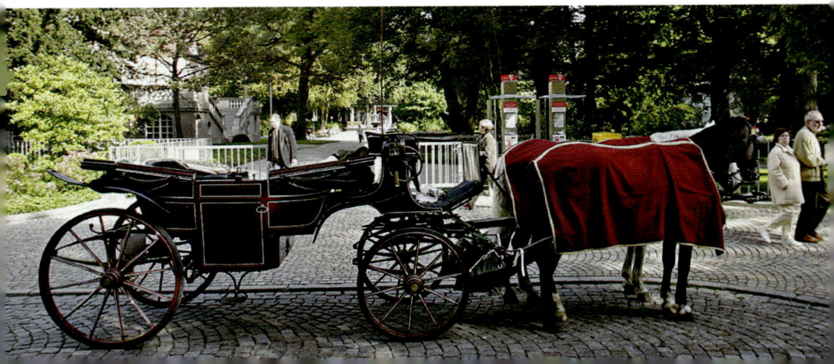

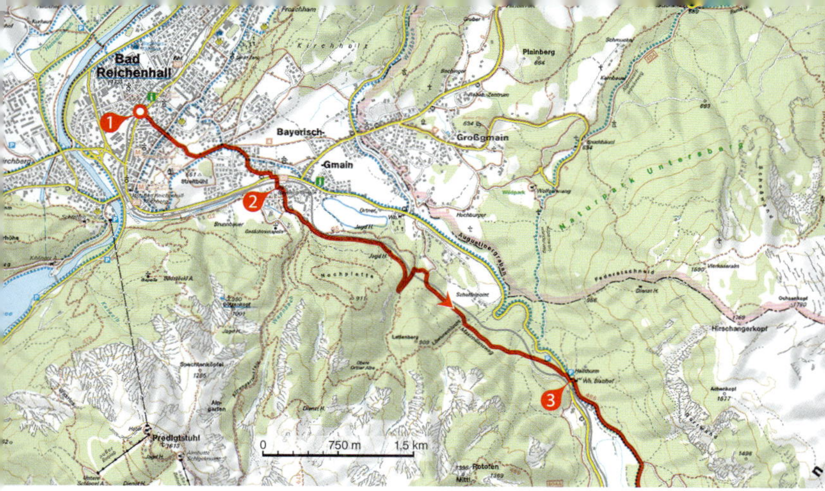

Ausgangspunkt: Bad Reichenhall, 473 m.
Anforderungen: Leichte Etappe; durch Bad Reichenhall, Bayerisch Gmain und vor Berchtesgaden Asphalt, sonst breitere Waldwege.
Einkehr: Gaststätten in Bad Reichenhall, Bayerisch Gmain, Berchtesgaden und entlang der Strecke.
Unterkunft: Große Auswahl an Übernachtungsbetrieben in Berchtesgaden.

Verkehrsmittel: Bahnhof in Bad Reichenhall, Verbindungen nach Berchtesgaden und Freilassing (Umsteigemöglichkeiten nach München und Salzburg). Regionalbusse.
Information: Kur- und Kongresshaus Berchtesgaden, Maximilianstr. 9, 83471 Berchtesgaden, Tel. +49/8652/944540, www.berchtesgaden.de, tourist-info@berchtesgaden.de.

Vom Zentrum in **Bad Reichenhall (1)**, 473 m, das Kurhaus zur Linken, folgen wir der Josef-Schmid-Straße nach rechts hangaufwärts (Schild: Bayerisch Gmain) durch ein Wohngebiet. Auf der Kuppe erwartet uns bereits der Blick auf den Nachbarort **Bayerisch Gmain (2)**, 523 m, wo wir die Hauptstraße auf Höhe des Bahnhofs überqueren. Hangaufwärts liegt etwa 400 Meter weiter das Wanderzentrum des Ortes mit großem Wanderparkplatz. Hier beginnt nach einigen Asphaltstraßen endlich der »richtige« Weg Richtung Hallthurm (örtliche Markierung »Weg 1«): Zunächst wandern wir rechts der Bahn auf breitem Waldweg, nach einer Linkskurve unterqueren wir sie und

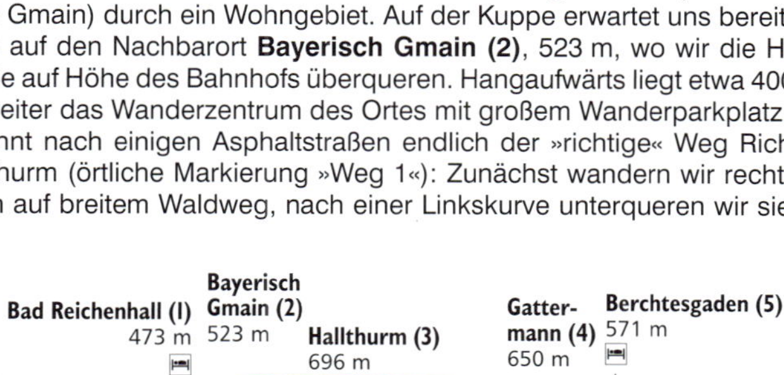

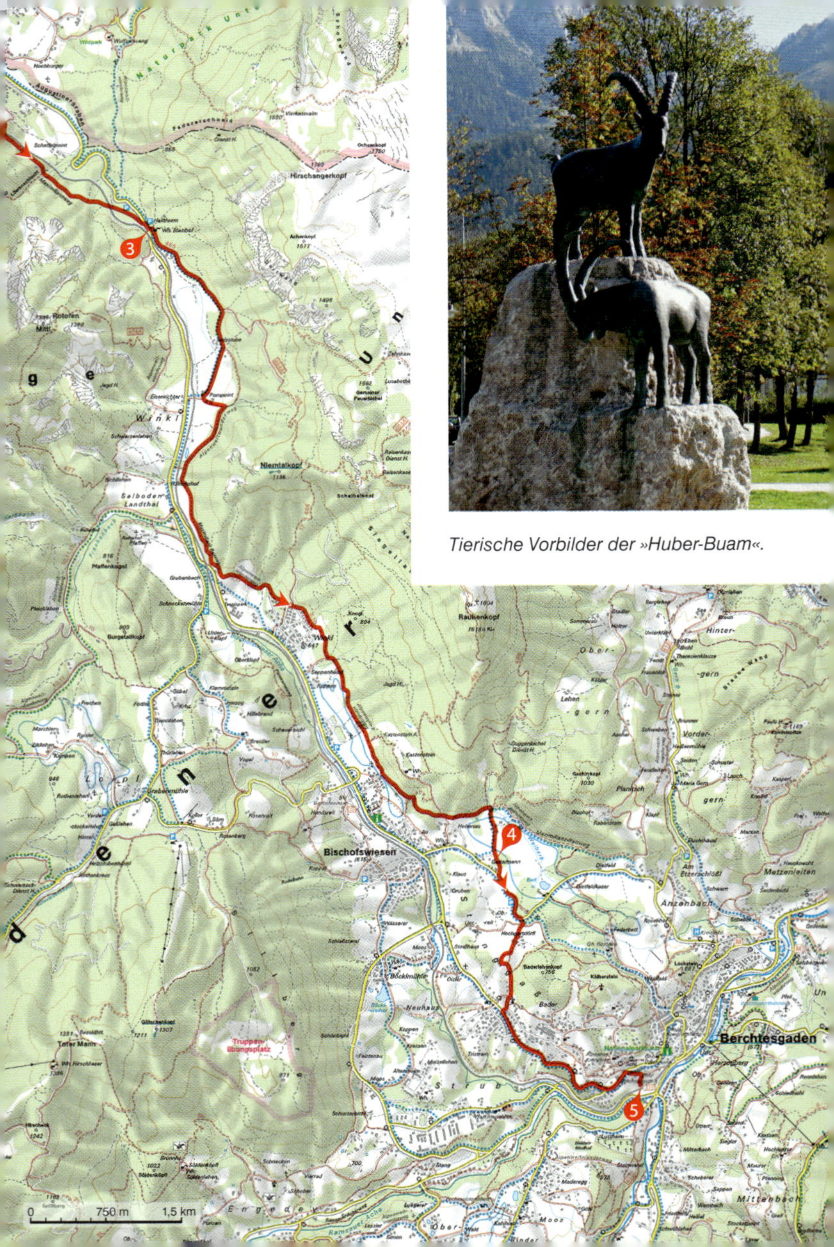

Tierische Vorbilder der »Huber-Buam«.

gehen über den kleinen Steg auf dem »Weg 7« mal links, mal rechts der Bahn weiter, bis wir **Hallthurm (3)**, 695 m, mit seinem wuchtigen historischen Bauwerk erreichen. In diesen mächtigen Mauern wurde früher Salz gelagert, worauf der Begriff »Hall« hinweist, ein altes Wort für Salz – so auch in den Namen Hall in Tirol, Bad Reichenhall und vielen anderen Ortsnamen. Ab hier queren wir die Straße und die Bahn und folgen der Bahn auf der linken Seite 100 Meter auf der Teerstraße, bis der »Maximilians-Reitweg« als Sandstraße ansetzt. Dieser sehr schön angelegte Panorama-Spazierweg führt von nun an an der linken Talseite entlang, von der wir einige Male die Berchtesgadener Alpen sehen. Wir umgehen links die Orte Winkl und Bischofswiesen. Beim Weiler **Gattermann (4)**, 650 m, kurz vor dem Naturschwimmbad Aschauer Weiher, folgen wir der Talstraße über den Weiler Hochgartdörfl, umgehen westlich den kleinen Hügel des Baderlehenkopfs und treffen auf den Mozartradweg. Auf diesem erreichen wir schließlich **Berchtesgaden (5)**, 571 m. Hier endet der »Maximiliansweg« und damit auch unsere Reise.

Berchtesgaden mit Watzmann.

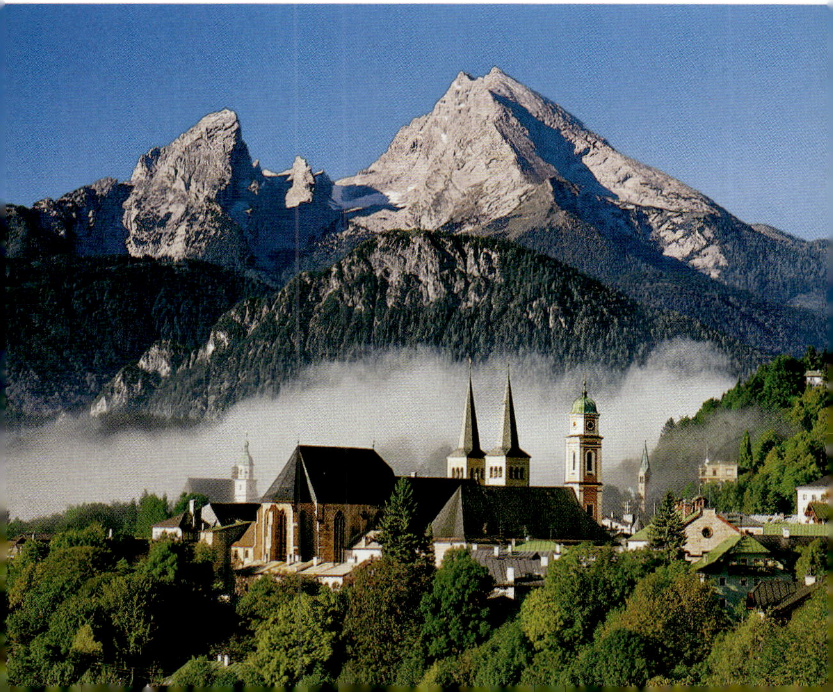

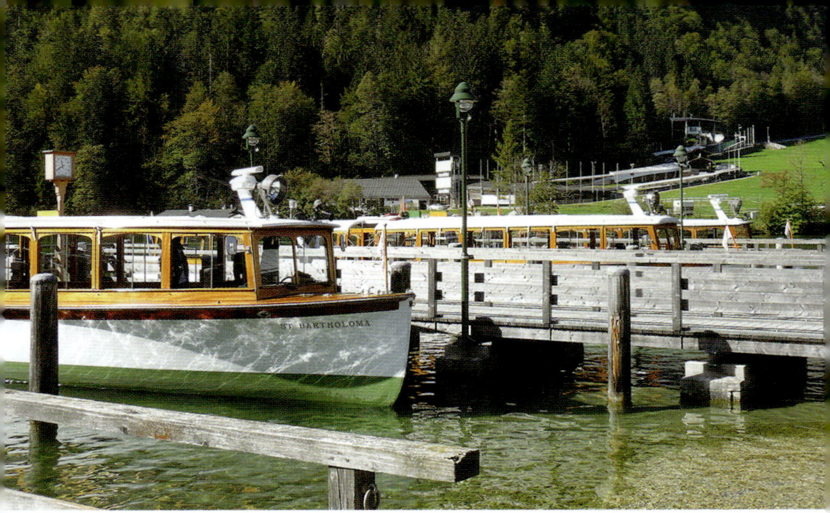

Leinen los: mit dem Elektroboot auf dem Königssee.

i ***Berchtesgaden:*** *Das Mittelzentrum mit ca. 7500 Einwohnern wurde erstmals als Klosterstiftung berthercatmen im Jahr 1102 erwähnt. Bei der Deutung des Ortsnamens liegt nahe, dass »Perchta« der gleichnamigen Göttin aus der germanischen Mythologie entspricht, während »gaden« ein umzäuntes Grundstück bezeichnet. 1156 erlangte der Ort die Forsthoheit und die Schürffreiheit auf Salz und Metall. Die Augustiner-Chorherren leiteten von 1559 bis 1803 ein kleines geistiges und weltliches Territorium als Fürstpropstei von Berchtesgaden aus. Mitte des 19. Jahrhunderts zog der Ort mit seinen Sehenswürdigkeiten und Naturschönheiten ringsum Fremdenverkehr an, was einen großen Schub durch die Entwicklung der Eisenbahnlinien erhielt. Viele Maler und Schriftsteller kamen nach Berchtesgaden, darunter Caspar David Friedrich, Henrik Ibsen und Ludwig Ganghofer, der viele seiner Romane in der Umgebung ansiedelte. Von der NS-Zeit zeugen heute der Obersalzberg und das Kehlsteinhaus sowie die NS-Architektur des Bahnhofs. Eine Gruppierung leistete Widerstand gegen die Vereinnahmung ihrer Bräuche: Die Berchtesgadener Weihnachtsschützen wandten sich gegen die Nazis, woraufhin Mitglieder mit lebenslanger Haft bestraft wurden.*

Hauptsehenswürdigkeiten sind heute das Königliche Schloss und das Augustinerchorherrenstift. Vom Wirken Maximilians II. zeugt noch die Königliche Villa. Das Berchtesgadener Salzbergwerk ist ein Anziehungspunkt für viele Familien, die in die Stollen einfahren. Heute verbindet man mit dem Ort urtümliche bayerische Bräuche wie das Treiben der wilden »Perchten« mit ihren furchteinflößenden Masken im Winter. Der Wintersport hat eine starke Stellung, vor allem das Rodeln, das nicht zuletzt durch den »Hackl-Schorsch« viele Zuschauer anlockte.

i **Berchtesgadener Alpen:** *Die Berchtesgadener Berge sind ein beliebtes Bergsteiger-, Wander- und Kletterdorado. Der Watzmann mit seiner Ostwand ist eine alpine Herausforderung, ebenso wie dessen Überschreitung. Zentral liegt der Königssee im Gebiet, in dessen Südosten das Steinerne Meer an das nördlichere Watzmannmassiv anschließt. Im Nordosten des Sees liegen der Göllstock und südlich davon das Hagengebirge. Teile des Gebirges weisen noch Reste von Vergletscherung auf, darunter der Blaueis- und der Watzmanngletscher, die allerdings stark im Rückzug begriffen sind. Eine Besonderheit ist der seit 1978 bestehende Nationalpark Berchtesgaden, der eine Fläche von 210 Quadratkilometern umfasst. Im Gebiet liegen auch der Watzmann und das Wimbachgries, ein Tal mit enormen Massen an Erosionsschutt. Im Nationalpark leben Rehe, Rothirsche, Gämsen und Alpensteinböcke sowie Murmeltiere, Schneehasen und Schneemäuse. 100 Vogelarten brüten im Park, darunter Steinadler, Birkhuhn und Auerhuhn. Gelegentlich sieht man im Gebiet auch Gänsegeier und Bartgeier. Die Politik des Nationalparks unterliegt einem ständigen Konflikt aus Naturschutz, Bergsport und Erhaltung traditioneller Kulturlandschaft.*

Abschluss am Königssee: Statt die Tour in Berchtesgaden zu beenden, empfiehlt sich ein stilvolles Finale am Königssee, wo auch Max II. nach Behandlung seiner Zahnschmerzen noch eine Jagdgesellschaft abgehalten hat. Einfach die Königsseer Ache entlang oder mit dem Bus gelangt man zum Nordende des Sees. Von hier aus geht es mit dem Boot und dem berühmten »Echoblasen« mit Blick auf den Watzmann nach St. Bartholomä. Von dort aus bieten sich weitere Touren an, beispielsweise zum Kärlinger Haus im Steinernen Meer, eine gute Station für eine Umrundung des Königsees.

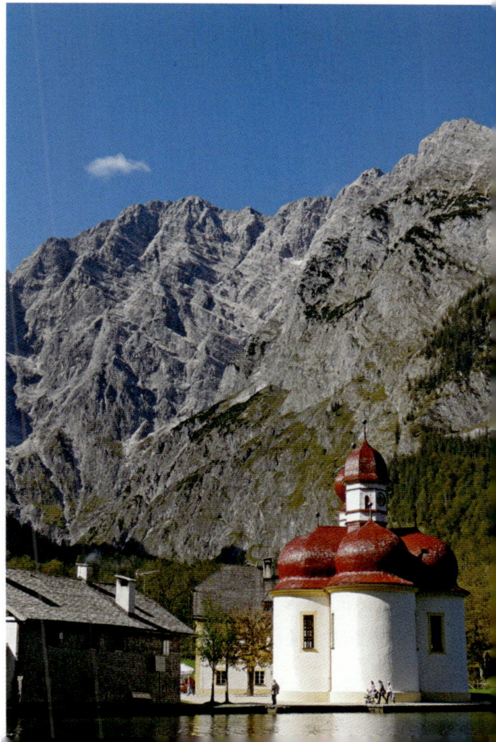

Die Kirche Sankt Bartholomä mit dem Watzmannmassiv.

Stichwortverzeichnis

Umschlagbild: Schloss Neuschwanstein bei Füssen.
Innentitel: Unterwegs zum Tegelberg – im Tal sind links der Alpsee und rechts der Schwansee zu erkennen, davor Schloss Hohenschwangau.
Seite 26/27: Der Soinsee oberhalb des Inntals (Etappe 15, Variante).

Bilder und Abbildungen
Alle Bilder von Andreas Friedrich, außer: Seite 9: https://commons.wikimedia.org/wiki/File:Maxii.jpg; Seite 25: Tourist-Information Schleching; Seite 33 oben; https://commons.wikimedia.org/wiki/File:Lindauhafen1837.jpg?uselang=de; Seite 33 unten: Böhringer, https://commons.wikimedia.org/wiki/File:LindauInsel.jpg, »LindauInsel«, https://creativecommons.org/licenses/by-sa/2.5/legalcode; Seite 45: Gemeindearchiv Schleching; Seite 52: Gemälde von Philipp Foltz (1805-1877), »Königliche Jagdgesellschaft am Tegelberg«; Seite 54: Franzfoto, https://commons.wikimedia.org/wiki/File:Bihlerdorf,_Sonthofen_und_Allgäuer_Berge.jpg, »Bihlerdorf, Sonthofen und Allgäuer Berge«, https://creativecommons.org/licenses/by-sa/3.0/legalcode; Seite 59: Füssen-Tourismus; Seite 60: https://commons.wikimedia.org/wiki/File:Burg_Falkenstein_Pfronten_12.jpg?uselang=de; Seite 62: Ludwig II of Bavaria, https://commons.wikimedia.org/wiki/File:Ludwig_II_of_Bavaria_in_generalfeldmarschalls'_uniform_and_coronation_robe._Ferdinand_von_Piloty,_Munich,_1865.jpg, https://creativecommons.org/licenses/by-sa/4.0/legalcode; Seite 64: https://commons.wikimedia.org/w/index.php?search=johannes+bernhard+neuschwanstein&title=Special:MediaSearch&go=Seite&uselang=de&type=image; Seite 92: https://commons.wikimedia.org/wiki/File:Macke_-_Staudacherhaus_am_Tegernsee.jpg?uselang=de; Seite 103: https://commons.wikimedia.org/wiki/File:Carl_Triebel_Tegernsee.jpg?uselang=de; Seite 110: G. Heine, um 1885, wendelstein-bahn.de; Seiten 137, 140, 142: Chiemgau-Tourismus; Seite 153: Bayern Tourismus.

Kartografie:
18 Wanderkärtchen im Maßstab 1:75.000: © Freytag & Berndt, Wien;
6 Wanderkärtchen im Maßstab 1:75.000: © Bergverlag Rother GmbH, München (gezeichnet von Angelika und Gerhard Tourneau, Haar);
2 Übersichtskarten im Maßstab 1:600.000 und 1:1.800.000: © Freytag & Berndt, Wien.

3., aktualisierte Auflage 2022

ISBN 978-3-7633-4441-3

Wir freuen uns über jeden Korrekturhinweis zu diesem Wanderführer!
Bitte per E-Mail an: leserzuschrift@rother.de

ROTHER BERGVERLAG · München
D-82041 Oberhaching · Keltenring 17 · Tel. +49 89 608669-0 · www.rother.de